文献信息资源开发与研究丛书
主编 张昌山

档案学视野下的东巴古籍文献遗产保护研究

胡莹 著

中国社会科学出版社

图书在版编目（CIP）数据

档案学视野下的东巴古籍文献遗产保护研究／胡莹著．—北京：中国社会科学出版社，2016.5

（文献信息资源开发与研究丛书）

ISBN 978-7-5161-8046-4

Ⅰ．①档…　Ⅱ．①胡…　Ⅲ．①东巴文—古籍—文化遗产—保护—研究　Ⅳ．①G253.6

中国版本图书馆CIP数据核字(2016)第084341号

出 版 人　赵剑英
责任编辑　孔继萍
特约编辑　乔继堂
责任校对　闫　萃
责任印制　何　艳

出　　版　中国社会科学出版社
社　　址　北京鼓楼西大街甲158号
邮　　编　100720
网　　址　http://www.csspw.cn
发 行 部　010-84083685
门 市 部　010-84029450
经　　销　新华书店及其他书店

印刷装订　北京市兴怀印刷厂
版　　次　2016年5月第1版
印　　次　2016年5月第1次印刷

开　　本　710×1000　1/16
印　　张　17.75
插　　页　2
字　　数　291千字
定　　价　66.00元

《文献信息资源开发与研究丛书》
编委会

总　序

文献是文明的结晶，也是文明的载体。人类创造文献，积累文献，开发利用文献信息资源，不断推动文明的进程。

中国乃人类文明古国。中华文明史也可以说是文献的历史。其文献类型之多样，内容之丰赡，数量之巨大，正所谓“浩如烟海”“汗牛充栋”。而今，由于新技术的广泛使用，信息时代的迅速来临，文献已呈“爆炸”之势；尤其是互联网的出现，使人类社会又进入了一个崭新的时代。

与此同时，我们亦面临诸多问题与挑战，比如，传统文献怎样才能在保护中得到更好的开发利用，现代文献在充分传播利用的同时又怎样才能得以有效传承，人类文献资源如何才能更好地实现共享，而对于以几何级数增长的文献，怎样才能真正管好用好，怎样才能处理好文献的多样性与一体化的关系，等等。这些都需要文献学者和实际工作者进行更广泛、更深入的调查与研究，努力探求并切实遵循“文献之道”，以文献积淀文化，以文献创新文化，进而实现中华文化的伟大复兴。

云南地处祖国的西南边陲，中原文化很早就在这里传播，大量的汉文典籍源源不断地传入并积累，成为云南文化的主流与传统。而其地方、民族与边疆诸特色亦在云南文献中得以彰显。以地方特色而言，编史修志从来都是文化胜业且成绩斐然。专著、文集不断被创制和保存，民国年间辑刻的《云南丛书》，“初编”“二编”即达205种1631卷及不分卷的50册。其后更有数千种图书文献问世。从民族特色来说，云南民族众多，文化多元，民族典籍文化源远流长，傣族的贝叶文献、彝族的毕摩文献、纳西族的东巴文献、藏族文献、白族文献等，早已产生了国际性影响，是人类共同的文化财富。就边疆特色来看，记载或论述边地、边境、边界、边民、边防及边贸等内容的边疆文献，种类多、价值高，历来都受重视；尤其是在西部大开发、中国面向西南开放重要“桥头堡”的建设及文化强省的建设中，云南文献的研究与建设被赋予了神圣的文化使命，推进到了新的发展阶段。

云南大学是西南地区建立最早的综合性大学之一。其前身东陆大学奠基于云南贡院故地，承续着悠久深厚的历史文化，而今日云南大学的步伐正向着她的第一个百年迈进。建校之初即已呈现出“西学”“国学”以及“滇学”并重的特质，而文献的研究、整理与开发利用，一直被视为学术的根基，袁嘉谷、方树梅、刘文典、钱穆、顾颉刚、姜亮夫、吴晗、向达、白寿彝、徐嘉瑞、方国瑜、江应樑、谢国桢、李埏等诸多学术泰斗、文献大家都曾执教于斯，他们的学术著述多已成为传世之作，他们的文献学成就早已名垂青史。特别是自20世纪80年代以来，相继建立了档案学、图书馆学、信息资源管理等专业，经过一代代学者的努力，继承传统，开拓创新，文献学科获得长足发展。培养出的学士、硕士和博士，多已成为业务骨干；培育出的学术成果，已显现出自身的优势和特色。更可喜的是，资深学者不断推出自己的力作，学术新秀正在脱颖而出。

为促进文献学科的发展，繁荣学术文化，进一步做好文献工作，在云南大学的大力支持下，我们组织出版这套《文献信息资源开发与研究丛书》。我们的初衷，概而言之就是求真求新、继承创造。求真是科学研究的本义，无论是文献学学术研究，还是文献资源的整理实践，定当以求真为基本原则，否则，绝无科学可言。求新是我们的学术追求，没有独到的见解，没有新意，不足以言学术贡献。继承是学术创造的源泉，创造是学者永恒的使命。这是我们的学术心愿。古人说，取法乎上，仅得其中，虽不能至，心向往之。我们秉承这种精神，朝着这个方向，努力前行。

是为序。

张昌山

2013年9月于云南大学会泽院

目　录

第一章

绪　论

第一节　研究背景与意义

一　研究背景

自2003年入选《世界记忆遗产名录》以来，东巴古籍文献[①]的保护已走过了逾十年的光阴，它珍贵的价值自然不言而喻，但是，基层收藏部门简陋的保管条件、缓慢的工作节奏、无奈消极的保护态度，仍使关注之人深感焦虑与心痛。基于档案学专业背景，在接触到真实的保护现状后，笔者对东巴古籍文献保护有过很多设想。结合档案概念以及档案保护技术学等知识，笔者最终决定以世界记忆遗产之东巴古籍文献为研究主体对象，以东巴古籍文献中记录反映东巴文化相关内容的信息形成之档案为辅，共同组成本书研究对象，即东巴古籍文献遗产。[②]

党和政府历来重视关心少数民族文化事业，特别是党的十八大以来，以繁荣发展少数民族文化为首要任务，通过邓小平理论和"三个代表"重要思想的指导，全面贯彻落实科学发展观，明确指出"繁荣发展少数民族文化事业"的具体工作目标。党和政府推出的一系列指导思想与决策举措，均为少数民族文化发展带来了机遇，营造了健康有序且生机勃勃的环境。如党的十六大提出了"扶持对重要文化遗产和优秀民间艺术的

① 东巴古籍文献在这里指的是入选2003年《世界记忆遗产名录》并以东巴象形文字书写的东巴经典古籍。

② 对东巴古籍文献遗产的概念界定在下文中会详细论述。

保护工作，扶持老少边穷地区和中西部地区的文化发展”。2006 年，时任中共中央总书记的胡锦涛同志明确要求：“制定特殊政策措施，支持民族文化事业发展。”党的十七大进一步强调：“加强对各民族文化的挖掘和保护，重视文物和非物质文化遗产保护，做好文化典籍整理工作。”国务院 2009 年《发展少数民族文化事业若干意见》中指出：“加强对少数民族文化遗产的挖掘和保护，对濒危少数民族重要文化遗产进行抢救性保护，逐步实现少数民族古籍的科学管理和有效保护。”在深化战略部署的前提下，党和政府也着力于加强少数民族文化法制建设，2011 年，《中华人民共和国非物质文化遗产法》颁布实施，对“扶持民族地区、边远地区、贫困地区的非物质文化遗产保护、保存工作”作出明确规定，进一步为保护少数民族传统文化提供了法律保障。近年来，云南、贵州、广西、甘肃、内蒙古、西藏、新疆、宁夏等地先后出台了地方性法规或行政法规，把少数民族文化工作纳入法制化轨道，初步形成了以国家法律法规为主体、地方性法规和规范性文件相配套的民族文化法制体系。“文化强国”与和谐社会的实现有赖于保护与开拓利用丰富多彩且准确翔实的文化资源，保护文献遗产是保障文化资源可持续发展最坚实的后盾。

我国 56 个民族当中，除了汉族之外，并非其他 55 个少数民族都有属于各自的一套独特的文字符号表达系统。使用本民族语言文字符号的少数民族中，有大约 19 个民族是古代就创造了自己的文字，并且一直使用这种文字至今的。在这些有文字符号的少数民族当中，本书选择纳西族东巴古籍文献遗产作为研究对象主要基于以下几点考虑：其一，纳西族使用的东巴象形文字是世界公认的“至今仍活着的象形文字”，研究用该文字符号书写的档案文献具有极高的历史价值、学术价值、文化价值。其二，纳西族聚居地丽江地区虽地处西南边陲，但却拥有包含东巴古籍文献在内的三项世界级遗产项目，研究它们对于各类型世界遗产的可行性抢救保护与开发利用实践和推广都有着重要意义。其三，东巴古籍文献作为世界记忆遗产，在近几十年内受到全世界许多学科门类专家学者的关注与青睐，然而以档案学学科为研究背景所取得的成果却寥寥无几，这既不利于对东巴古籍文献的保护，也不利于档案学学科内涵外延的发展。其四，随着遗产地旅游业的过度开发，对于遗产保护与文化资源利用这对矛盾如何平衡，出现了不和谐的现状，导致对不可再生资源的掠夺性开采。如何平衡文化遗产保护与当地经济利益获取、社会文化资源可持续性开采等矛盾之间的关系，这是东巴古籍文献遗产保护研究希望解决的问题。其五，东巴古籍文献的保护并不如丽江古城等文化遗产那样运作顺利，保护东巴古籍文献需要建立广泛的社会认同。同时，也应该充分重视东巴古籍文献内在的东巴文化保护。但是，如同国人在欧美文化冲击下抛弃传统中华文化却不自知一样，被主流文化包围的丽江地区也渐渐在遗忘东巴文化。文化精神的丧失按照白庚胜先生的观点则可能会滑入国家文化安全不保、文化主权泯灭的深渊。其六，收藏研究对象主体的各类基层机构，横向上看，大都陷于无力开展系统保护的窘境；纵向上看，都缺乏主动发挥专业技术背景的能力。因此，本应借助档案学、图书馆学、博物馆学等学科知识开展保护工作多元化的机构，却都无力为馆藏遗产作出更多的服务。

东巴古籍文献遗产的物质载体、书写形式、内涵意义以其原始记录性、内容凭证性等特性展示了真实且完整的纳西族社会生活。从遗产内容信息的角度来说，它记载了关于纳西族社会生活、宗教文化、自然科技、民俗人文等各方面过去、现在与未来的线性关系，具有直接的史实价值和情报价值；从遗产物质实体的角度来说，其载体、字迹材料、实体完整程度所蕴含的隐性信息具有无可比拟的历史文化、科研学术及艺术创新价值。另外，东巴古籍文献遗产除了大量以东巴象形文字记录于东巴手工纸张类载体上的记录外，还包含了少量配合东巴祭祀仪式时使用的以口述为表现形式、辅以绘画、舞蹈的非文字类、非纸质类记录。因此，东巴古籍文献遗产的珍贵不仅仅在于其丰富多样的物质载体价值，还在于物质载体之外的精神内涵。只有将其物质载体与精神内涵结合在一起，加以共同保护，才能确保社会对这一个独特民族记忆的认同受命于基因，衍化为行动，自然而然、身不由己、见贤思齐地延续下去。

当谈到保护时，这里“保护”可有广义与狭义两种解读。狭义的“保护”可解释为爱护，使免受可能遇到的伤害、破坏或有害的影响。这个含义着重的是护卫以免损害。然而，经无数国内外案例的实践证明，对于传统少数民族档案而言，保护工作的开展应以广义的范围为界。笔者在界定广义“保护”时，倾向于借鉴《非物质文化遗产法》第三条的内容①，

① 《非物质文化遗产法》第三条：“国家对非物质文化遗产采取认定、记录、建档等措施予以保护，对体现中华民族优秀传统文化，具有历史、文学、艺术、科学价值的非物质文化遗产采取传承、传播等措施予以保护。”

即为了最大限度延长对象活动状态，采取一切措施，有效减少或降低内外部各种直接或潜在风险的活动。在贯彻广义的“保护”之前，应先搞清楚保护的对象特质。按照现阶段业界关于保护研究的共识，保护应包含物质载体以及载体所依存的精神文化。然而，笔者亦认为，在未对物质载体尽到合理且有效的保护之前，其精神文化保护与挖掘便成了“空中楼阁”。因此，相较于狭义的保护而言，当前的保护还应在过去注重库房保管的基础上有所扩展以便适应更多元的时代背景和社会需求，有序的保护管理与创新的开发利用至关重要。

近年来，全国上下都已经逐步认识到了文化遗产资源对于文化创新建设及经济可持续发展的重要性，对遗产保护的投入经费也逐年增加，但如何合理规划，花了钱又能办好事，这是需要认真思考的问题。对于以遗产为背景的民族文化保护研究正在引起人们的重视，并持续受到关注。在此，总结共性规律、研究朝着理论化并指导实践的方向发展，需要依靠大量深入持续的典型个案研究为基础。因此，本书的保护对象除了完成针对性研究外，成果还具有学术研究的普遍意义及可供推广的保护实践适用性，能够为其他类型的遗产保护共性规律研究提供学术参考，为遗产保护规划工作的更新与完善注入新内容，以便切实增强保护的效率，解决实际保护过程中的难题，丰富遗产保护理论体系。也能为遗产保护规划工作的更新与完善注入新内容，以便切实增强遗产保护的效率，造就遗产保护水平与遗产数量齐平的文化强国形象。

二　研究意义

（一）理论意义

纳西族东巴古籍文献遗产映射的传统文化反映了纳西族的民族智慧，是纳西族生命力、创造力与凝聚力的集中表现。同时，这个珍贵的遗产也是中华文化的重要组成部分，是华夏儿女共有的精神财富。推进少数民族文化事业的繁荣，对提高各族群众文明素质，促进民族地区经济社会发展，推动民族团结事业进步，提高社会主义精神文明，具有重大意义。

本书旨在基于档案学视角，以传统的档案学原理，结合文献学、图书馆学、古籍学、文化遗产学、系统工程学等学科的保护知识，针对东巴古籍文献遗产的保护现状，探索一些理论性与实践性兼具的可行性保护策略。首先，通过对东巴古籍文献遗产的保护研究，按照东巴古籍文献保存机构的差异，根据保护策略中提出的保护模式进行保护方案的选取，能就保护研究成果内蕴含的关联部分，如研究对象范畴、保护理论、保护方法、保护与利用、民族文化认同等各层面的研究内容对其他类型遗产保护起到广泛指导意义，这个有机联系的研究成果是基于任何学科背景保护研究都需借鉴的。其次，东巴古籍文献遗产保护研究能更全面系统地解析多种类型遗产的保护范畴，便于厘清复杂性研究过程中的思路，为其他种类遗产保护提供理论参考。再次，遗产保护不仅仅在于追求实体的完整齐全，还在于遗产所依存的精神文化之延续，否则，传递到下一辈手中的遗产将成为一堆名不副实的空壳。文物流失后面的文化流失应引起广泛的反思与重视。然而，这一保护发展过程不是一朝一夕便成现实的，在此之前，每个学科基于本专业领域要做的研究准备工作还有很多。最后，东巴古籍文献遗产保护研究成果可为学术研究服务。本书研究的对象、思路、方法、策略不仅可视为档案学专业理论深化的表现，也能为遗产保护多学科群整合研究做一次有益尝试，为学界积极拓展研究视野、参与保护工作打好理论基础。

（二）实践意义

自2003年东巴古籍文献入选《世界记忆遗产名录》以来，一批批法律法规、政策措施、经费预算、工作人员、传承培养的投入，让保护遗产的愿望得以薪火相传。但是，来势汹汹的现代主流快餐式文化、以经济发展为导向的地方政策、决策者及公众消极的认同与支持、东巴古籍文献有限的开发利用、东巴文化传承普遍的断层等现象却长期潜伏于遗产保护四周，浸没之势未曾消散反而愈加汹涌，未来的保护途径究竟路在何方，这也是笔者一直在思考的问题。

在充分借鉴国外关于文化遗产保护的成果之上，本书基于档案学理论框架与基本原理，结合相关学科理论知识与实践经验，将对东巴古籍文献遗产保护进行系统分析。本书的研究结论能够整体性服务与提升其他民族档案文献的保护对策与效能，为相关机构、部门、组织制定文献遗产保护法律法规、构建标准化体系与应急保护机制、更新保护规划方案、加强社会认同、推进教育与传承培养、开展数字化信息共享数据库等提供可靠参考。

第二节　研究现状

地处云南省西北部云贵高原与青藏高原连接部的丽江，其总面积仅20 600平方公里，却孕育了三项世界遗产，这在全球民族聚居区当中实属罕见。丽江自古就是一个多民族聚居的地方，共有12个世居民族，其中占古城区及玉龙县（即原丽江县）总人口57.7%的纳西族为人口最多的世居少数民族，其东巴文化以其独特的文字构型、丰富的内容、悠久的历史、多样的种类等特点而闻名于世。保护东巴文化，本质应落实到保护东巴文化的物质载体，这其中，东巴古籍文献便是其物质载体的最大组成部分，只有切实保护好其物质载体，并充分挖掘寓意悠长的纳西族精神文化价值，长久地延续东巴文化的生命力，否则留给后人的将是一具毫无内涵及生机的文化空壳。

作为历史悠久的少数民族之一，纳西族历史上产生的东巴古籍文献数量很大，但近现代以来，由于天灾人祸等综合原因的影响，数量已锐减过半。《纳西东巴文化要籍及传承概览》[①] 统计的“东巴古籍国内外收藏情况”约是32 746册。但是，这些遗留下来的幸存文献流失却很严重，现存的三万多册中就有三分之一，一万余册流失在海外，国内的也分散于各地各类图书馆、博物馆、研究所、档案馆以及民间私人收藏者手中。更堪忧的是，国内业界对流失在海外各已知收藏机构的遗产保存数量以及保管现状等重要事实研究未必准确。这类未经辨正查实的数据却常被反复转抄，以至于许多相关研究数据信息被主动或被动地误读。由此，为东巴古籍文献遗产构建科学的保护体系，不仅需要健康有序的保护环境，还需要全面深刻的保护规划，更需要准确严谨的科研态度。

近年来，国内外从文化遗产保护领域针对古籍文献的研究越来越热烈，许多学者从不同视角对此进行了研究。本书是以一个典型的个案为研究对象，旨在通过分析、归纳多学科视野背景下民族档案文献遗产保护的研究理论与实践，结合实地调研所得的研究对象具体现状，在拓展档案保护工作范畴的基础上，得出一套有助于全面系统保护东巴古籍文献遗产的

① 卜金荣：《纳西东巴文化要籍及传承概览》，云南民族出版社1999年版。

方法论。在研究工作开展之前，将研究主题置于立体的研究领域，如图1－1所示，可见研究主题居于研究领域核心。因此，按照整体布局，对近年来国内外同仁关于图例内各项研究领域的成果进行总体分析，有利于我们总结与归纳研究主题在相关学术环境中的发展概况以及发展方向，为下一步更准确把握研究方向、论述可行性保护理论与实践打好基础。

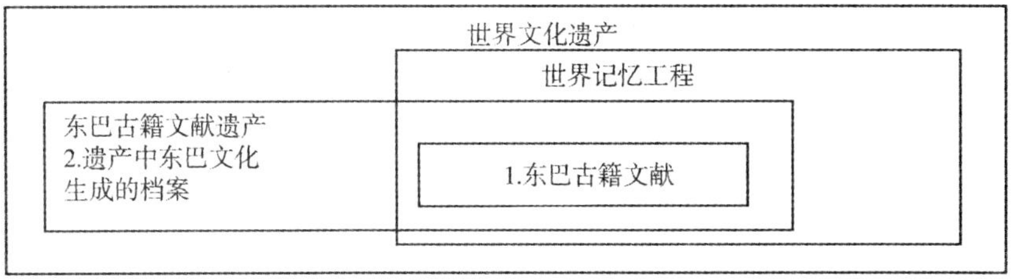

图1－1 研究主题与外向研究领域关系

从图1－1可知，认识东巴古籍文献遗产的历程经过了由浅入深的阶段，知识的相通性致使与本书研究对象有关的很多保护研究呈现出国内外相互交融的状态，故笔者对于下述研究现状的论述将以研究对象概念由外延至内涵的顺序来展开。

一 国外遗产保护研究现状

美国、法国、西班牙、意大利、日本、韩国及印度等国在遗产保护中，都有明确的发展战略以及科学规划。此外，旨在拯救与保护世界范围内珍贵文化遗产的非政府间国际合作也自20世纪以来有了长足的发展。1996年，由包括国际图联在内的四个非政府组织组成了“蓝盾国际委员会”，“蓝盾”作为文化领域的“红十字”已被越来越多的人接受，加入“蓝盾”计划成为许多国家文化机构在遗产保护方面的国家级政策和战略。

基于新技术的推广运用、遗产种类的拓展等因素影响，国外学界对档案文献遗产的研究表现为涉及面广、内容深刻，研究成果不仅涉及健全的法律体系，明确的责任分工，多渠道的资金投入，全面的专业人才培养，广泛的民众保护意识，还包含有优惠的各种政策扶持以及合理的和谐共赢机制。其中具有代表性的著作主要有：《国内外视野下的水下文化遗产立法保护》（*Legal Protection of the Underwater Cultural Heritage*: *National and International Perspectives*）、《21世纪统一法律对文化遗产保护的影响》（*The Impact of Uniform Laws on the Protection of Cultural Heritage and the Preservation of Cultural Heritage in the 21st Century*）、《文化景观与遗产悖论：荷兰考古历史景观与欧洲尺寸的保护与发展》（*Cultural Landscape & Heritage Paradox*: *Protection and Development of the Dutch Archaeological-historical Landscape and its European Dimension*）、《文化景观：保护实践中的自然与遗产保护》（*Cultural Landscapes*: *Balancing Nature and Heritage in Preservation Practice*）、《遗产的困惑：伊拉克战争后的文化遗产保护》（*Antiquities Under Siege*: *Cultural Heritage Protection After the Iraq War*）、《文化遗产保护中的激光原理及其应用》（*Lasers in the Preservation of Cultural Heritage*: *Principles and Applications*）、《遗产价值观于现场管理情景之四个案例研究体现，保护和保护在地中海城市的文化遗产》（*Heritage Values in Site Management*: *Four Case Studies*, *Protection and Conservation of the Cultural Heritage in the Mediterranean Cities*）等。

配合书稿的科学研究成果，还有一大批学者以学术论文的方式表达了各自对遗产保护的研究见地，比如：苏珊·凯图门茨的《博茨瓦纳可持续发展与文化遗产管理：走向可持续发展》（Susan O. Keitumetse: *Sustainable Development and Cultural Heritage Management in Botswana*: *Towards Sustainable Communities*）指出了文化遗产的可持续保护除了硬件设施的推进之外，还需要留意文化氛围的构建，表明了世界遗产的保护应该在重视硬件设施建设的同时，关注无形的文化氛围的架构来保证遗产的真实性、完整性。威廉·博纳的《缓冲或是暂停？世界遗产公约在应对气候变化中的作用》（William C. G. Burns: *Belt and Suspenders? The World Heritage Convention's Role in Confronting Climate Change*）关注的是全球气候变化对世界遗产的影响。作者基于完备系统的遗产保护法律法规体系研究层次更高更远的世界遗产保护潜在威胁因素，可以帮助解决来自气候对遗产保护的威胁，还能拓展保护学科的研究视野。罗兰·爱普林和伊芙斯·博杰的《魁北克省文化遗产发展策略》（Roland Arpin, Yves Bergeron: *Developing a Policy on Cultural Heritage for Ouebec*）阐述了在加拿大魁北克构建文化遗产保护政策的实践措施，其中分析了顾问组织负有的指导价值，通过顾问组织保护实践的行为，能让保护遗产的政策常新，并使各个阶层所有参与者都处于一种动态保护的过程中。这样既增加保护的灵活性，又提升了保护的效果。阿穆德·莫里斯的《非物质文化遗产项目探索与保护》（Ahmed Morsi：*Research and Preservation Projects on Intangible Heritage*）以埃及的民俗故事保护作为研究对象，指出社会文化构成的多元化本质决定了文化保护应该多元化的趋势。在此前提下，作者表明多元文化的保护有赖于全社会的共同参与，保护工作除了政府主导外，还应鼓励私人、非政府机构的介入。除此之外，国外的遗产保护组织或机构，如国家文化财产保护与修复研究中心（ICCROM）、国际保护技术协会（APT）、国际博物馆协会（ICOM）、国际档案理事会（ICA）等都会出版定期的会议论文集以及学术期刊，以此推动遗产保护的研究工作。

二　国内遗产保护研究现状

世界记忆遗产工程关注的是档案文献遗产，具体讲就是手稿、图书馆和档案馆保存的任何介质的珍贵文件，以及口述历史的记录等。[①] “世界记忆工程”分为地区级与国家级委员会两个部分，1996 年由国家档案局牵头组织成立了“世界记忆工程”中国委员会，开始对濒危的中国档案文献遗产进行调查，国家档案局于 2000 年正式启动了“遗产工程”，制订出《中国档案文献遗产工程总计划》（讨论稿），自 2002 年 3 月 8 日起直至 2010 年 2 月 22 日，一共有三批 113 项档案文献遗产登上了《中国文献档案遗产名录》。[②] 此外，为建立完备的珍贵古籍档案，确保珍贵古籍的安全，推动古籍保护工作，国务院分别于 2008 年 3 月 1 日和 2009 年 6 月 9 日、2010 年 6 月 11 日公布 9 859 部国家珍贵古籍。[③] 随着一批批珍贵文献档案古籍名录的公布，针对遗产的相关保护研究在国内也如火如荼地开展起来。内容涉及宏观保护理论、保护多学科群建设、保护标准化设计、应急保护抢救预案研究、数字化保护运用、传统文物保护技术与工艺梳理、保护人才培养与教育框架构建以及特殊载体保护研究等方面。综观

① 世界记忆工程，百度百科（http：//baike. baidu. com/view/2502483. htm）。

② 中国文献档案遗产名录，百度百科（http：//baike. baidu. com/view/3477472. htm）。

③ 国家珍贵古籍名录，百度百科（http：//baike. baidu. com/view/2362437. htm）。

近年来国内同仁对遗产保护领域内的研究成果，大致分为两个渠道进行，不论从哪个渠道研究，结论都是为了确保遗产可以完整、齐备、准确、真实地一代代传递下去。

渠道之一：国内学者基于本土的档案文献保护研究。

20世纪90年代之前国内的《文献保护学》《档案保护学》《档案保护技术学》《档案保护技术学概要》等近二十部著作和教材均以文物、档案、文献等为关键词，就这些作为文化遗产一部分事物的保护作为研究对象和内容。周耀林曾在其博士毕业论文中明确指出，1949—2000年期间，档案保护技术研究论文的统计结果是：在13种档案学核心期刊①上发表的保护技术论文有954篇，其中，研究涉及“档案保护技术与修复、各种载体材料保护技术、档案制成材料与档案保护材料、库房建设与保护环境”等类型的内容②。显而易见，国内当时关于与文化遗产相关的保护研究表现为：技术性保护长期占据着研究的重点，技术性保护以外的理论研究被忽视，形成了一种保护研究的传统，即“保护=技术”。

然而，在历史演进的过程中，在对一切与档案文献相关的事物进行保护实践过程中，以技术性为主的保护学研究成果对于现实难题的指导与帮助越来越显现出力不从心的颓势，尤其当保护成果的转化与保护技术的推进受到来自上层建筑，诸如社会环境与认同、保护管理规划与体系构建、保护标准化与法律等因素的影响时，以技术为主的保护学变得愈加举步维艰。

基于此，许多学者逐渐意识到保护研究的传统应该被新的思路打破，即“保护大于技术”。刘家真在《文献保护学》中指出，保护政策需要纳入保护研究的内容之列。周耀林在《档案文献遗产保护》中也提出了加强“保护管理”的观点。随着诸如《从“文物保护”走向“文化遗产保护”》《文化遗产保护诠说》《民族文化遗产数字化》《文化遗产保护关键

① 13种核心期刊依次是：《档案学研究》《中国档案》《档案学通讯》《浙江档案》《档案与建设》《兰台世界》《山西档案》《北京档案》《档案管理》《档案》《上海档案》《湖南档案》《四川档案》（戴龙基等：《中文核心期刊要目总览2000年版》，北京大学出版社2000年版，第26页）。

② 周耀林：《可移动文化遗产保护策略研究》，博士学位论文，武汉大学，2005年，第2页。

技术研究》《中国文化遗产保护概论》《档案文献遗产保护理论与实践》《档案保护技术学教程》《中国档案保护史论》《档案物理管理与保护》《档案灾害学研究探析》等一部部论著的出版，印证了保护的“策略化”和“整合化”已正式形成了公认可行的保护学界发展趋势。除了书籍之外，档案学、图书馆学、博物馆学、考古学、文化遗产学等领域的学术期刊及部分档案文献学术会议论文集内，也能看到国内学者基于整合化保护方面的文章。例如：陈同滨的《国家文化遗产保护规划概述》以及贾莹的《历史文化遗产保护学科群建设的初步设想》回顾了我国文化遗产保护宏观规划的历程，集合国内外文化遗产保护的异同，提出我国国家文化遗产保护规划应在中国特色背景作用下，由不同领域、不同层面、不同学科构成的一种复合集成体系。周耀林的《我国珍贵档案文献遗产保护工作的推进》从宏观角度论述已入选名录的档案文献遗产在保护推进方面仍存在遗憾，并从微观＋宏观、技术保护＋非技术管理、专业活动＋大众活动、遗产实体保护＋数字化保护几方面提出了相应的对策。马翀的《试论濒危历史档案的界定及其划分标准》则从中观层面对构建档案保护分级模型做了充分全面的论述，提出了濒危历史档案分级划分标准的依据及划分标准的每项主要内容。辜军的《对在我国开展文献保护标准化工作的探讨》分析了我国文献保护发展现状及文献保护标准化工作建立的背景，在对比国内外文献保护标准化内容、范围以及结合客观实际工作的基础上，科学可行地提出了文献保护标准化工作的内容。黄广琴、颜川梅的《档案文献保护中的非技术因素分析》指出档案保护研究长期以来一直以“档案制成材料的损坏原因”和“保管档案的技术方法”为核心，却长期忽视管理层面的非技术因素，导致保护技术实施盲目而低效。陈刚的《传统造纸工艺的科学研究与保护》详细分析了传统造纸工艺保护过程中存在的问题，在此基础上，作者从“造纸工艺的科学记录”、“人员及技术的保护”以及“工艺的科学研究”三个方面表明了传统造纸工艺科学保护的见解。王旭东的《敦煌石窟保护的必由之路》总结了敦煌石窟在通过20年探索，在实践和国内外合作的基础上，由原来的抢救性保护过渡到了科学化的保护阶段所获得的宝贵经验。仝艳峰、郑荃的《丽江东巴文献遗产保管困境与对策研究》指出丽江东巴文献遗产保管的现状，并进一步分析了保管工作存在困境的现实，从而提出了一系列适应丽江地区东巴文献遗产保护的可行性实践对策。张美芳、秦佳心的《纳西东巴经数字化抢救过程中的技术保障措施的研究》认为加强东巴经发掘整理和保护抢救是当前做好东巴文化保护工作所必需的解决方案。东巴经的数字化有利于促进民族间的文化交流、方便利用，可运用先进的数字化技术建构庞大的东巴经典籍文献资源数据库，为研究东巴文化提供条件。

渠道之二：国内学者基于国外的档案文献保护实践转译研究。

我国保护学业界早于20世纪80年代就陆续开始对国外的保护学论著进行了必要的转译，一批批转译论著的内容也反映出了较强的时代背景与不同的研究重心。国外对于文化遗产相关保护学方面的研究内容，其发展趋势与我国国内的发展轨迹非常相似。较早通过转译进入国内学者视野的研究论著有：《档案材料的保护和修复》[①]、《纸的分析》[②]、《纸的性能》[③]等。之后，陆续转译了《遗产科学：鉴定、保护与修复》[④]、《跨学科的文化遗产保护与修复》[⑤] 等。这些论著从内容上分析，均是以技术性保护作为研究重点的。

随着以技术性保护为主的研究在现实难题面前表现得越来越束手无策之际，美国学者吉姆·祖瑞克（Jim Druzik）的研究报告《预防性保护策略》、欧盟的《面向欧洲的预防性保护策略》、法国盖伊·德·桂辰（Gaêl De Guichen）的《预防性保护：微不足道之时尚，抑或意义深远之变化?》等论著逐渐使业界曾经聚焦于技术性保护的视野转向了更广阔的保护研究，即保护策略。将当代有关于文化遗产保护的研究之船从停靠于相对于较为狭窄的技术性论证的码头，引领至无论横向抑或是纵深都更优的立体多元化、整合化的码头。使遗产保护能够有更多的理论支持构建于与保护管理、保护教育、保护参与、社会认同、保护合作等多方面内容并驾齐驱的发展之路上。

国内学者基于国外保护理论与实践经验转译的当代著作包括：《时光

---

① ［印度］雅·帕·凯思帕利亚：《档案材料的保护和修复》，黄坤坊译，载《档案学通讯》1981年增刊。

② ［美］B. L. 布朗宁：《纸的分析》，曹金选译，轻工业出版社1982年版。

③ ［苏联］Д. И. 弗里雅捷：《纸的性能》，陈有庆等译，轻工业出版社1985年版。

④ J. P. Mohen, *Les Sciences du Patrimoine: Identifier, Conserver, Restaurer*. Paris: *Odile Jacob*, 1999.

⑤ Centre National des Arts Plastiques. *L'interdisciplinarité en Conservation-restauration Des Biens culturels*. Paris: IFROA, 1994.

永驻：美国遗产保护的历史和原理》《遗产保护与开发》《北京、首尔、东京历史文化遗产保护》《联合国教科文组织〈保护水下文化遗产公约〉研究》《保护遗产造福人类》《当代英国建筑遗产保护》《法国文化遗产保护》等十余部。另有档案学、图书馆学、博物馆学、考古学等领域的学术期刊、专业的遗产保护期刊以及部分遗产学术会议论文集内，也能看到国内学者转译国外保护理论与实践的文章。例如：周耀林的《法国文化遗产保护高等教育探析》从法国文化遗产保护手段之一的人才培养工作入手，探析了“大保护教育”观念的产生背景、实施方式以及执行步骤。焦怡雪的《英国历史文化遗产保护中的民间团体》将文化遗产保护活动的重要参与者——民间团体作为论述的对象，系统全面介绍了英国民间团体保护文化遗产的历史背景、作用、参与方式，提出了政府是保护协调者、民众是保护事业主体的理念。陈兴中、郑柳青的《德国世界遗产保护与可持续发展的经验与启迪》从法制体现、保护管理、人才培养、利用遗产资源服务教育、实施和谐保护共赢机制等宏观方面介绍了德国对遗产的保护，并在结合我国“重开发轻保护”的现状基础上，提出了有中国特色的遗产保护建议。蔡筱青的《法国国家图书馆的古籍收藏和文献保护》明确交代了法国国家图书馆的业务职能与工作范围，并指出法国国家图书馆的文献保护特色包括现代保护技术和传统保护及时共建，实践和理论指导相结合，馆内合作与国内、国际合作相结合。王星光、贾兵强的《国外历史文化遗产保护机制及其对我国的启示》较为笼统而宏观地从国外历史文化遗产保护机制出发，从投入机制、保护体系、保护理念以及法律保障几个方面来分析具体内容，以便寻找出其中有益于我国遗产保护的启示。米彦军的《浅析日本对文化遗产的合理保护》对日本文化遗产保护的具体实践从横向和纵向做了必要的介绍，并举例就多个具体建筑物史迹保护工作做了大量的说明，总结了富有借鉴效用的经验。杜小军的《印度文化遗产保护的“得”与“失”》详细论述了印度文化遗产保护的历史背景与成功经验，探讨了现阶段印度文化遗产保护面临的挑战与困境，并对这些挑战与困境背后的原因做了深刻的分析。刘毅的《韩国历史文化遗产保护的观察与启示》从韩国文化遗产保护的宏观层面进行观察，在与中国进行比较分析的基础上，充分论证了韩国在保护策略贯彻执行过程中的具体步骤，总结了我国提升宏观保护效率与质量的关键。

三 东巴古籍文献遗产相关领域保护的研究现状

（一）东巴古籍文献遗产相关领域保护研究在国内有了规模化进展

关于东巴古籍文献以及东巴文化的研究早在2003年之前就已经陆续有人开始涉足，东巴古籍文献用东巴象形文字书写而成，就其文字形态、经书内容以及与此古籍文献相联系的东巴文化而言，无论是以20世纪、抑或是21世纪的眼光来看待，都是不可再生的文化瑰宝。因此，对于这个对象的研究总是呈现出直接或间接地倾向于与保护有关的研究趋势。国外对于这一对象研究的论著，其产生的时间要早于国内，一般认为这些早期的研究成果是以东巴象形文字为突破口开始的，诸如法国太伦·拉科佩伦于1894年在伦敦出版的《西藏附近文字的起源》[①]、法国巴克（J. Bacot）于1913年在巴黎出版的《麽些研究》（*Les Moso*）[②]、美籍奥地利学者约瑟夫·洛克（Joseph F. Rock）出版的《中国西南的古纳西王国》与《纳西族英语百科词典》[③] 等。国内的学者，如杨仲鸿、周汝诚、赵银棠、方国瑜、傅懋勣、李霖灿、和志武等，也在20世纪的百年时间跨度过程中，为东巴文化的研究作出过不少开创性的先驱贡献。随后，以东巴古籍文献为物质载体，记载于上的东巴象形文字为切入点，接触过这一对象的国内外学者纷纷从各自的专业角度出发，逐步出版或发表了一批批研究成果。如英国爱丁堡大学杰克逊（A. Jackson）从宗教学的角度于1979年在荷兰出版了《纳西宗教》（*Na-khi Religion*），日本学习院大学诹访哲郎从社会学专业视角于1988年出版了《西南中国纳西族的农耕民性和畜牧民性》；[④] 国内后起一辈的学术带头人郭大烈、杨世光、李静生、和少英、白庚胜、杨福泉、和力民、喻遂生、王元鹿、李国文等，他们在各自不同的岗位上，分别从民族学、文字学、宗教学、文学、艺术、哲学和天文历法等多学科的角度，研究并撰写了大量有价值的学术论著，这些学术

---

① 《神秘的中国东巴文化》，百度贴吧之小夭酒肆吧（http://tieba.baidu.com/p/117087769）。

② 参见卜金荣、郭大烈、李锡《纳西东巴文化要籍及传承概览》，云南民族出版社1999年版，第3页。

③ 同上书，第4页。

④ 同上。

成果虽然从题目来看，不一定与保护工作相关，但正因为这些作品能够让更多的人重视东巴古籍文献与东巴文化，因此这也就自然属于保护范畴，并使东巴文化的保护与发展有了更多可参考的理论依据与实践指导。

（二）以东巴文化视角为主的学术研究已由隐学转换为显学，并逐步形成了与东巴文化保护有关的学科群

经过百余年的锤炼以及国内外众多学者一如既往的奋斗、开拓，以东巴文化视角为主的学术研究已经逐渐从隐学走向了显学。其量变转换为质变的这一过程，是由以下几方面的内容为标志所组合而成的：（1）东巴文化大型辞典工具书已系统地出版。如《纳西象形文字谱》《麽些象形文字字典》《纳西族英语百科全书》《东巴文化辞典》等。（2）东巴古籍文献译注全集及纳西族古籍总目提要已完备地出版。2000年9月由云南人民出版社出版的《纳西东巴古籍译注全集》（共100卷）以及2003年由中国大百科全书出版社出版的《中国少数民族古籍总目提要·纳西族卷》，均蕴含了世界记忆遗产东巴古籍文献全面完整的“百科”内容。（3）大量基于东巴文化的研究学术著作已陆续地出版。如《汉古文字与纳西东巴文字比较研究》《东巴文化与纳西哲学》《东巴神系与东巴舞谱》《东巴文化揭秘》《纳西族文学史》《东巴文化艺术》《纳西族与东巴文化》等。[①]（4）国内外东巴文化研究机构与社会组织已广泛地建立。自20世纪80年代以来，国内外东巴文化研究机构与社会组织在一批有志于保护与发扬东巴文化的学者和文化人的热心参与下，健康有序地发展壮大起来。这其中既有官方的研究机构，如1981年成立的云南省社会科学院东巴文化研究所、1984年成立的东巴文化博物馆；也有民间自主成立的社会组织，如1986年成立的纳西文化学会，1997年成立的北京东巴文化促进会以及国际保护与弘扬纳西文化协会，1998年成立的纳西文化传习馆。除此之外，在一些地方高校也由纳西族学子成立了一些东巴文化传承协会。上述这些机构和组织都为东巴文化的保护与发展作出了很多踏实的贡献。（5）东巴文化研究作为联系国内外文化交流的纽带已深刻地构建。国内外不同学者对于东巴文化的学术研究成果通过有效的国际文化交流平

---

① 参见卜金荣、郭大烈、李锡《纳西东巴文化要籍及传承概览》，云南民族出版社1999年版，第5页。

台得以最大范围地传播与延续，这对于东巴文化的保护是极好的一项工作实践。现阶段，东巴文化的国际交流正朝着常态化、长效化的方向发展，如1999年、2003年两次在丽江召开的国际东巴文化艺术节，国内外学者共聚一堂，切磋关于东巴文化保护与发展的前沿学术观点。又如2009年于昆明举行的第十六届世界人类学、民族学大会之纳西学分论坛，为国内外学者交换保护东巴文化的学术理论与实践提供了非常好的平台。国内外研究东巴文化的学者数量日益庞大，所产生的学术研究成果也与日俱增，东巴文化的包容性从研究者们不同学科视角的学术结论中也可见一斑。正如西南大学喻遂生教授所说的“东巴文学科建设”①，笔者认为，东巴文化学科群已经成型，对此学科群进行全面系统的梳理与分析将有利于下一步更细致而深入地开展具体的保护工作。

（三）国内学者基于东巴手工纸相关横、纵向系统的保护研究

东巴手工纸是东巴古籍文献遗产最重要的物质载体，对其进行理论分析有助于更好地帮助保护事业铺展横向与纵向的框架。现阶段，对于东巴手工纸的理论研究从横、纵向都有很多学术收获。

在横向方面，通过一系列对东巴手工纸历史渊源与使用范围的论述，东巴手工纸在古代广泛运用于纳西族生活的场景得到了重现。例如，龙文的《莫让东巴造纸传统失传》以及陈登宇的《纳西族东巴纸新法探析》等文中所论述到的东巴纸发展历史背景及渊源的分析，使历史学家得以在东巴手工纸历史中找到造纸术在西南地区的发展，以及古代纳西族与白族和藏族等兄弟民族之间文化的交融。

在纵向方面，对于东巴手工纸原料与制作流程等内容的翔实论述，例如，李晓岑的《纳西族手工造纸》在给大家还原采集原料与造纸过程等步骤的同时，就东巴纸的原料进行了详细的说明与分类，其研究成果为相关领域学者研究造纸工艺、手工纸发展等知识提供了不少素材。而张美丽等人的《云南纳西族东巴纸耐久性初探》则对东巴纸作出了全面理化分析，这些数据是东巴纸防蛀耐久属性最有力的证明。和虹的《浅析纳西东巴纸造纸技术》分析了东巴纸造纸过程中存在的问题，为研究东巴纸

---

① 《西南大学喻遂生教授访谈录》，网易博客之文学博客、博主邓章应（http://dzhy77.blog.163.com/blog/static/30514209201202011225548/）。

造纸工艺传承与原料生态保护之间如何平衡等问题提供了很实用的启迪。

目前，关于东巴手工纸的研究，其总体研究态势表现得较为平稳，研究成果全面而系统。作为遗产保护工程中一项微小的载体材料，能为相关、相近的学科，直接或间接提供如此丰富的学术参考，这个不可多得的研究对象，还有很多未知内容有待于今后继续开发。

四　研究动态分析

截至2014年，中国的世界遗产数量增至47项，超过西班牙成为拥有世界遗产地数量第二多的国家，仅次于拥有48处世界遗产的意大利。[①]中国可谓世界遗产大国，也是世界上拥有世界遗产类别最齐全的国家之一，但长期以来却很难称得上遗产保护与研究大国。世界遗产是国家重要财产，遗产的毁坏实质上就是国有资产流失。

民族档案文献遗产保护工作是一项关系到人类社会进步、经济文化可持续发展的大事。将民族档案文献置于记忆工程以及文化遗产范畴的前提下，从国内外对于文化遗产保护研究的现状来看，我国现阶段东巴古籍文献遗产保护的研究可以归纳为以下几个方面：

第一，现阶段对东巴古籍文献遗产保护研究成果更多侧重于宏观视角，且探讨均局限于如语言文字学、民族学、文献学等几个固定的理论范围内各自独立地进行，集合不同学科视角下的交叉研究结论乏善可陈。

第二，相对于微观层面的保护技术方法研究，我国宏观层面东巴古籍文献遗产保护的研究整体仍停留在探究法律法规体系构建、旅游经济开发方式、技术引进借鉴等常规化层面，对于影响保护的更深远的软科学保护因素尚未涉足，整体研究进度、宽度与实际保护工作需求不等速。

第三，对于东巴古籍文献遗产保护技术的微观研究，有很多研究成果均是大而化之地将一种手工纸作为保护对象进行现代生化保护技术与古代文献典籍保护技术的结合研究，如将某几味中草药配方创新性地融入其研究成果之中，取得了技术层面突破性的进展。然而，东巴手工纸的类型却有几种，这些技术成果的适用性缺陷导致可行性研究后劲不足，与之相联

① 中国世界遗产，百度百科（http：//baike. baidu. com/link？ url =_ JwmCfXJUIEYWR8COF4ajewGjckKWvaRe9SIZABjIONMN1X_ VfWpb_ h0XGHZx985TBYVpTssfpnMguwalEdi4q）。

系的保护成果推广应用研究基本上仍是一片空白。

第四，国内外针对东巴古籍文献遗产保护的持续研究极其缺乏，基于多学科交叉背景来研究的成果总量极少，典型性个案研究的缺乏造成个体差异性不明显，而共性规律则无从归纳，基于此种背景得出的研究结论却恰恰没有普遍适用性和现实可行性。此外，以档案学角度论述的东巴古籍文献遗产，范围大多仅停留于东巴古籍文献这一个单一层面，没有考虑民族档案文献遗产的保护还应重视精神文化这一潜在的保护对象。

第五，现阶段东巴古籍文献遗产保护研究，内容多集中于保护与经济发展之类的问题。研究对象较多关注如何开发利用等环节，却忽视了保护研究的内涵与外延。“只保护文物，不关注文化”或“只保护文化，不关注文物”的偏差观念都会使东巴古籍文献遗产保护全局工作的开展被人为地割裂，导致整体研究水平较低，研究成果的实际价值不大。

第六，国内对于以东巴古籍文献遗产为例的遗产保护类研究，真正切实做到文理科相结合的整合性科研尝试不足。虽然遗产保护科研领域内活跃着大批来自各个专业领域的学者与专家，但传统研究“隔行如隔山”般的屏障还未被打破，以至于互相借鉴并合作的机制仍为空谈。这种“习惯”对科研造成了极大浪费，最终为此买单的却是遗产永久性的毁坏。

东巴古籍文献遗产保护研究是一个大工程，这不仅是由于保护对象涵盖了世界记忆遗产东巴古籍文献以及东巴文化生成的档案，还在于通过将这两种档案内容糅合于一体，针对当前存在的问题，运用档案学原理，提出相应可行的保护策略。这些策略虽然针对的是个案保护，却能总结出具有普遍意义及适用性的保护共性规律。鉴于东巴古籍文献遗产范畴的独特性，笔者认为对其保护研究最终将逐渐趋于相关学科整合化、集成化。要科学研究东巴古籍文献遗产保护，业界要走的路还很长。

第三节　研究理论基础

为了全面解析东巴古籍文献遗产的保护，笔者需要再次强调本书谈及的保护是指广义之内涵，即借鉴档案学相关基础原理，将东巴古籍文献遗产保护事业置于一个系统的框架之内，从搭建不同形式的框架以达到实现保护的目的，到框架内各构成方之间关系运转的过程控制，再到框架内各个构成方针对东巴古籍文献遗产采取的具体保护措施。这些保护工作的完成需要根植于一个完整的过程，可将东巴古籍文献遗产保护作为一项工程来分析，这个结构化的工程以及工程内部的各个环节都可以借助档案学理论等学科理论来指导实施。

本书所涉及的档案学原理主要有“文件生命周期理论”、“来源原则”、“全宗群完整原则”、“档案鉴定理论”以及“档案管理原理”，这些档案学原理的运用将贯穿于东巴古籍文献遗产概念界定、保护策略层次划分以及各层次保护实践的内容中。为了能更好地理解这些理论联合实际的思路，笔者将用图 1－2 加以明示。

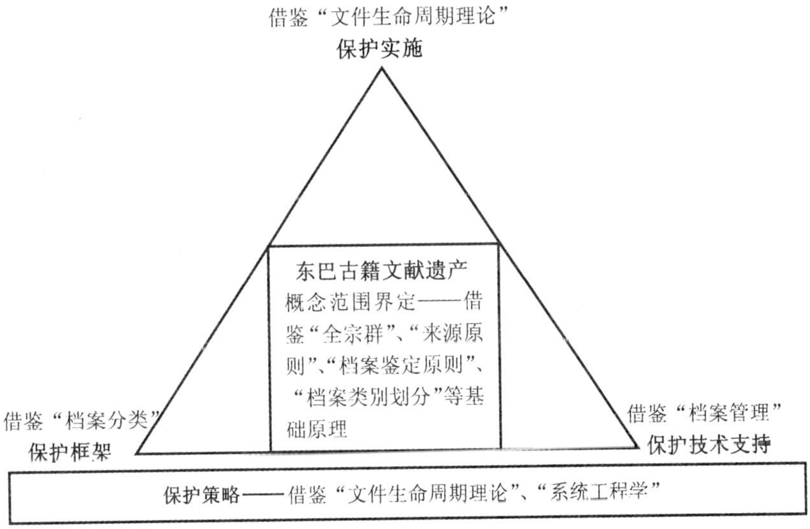

图 1－2　档案学基础原理运用于本书内容指导①

对于本书研究对象东巴古籍文献遗产范围的划分，笔者借鉴了档案学之“全宗群”“来源原则”“档案鉴定原则”以及“档案类别划分”的理念。

在此，为了维护与保持研究对象的历史联系，笔者将所有涉及东巴古籍文献遗产的信息资料视为保护对象，进而构成一个有机群体，即东巴古

① 对于图示中三个角上标示的概念名称来源及思路背景，笔者将在本章后续内容及第二章中予以详细说明。

籍文献遗产全宗群。鉴于业界对于东巴古籍文献内容划分并不一致，因此，此处的全宗群组织方法是按照信息资料的载体形态这一特征构成的。

东巴古籍文献遗产范围内的载体形态多样，一方面，保护对象范围内的载体形态是通过直接形成以及转录而成两种方式组成的；另一方面，不同载体形态形成的保护对象又保存于不同的收藏机构，其来源地以及来源机构都有差别。因此，笔者认为，应该运用“来源原则”划分这些保护对象。这里的来源不仅指形成方式及地点，也代表收藏处所。

档案价值鉴定理论可运用于指导东巴古籍文献遗产内容、范围及保护等级的界定。由于东巴古籍文献遗产存在直接形成与转录而成两种形成途径，根据以 1949 年作为划分民族古籍文献的标准，笔者认为，档案鉴定原理可指导本书更为客观科学地划分研究对象内容及范围。结合档案价值鉴定理论及收藏东巴古籍文献基层单位的客观条件，保护开展也需基于研究对象保护轻重缓急程度而分批次、有步骤地实施。

档案可以按照多种标准进行类别划分，若以载体形态作为标准，则档案可以分为甲骨、金石、简牍、缣帛、纸质以及数字等类。无论以哪一种材料为载体，档案的原始性与凭证性都无丝毫减弱。据此可知，基于整体性保护目标，东巴古籍文献遗产作为保护对象，其概念范围的界定也可以在传统手工纸为载体的东巴古籍文献基础上有所增益与拓展。无论以纸质、布料或声像、数字材料作为载体，东巴古籍文献遗产固有的多元属性均能与之对应。

在东巴古籍文献遗产保护策略研究过程中，笔者很多理论思考与实践尝试都来源于“文件生命周期理论”的启示。

其一，“文件生命周期理论”强调的文档一体化理论构建于一个管理过程之上。它是研究文件从最初形成到最终销毁或永久保存的整个运动过程、研究文件属性与管理者主体行为之间关系的一种理论，是对文件——档案运动过程和规律的客观描述和科学抽象。它试图使文件的整个生命运动过程都得到全貌控制。[①] 基于全貌过程控制的理论能启示东巴古籍文献遗产保护模式的构建，使所有与保护有关的工作任务或步骤都能有序加入

① 文件生命周期理论，百度百科（http://baike.baidu.com/link?url=WZBZP_fEme-83GbZhN9p5PrZeKemCcQ_CSdCZE6FwXQfX7V-J2hGK-bELW3va4-6aTn6tHIg_RoO6pOHsQ6Mjq）。

策略之中，以此形成一个保护体系。

其二，“文件生命周期理论”反映的是一个完整的关于文件的运动过程，其中每一个阶段都有对应的价值形态、服务对象、保存场所及管理形式。因此，东巴古籍文献遗产保护过程中的保护框架设定、保护过程实施及保护技术开展三个阶段可视为都能各自以相对独立的形式构成一套单独的实施体系，而针对这些体系内部的工作如何开展，又可以运用档案学其他原理加以分析论证。

其三，“文件生命周期理论”作为启发文件档案一体化研究的主要原理，其生命周期的各个阶段还能解读为“前端”“中端”“后端”控制的理念。以东巴古籍文献遗产保护研究为例，本书所处的研究阶段应为研究对象整个生命周期内的“中端”位置。除了运用相关学科知识，结合客观条件，确保策略研究成果的顺利开展之外，还应具备全局性眼光，从保护世界级遗产、繁荣我国民族文化、巩固国家文化安全等层面来分析“前端”与“后端”的内涵。

就本书而言，提出东巴古籍文献遗产保护的实施体系，并使研究成果结合实际工作，发挥出可行的效果是最主要的诉求。“文件生命周期理论”在提供本书基本研究思路的基础上，还启发笔者运用两类划分标准来指导保护策略的延伸。

首先，递进式的保护策略划分标准。按照档案管理学中的逻辑步骤，可以将东巴古籍文献遗产的微观保护实践大致分为建档与鉴定、保管、传承与利用三个阶段。这三个阶段呈现线性递进式关系，基于档案工作的步骤次序进行划分，可将递进式保护的具体实施内容结合档案馆保护馆藏遗产的方法加以分析与完善。

其次，并列式的保护策略划分标准。根据“文件生命周期理论”的内涵，东巴古籍文献遗产保护可视为一个工程。根据系统工程学的理论，一个工程的实现有赖于三个基本点的配合，它们依次是实现工具、过程控制和方法技术。其中，“方法技术”即图 1 – 2 所示的保护技术支持，基于档案学及档案保护技术学基本原理的指导，可以包括含有微观层面保护实施策略在内的建档与鉴定、保管、传承与利用各项具体任务；而“实现工具”即图 1 – 2 所示的保护框架，则可以代表东巴古籍文献遗产保护实践赖以开展的管理平台模式，在此，可根据东巴古籍文献遗产保护实施地差异性的客观条件来相应选择不同的实现工具模式，以便使研究成果更具灵活性及实用性；“过程控制”即图 1－2 所示的保护实施控制，它是基于“实现工具”中分析得出的管理平台模式而发挥作用的，保护框架内存在的各参与方如何平衡、协调、整合优势与关系，这些问题可由过程控制的分析得到答案。

第四节　研究对象概念梳理

记忆遗产保护研究需要在把握策略实施纵向深度的基础上，关注保护对象范畴的横向广度。为了能实现保护深度及广度一致的整合化目标，笔者将与东巴古籍文献内容有关的东巴文化信息所形成之档案作为辅助部分，故本书的研究对象称为东巴古籍文献遗产。笔者希望通过档案学专业视角，对东巴古籍文献遗产的整体性保护作出深刻论证，并寻找可行的理论与实践。

一　研究对象概念

东巴古籍文献遗产概念的梳理，首先应从“古籍”、“文献”与“遗产”的源流来探究。

“古籍”，是指未采用现代印刷技术印制的书籍。这类书籍在古代称作典籍，也叫文献，兼有文书、档案、书籍三重意义。我国对汉文古籍的上限、下限作出过明确的规定，即春秋末战国时编定撰写的经、传、说、记、诸子书等是古籍的上限；而下限则一般划到清代末年。[①] 然而，还有使用满、蒙古、藏、彝、纳西等兄弟民族文字撰写的古籍，整理这些古籍需要另外一套专门规范。鉴于少数民族文字古籍与汉文古籍相比数量较少，笔者认为，这类民族文字古籍的认定时间下限理应有所延展。笔者的这个想法在《中国少数民族古籍总目提要》一书中也得到了理论印证。[②]

---

① 古籍，百度百科（http：//baike. baidu. com/link？url = IiOYaE _ 9zkYkQ1Os1x0Xdt _ 2PQL5Xylo8 – UZet02zhrLpVrkC – e16RKuV378Ye0V）。

② 国家民族事务委员会全国少数民族古籍整理研究室：《中国少数民族古籍总目提要·纳西族卷》，中国大百科全书出版社 2003 年版，“总序”第 6 页。

"文献"一词最早见于《论语·八佾》，南宋朱熹《四书章句集注》认为"文，典籍也；献，贤也"。所以这时候的文指典籍文章，献指的是古代先贤的见闻、言论以及他们所熟悉的各种礼仪和自己的经历。宋代马端临《文献通考》认为"文"是经、史历代会要及百家传记之书；"献"是臣僚之奏疏、诸儒之评论、名流之燕谈、稗官之记录。而今天我们所说的文献，主要指有历史意义的比较主要的书面材料，因此，广义的文献定义就成了记录有知识的一切载体。①

"遗产"这个概念的发展经历了由小变大、由窄变宽的过程。其内涵从原来的"先人所留下来的财产"逐渐发展成为"历史上遗留下来的精神财富或物质财富"②；而外延也由一般的"物质财产"发展为由实实在在的"物质文化遗产"、抽象存在的"非物质文化遗产"以及自然天成的"自然遗产"等多元化遗产所构成。在本书中所涉及的"遗产"，指的是外延部分的概念。世界记忆遗产通过国际合作与使用最佳技术手段，对世界范围内正在逐渐老化、损毁、消失的手稿，任何介质的珍贵文件，以及口述历史的记录等进行抢救。于是，东巴古籍文献成为世界记忆遗产工程保护的对象。在此，应注意"手稿""任何介质的珍贵文件""口述历史的记录"这三项属性是记忆遗产区别于其他种类遗产的重要之处。与此标准相符的任一对象都可算作记忆遗产的一部分；同理，如果一种对象能同时满足此标准，则该对象必然是异常珍贵的记忆遗产。因此，从东巴古籍文献与这三项属性紧密贴合程度可见其作为珍贵记忆遗产所具有的价值以及保护的意义。

在很长一段时间内，由于东巴古籍和东巴档案之间的概念认知交叉或重叠，致使东巴古籍一直被动地充当着东巴档案相关研究的调研对象。但是，把东巴古籍简单粗放地当作东巴档案的做法，不仅人为泛化了东巴档案的概念，也容易误导档案学的发展方向。因此，严谨地统一本书所研究对象的名称，并清晰界定其概念非常必要。基于此，东巴古籍文献遗产概念界定可借助于学者们的解释来思考与推敲。

以"东巴文献"为关键词的科研成果中，大多存在研究对象名称的不统一，可见，大家对于这个对象内涵、外延的界定，以及名称的表达都

① 文献，百度百科（http：//baike. baidu. com/subview/70348/10537160. htm? fr = aladdin）。

② 遗产，百度百科（http：//baike. baidu. com/view/556691. htm）。

存在着一定程度的差异。如，有的论文将其描述为“东巴文历史档案”，有的称为“东巴文献”，还有的叫作“东巴经档案”，这些名称的差异足见大家对于概念的解释各抒己见。张美芳、秦佳心的解释是“用东巴文写下典籍，主要用于东巴教作道场时朗诵之用”，称之为“东巴经”。“东巴经典籍文献”是纳西族古代社会的百科全书，集纳西古文化之大成，记载有天文、地理、历史、动植物、医学、冶金、农业、手工业、生活起居、社会形态及文学、艺术等方面内容。[①] 仝艳峰提出：“东巴文献是具有独特美学价值和风格特点的文献遗产，东巴文献种类众多，东巴文献遗产除了以东巴纸为主要载体外，还有少量木刻版画、石刻雕版、木牌画、麻布画和砖雕。”[②] 和继荣认为“以东巴文化为核心的东巴经，记录了古代纳西族诸多方面的内容，被称为纳西族古代社会的‘百科全书’。从档案学角度看，东巴经是一种珍贵的手稿档案，具有显著原始性和权威性”。[③] 笔者在之前的研究工作中也基于内涵与外延的对比提出“东巴文档案是由纳西族社会机构、组织以及个人，在各个历史时期的社会实践活动中直接形成，以东巴象形文字书写、表述或记录的，反映纳西族政治、经济、军事、历史、科技、文化、宗教和民俗等社会历史情况，具有保存、参考和凭证价值的各种载体形式及口述历史记录”[④]。

鉴于上述现实，对于东巴古籍文献遗产概念的界定，笔者认为可至少从以下几个方面来梳理。首先，遗产形成者。东巴古籍文献遗产形成者是纳西族社会中的东巴或其他能运用东巴象形文字的组织、机构或个人。其次，遗产形成时间。东巴古籍文献遗产中绝大部分是历史年代久远而古老的东巴古籍文献，此外，还包含部分记录东巴文化而生成的档案，这部分档案形成时间比较宽泛。再次，遗产形成过程。东巴古籍文献遗产绝大部分是以东巴象形文字形式直接书写或承载东巴文化相关内容而成的原始记

---

① 张美芳、秦佳心：《纳西东巴经数字化抢救过程中的技术保障措施的研究》，《档案学研究》2006 年第 5 期，第 56 页。

② 仝艳峰、郑荃：《丽江东巴文献遗产保管困境与对策研究》，《云南档案》2008 年第 6 期，第 48 页。

③ 和继荣：《试论纳西族东巴经档案的保护和利用》，《云南档案》2009 年第 2 期，第 42 页。

④ 胡莹、王雪飞：《非物质文化遗产背景下东巴文档案抢救保护工作刍议》，《山西档案》2012 年第 1 期，第 69—70 页。

录，但也有少量为传承东巴文化而以文字或音像形式记录形成的后期档案。最后，遗产载体形式。东巴古籍文献遗产中绝大部分是以手工纸为载体的纸张材料，此外，为记录东巴文化相关活动而形成的口述影像材料也是一种特殊的遗产载体形式。

综上所述，结合民族文字古籍特殊性、东巴古籍文献产生与发展的历史背景以及东巴古籍文献现存于世的分散性与历史断代性等因素①，在笔者看来，本书中论及的保护对象——东巴古籍文献遗产可以界定为：1949年以前由纳西族社会机构、组织或是个人直接用东巴象形文书写或绘画于东巴手工纸或布料、石料等其他物质载体之上，能够全方位反映纳西族古代社会风貌的手稿、珍贵文件，以及借助于数字化技术记录和保护反映东巴口述历史、东巴文化活动、东巴手工纸制造技艺等相关传统东巴文化内容信息而形成的声像、数字载体档案。

笔者将东巴古籍文献形成时间下限设为1949年是基于三个方面的考量：其一，上文中对于“古籍”上下限的规定理论上而言，更适用于汉文古籍的划分。少数民族古籍，特别是少数民族文字书写的古籍，不论是数量，抑或是规模，再或是社会认同度都普遍低于汉文古籍。因此，对于民族古籍形成时间上下限的划分则应具体问题具体分析。否则，以“一刀切”式的划分标准反而易于造成珍贵遗产内涵的埋没，不利于民族古籍历史的衔接。其二，东巴古籍文献形成之历史背景较为特殊且现存数量历经几次大规模流失致使保存分散。东巴古籍文献的形成有赖于东巴教在纳西族聚居区的广泛流行，然而，纳西族又是一个崇尚汉文化的边疆民族。由此，东巴教自诞生之日起便与来自中原的汉文化、青藏高原的藏文化等多种文化并行流传。东巴古籍文献的命运伴随着东巴教的兴衰而起伏，在历史上遭遇了几次大规模流失并最终形成今日存世之分散格局。这种客观存在的事实必须得到认识及尊重，从而对为数不多的东巴古籍文献形成时间界定下限作出相应的延展，以便将本就不多的这些记忆遗产进行整合，探寻内在的联系及文化脉络。其三，笔者在实地调研期间，就东巴古籍文献形成时间下限划分问题专门请教过丽江地区相关学者，得到的回答几乎一致以1949年作为界限。这让笔者从理论上对东巴古籍文献形成时间的跨度有了比较清晰的认同；此外，笔者也从实践方面，对现阶段存

① 东巴古籍文献产生与发展的历史背景以及现存于世分散性的表现将在下文内予以说明。

世的东巴古籍文献以及相关分类整理与编纂出版等实际工作进行了必要的搜索与分析，得到的结论也反映了较为统一的观点，即业界普遍以1949年作为划分东巴古籍文献形成时间的下限。基于此，对于本书研究对象东巴古籍文献遗产，若拿汉文古籍以清代为形成时间下限的标准去套用少数民族古籍，而对客观存在的历史背景与事实置若罔闻，则研究结果很有可能会掉入形而上学的极端，并在研究过程中犯下经验主义、片面主义、教条主义的错误。

二 研究对象的范围及载体形态

对于东巴古籍文献遗产种类划分的思路，笔者基于传统意义上对东巴古籍文献种类的认识，通过梳理研究对象的内涵、外延，合理归纳与总结研究对象种类。

（一）基于传统意义上对东巴古籍文献内容的认识

东巴古籍文献中所记载的内容，绝大部分与东巴活动分不开。笔者参照由云南省社会科学院东巴文化研究所编译并于1999年云南人民出版社出版的《纳西东巴古籍译注全集》的分类标准，结合笔者通过实地走访调研的所见所闻，把以东巴文书写、纸张为主要载体的东巴古籍文献划分为五类，依次为：祈福类、消灾禳解类、丧葬类、占卜类以及其他类。其中前四项与东巴活动密切相关，最后一项"其他类"则包括了东巴舞谱、东巴画册、东巴文医药书籍以及东巴文地契等反映社会生活方方面面的图籍。

（二）通过梳理东巴古籍文献对象范畴的认识

东巴古籍文献从内容上可以划分为五个种类，此外，东巴古籍文献内容中除了大量与宗教有关的内容外，也包括部分与纳西族社会生活有关的遗产，主要表现为非宗教类的文书。这些档案都记录于东巴手工纸之上，通过东巴象形文字表达。东巴古籍文献中辅助部分的内容传递了从各个角度展现纳西族社会百态的信息，这些档案记录的形成来源于与东巴文化相关的各类民俗活动中，由于民俗活动丰富，记录这些活动的载体便不局限于纸质类物质。

因此，保护东巴古籍文献遗产应具备系统的研究视野，在充分重视以东巴象形文书写的纸质载体对象之外，也应该关注辅助遗产完整性的其他载体对象。因此，按照载体形态标准进行划分，可得出研究对象由东巴手工纸质载体、铭刻类、布料类、声像类及数字类五个部分组成。在此要强调，数字类载体遗产是基于当代背景下，计算机技术介入保护事业后出现的一股必然保护趋势，数字化载体能记录东巴文化信息以及口述史，并将遗产保护的开发利用带入全新的发展空间。

但是，东巴古籍文献遗产终究还是以东巴象形文字类纸质载体为主的研究对象，我们所见的世界记忆遗产，也仍是一部部珍贵的经书典籍。而其他类别载体需要保护，但终究是以辅助形式为表现的。基于上述分析，东巴古籍文献遗产范围在本书中的划分如图 1－3 所示①：

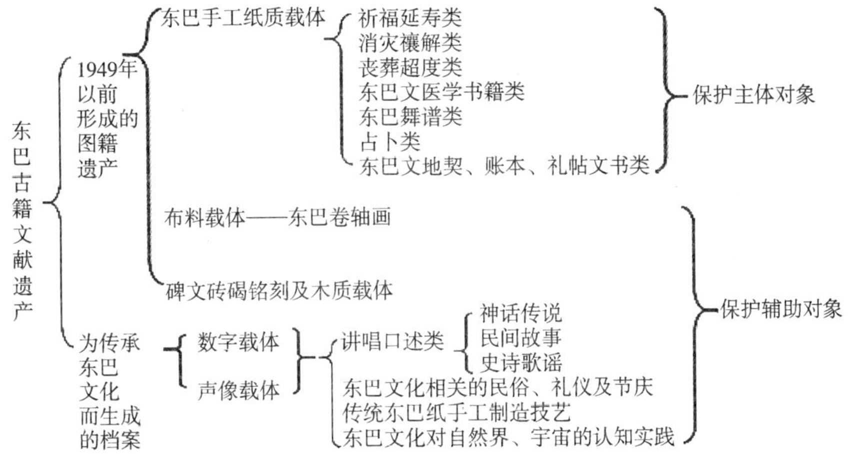

图 1－3　东巴古籍文献遗产范围划分

根据图 1－3 的划分，在借鉴“档案鉴定”原理的基础上，结合实际保护过程中的所见所闻，笔者需要特别说明：本书保护范围中的纸质、布料、石刻、木料载体对象是指 1949 年以前直接形成的那些珍贵的东巴古籍文献，而并未包括目前纳西族聚居区很多传承机构使用的转录版本东巴典籍；本书涉及的声像载体对象由直接形成与转录而成两种途径实现，而

① 国家民族事务委员会全国少数民族古籍整理研究室：《中国少数民族古籍总目提要纳西族卷》，中国大百科全书出版社 2003 年版，第 4 页。

数字载体对象则基本都是由建档保护转录形成的。基于此，本书所述的东巴古籍文献遗产将现存大量的价值偏低的转录本排除在外，而保留了最为关键与珍贵的部分。这些珍贵的遗产载体多样，能全面补充东巴古籍文献遗产内容，使之成为系统的整体。

对于东巴古籍文献遗产整体的保护，也应注重载体和文化互为依存、互相支持又互相影响的关系。多种载体应该在分清主次的前提下分轻重缓急程度进行保护研究，在以东巴手工纸载体为主的保护研究过程中，也不忽视辅助性的其他载体保护研究，积极运用先进技术，结合现有理论基础与技术力量，关注保护地客观条件与环境，采取可靠的杠杆对东巴古籍文献遗产的物质与文化保护进行双重支持。

东巴古籍文献遗产五种载体形态需要不同的保护实践措施加以对待。

载体形态之一纸质类：东巴古籍文献遗产主体组成部分的制成材料大部分都是纸质材料，而其中绝大多数是东巴手工纸。据相关史料记载，纳西族聚居较为集中的丽江地区，造纸术大约出现于元代，而保留至今的东巴古籍文献中，最早的似乎是台湾李霖灿先生发现的清代康熙七年（即公元 1668 年）的写本。[①] 其实，东巴手工纸的使用至少有 300 多年的历史。明代沐氏土司统治时期致力于在社会统治阶层推广佛教，因此，原始宗教东巴教的信仰范围被局限于乡村，与之有关的手工造纸术以及以手工纸为载体形态的东巴经典也随之扎根于乡村这片生长土壤。东巴古籍文献不止于记载宗教法事、祭祀仪式等活动，在机制纸问世之前，记述包括杂言、字典、画册、志略、家谱等不同主题在内的书籍都仍需要借助于手工纸。然而，当机制纸由于制造过程所需时间缩短、制造成本下降等因素取代传统手工纸之后，用机制纸作为制成材料的东巴经也出现了。特别是 20 世纪六七十年代及以后，学者们在记录讲唱口述类的经典或者是东巴学习经典传承时，迫于现实客观条件的局限，基本都采用机制纸来抄录。机制纸与手工纸相比当然更方便、便宜，但是作为遗产保护的对象，手工纸无论用料选择、制作工艺、纸张理化性能等许多方面都比机制纸更优异。关于手工纸的优势特征以及相关理化分析，笔者将在之后的内容里逐次进行详细剖析。当前，国内外各类文博机构收藏的东巴古籍文献几乎都是用东巴手工纸书写而成的。

---

① 参见李晓岑《纳西族的手工造纸》，《云南社会科学》2003 年第 3 期，第 71 页。

载体形态之二铭刻及木质类：东巴古籍文献遗产有极少数关于某一主题内容的文章短句以碑文或砖碣等形式刻于石料及木料等材质之上。比如“丽江宝山东巴文字砖”系佚名撰文抄刻，内容是纳西族民间买卖土地的地契。该砖两面有字，砖面 11 ×12cm，正面残存 3 行，背面残存 2 行。“朗久敬久咒语石碑”则是四川省木里县俄亚纳西族乡为驱鬼辟邪而立，抄刻了东巴教专司镇凶死鬼的朗久敬久神之咒语。该石碑一面有字，碑面为 32.5 ×56cm，正面刻有东巴文 7 行。石质载体材料的化学成分比较复杂，石质材料刻写的东巴古籍文献遗产在保存过程中，会因空气污染物的化学破坏与温湿度的周期性变化等因素产生腐蚀，引起石质材料的风化，最终致使刻写其上的文字逐渐模糊直至消失。木质载体也用于东巴宗教仪式活动并可作为雕版材质使用，如“东巴文、哥巴文对照印刷序言雕版”便是民国时期云南省丽江县长水村东巴和泗泉、和学道撰文抄刻于木雕版之上，为制作统一和规范的东巴文、哥巴文的印刷雕版而写的序言。[①] 木质载体材料其主要元素为碳、氢、氧。主要化学成分为纤维素、半纤维素、木素、单宁、树脂、树胶和无机物。对于木质载体材料的东巴古籍文献遗产而言，最大的危害来源于昆虫、微生物以及外力、温湿度变化。昆虫蛀朽木质材料，破坏其完整性并降低材料强度；微生物则深入材料内部致其变色；外力与温湿度会使材料纤维间发生分裂，让材料表面出现无法弥补的裂纹。[②]

载体形态之三布料类：与布料类载体有关的遗产类型主要存在于东巴宗教仪式活动中，绘画有关东巴教中神灵鬼怪的形象，用于辅助东巴宗教活动的开展。由于其植物纤维制作的前提，特别是布料所做的东巴卷轴画，很容易在使用过程中沾染上各类污斑以致破损腐朽，这些问题都给保护实践带来了实际困难。

载体形态之四声像类：声像类载体用来记录一些珍贵的东巴文化影像，通过特定的播放设备，以磁性材料或感光材料为载体，以音像为主要反映方式，记录的东巴文化便被还原于照片、录音带、录像带、影视片等

① 国家民族事务委员会全国少数民族古籍整理研究室：《中国少数民族古籍总目提要 · 纳西族卷》，中国大百科全书出版社 2003 年版，第 4 页。

② 罗茂斌：《档案保护技术学》，云南科技出版社 2001 年版，第 77—84 页。

专门载体之上。[①] 据笔者走访获悉，磁带载体与胶卷照片载体是这类记录形态中较常见的主要载体。

在此，磁带载体又可分为录音磁带与视频磁带两类。录音磁带用于记录反映纳西族生活习俗以及东巴文化的讲唱口述内容；视频磁带则能在较宽的频率范围内同时存储音频与视频信号，便于记录反映纳西族社会与东巴活态文化的各项活动。磁带载体材料优劣与否主要取决于磁层和载体，其中磁层用来记录信号，载体用以承载磁层。磁层是否能记录下高质量信号依赖于以下一些技术参数，诸如磁介质颗粒形状与大小、矫顽力、剩磁、磁滞、弛豫时间等因素。而作为磁带的载体——带基，其材料多由纤维素酯或聚酯加入适量增塑剂、稳定剂、填料等助剂塑造成型。常用的纤维素酯有硝酸纤维素酯和三醋酸纤维素酯，聚酯有聚对苯二甲酸乙二醇酯和聚碳酸酯。不同的带基材料理化性能也存在很大差异，对于年限较长的记录东巴古籍文献遗产声像类磁性载体材料，由于当时客观条件所限，所选的材料保存至今难免出现多种问题，这给保护工作的开展带来了很大的技术阻力。

就胶卷照片载体而言，胶片的片基材料与磁带的带基是一致的，此处笔者不再赘述。然而，胶卷照片内容的显现还需借助曝光之后发生光化学变化，再经适当显影、定影处理，方在载体上形成影像的感光材料，因此，选用不同种类的感光材料将会直接影响胶卷照片的整体质量。一般来说，常用的胶卷照片感光材料有银盐材料和重氮盐材料两种。银盐材料是将感光剂、助剂与照相明胶配制成乳剂涂布于载体上而制成的。与银盐材料以卤化银为感光剂不同，重氮盐感光剂的主要成分是重氮化合物。卤化银与重氮化合物理化性能差别很大，因此，使用不同感光剂的感光材料就需要辅以不同的保护方法。此外，感光材料中含有的明胶又是用量较大且性能复杂的一种原料，它的理化性能与感光材料的耐久性息息相关。本书将在之后的章节中就采用哪些具体措施对东巴古籍文献声像类介质内容最优保护进行深入论述。

载体形态之五数字类：对于记录东巴古籍文献内容反映的各类东巴文化信息，可用数字化技术来实现长久保存。数字载体可以转录以前老旧载体的信息，也可直接借助计算机来实现信息存储、读取与保存。数字载体

---

① 声像档案，百度百科（http：//baike. baidu. com/view/1238428. htm）。

形态的内容可以通过2D/3D动画虚拟、数字图像处理等数字化技术，实现包括数码音、视频载体，信息数据库载体等在内的多种新型载体。数码录音、录像设备如今已逐渐取代磁带而为人们所广泛使用，这不仅因为数码录音、录像设备方便记录、修改与重复使用，还在于通过数码方式记录的信息内容可以方便简易地存储于多种物质载体之上。通过此方法获取的信息内容质量优劣与否在于数码设备的选择以及摄录场所的取舍，这就大大降低了客观存在的载体材料理化复杂性所带来的质量不确定性影响。数码摄录信息的内容经过后期加工制作后，可以借助光盘、计算机或是移动存储器等多种形式的设备得以实现。其中光盘的寿命会受到光盘载体组成成分性质、信息记录结构类型、读写功率、读写方式、空气污染物以及空气温湿度因素影响。[①] 由数码摄录设备记录的信息可以单一形式或整合形式显现，以东巴古籍文献遗产内某一内容为主题，通过某一种载体进行存储的方式即单一形式，而整合形式表现为信息数据库。信息数据库的构建有赖于采集丰富的无形介质信息内容，在规范信息来源格式的前提下，对所采集的图像、音频或视频信息进行技术处理，必要时还可利用2D/3D动画技术；借助良好的前期数据库编程平台，将制作处理好的内容放入运行性能良好的信息平台，并设置不同等级的访问权限以确保信息与载体的安全。东巴古籍文献遗产的信息可呈现出形式多元的内容，在此数据库平台上，还可根据实际需求，以联网查询服务、编制文化节目、多样化文化物出版或馆藏安全保存等方式从社会生活、政策制定、旅游开发、学术研究等多个方面，为保护和利用提供服务。

三　研究对象属性

属性是对于一个对象的抽象刻画，即事物本身所固有的性质。是物质必然的、基本的、不可分离的特性，又是事物某个方面质的表现。一定质的事物常表现出多种属性。[②]

在此，基于东巴古籍文献遗产含有档案属性的事实，为了厘清两者的

---

① 罗茂斌：《档案保护技术学》，云南科技出版社2001年版，第68—69页。

② 属性，百度百科（http：//baike. baidu. com/view/77730. htm）。

深层次关系以及更明晰地掌握东巴古籍文献遗产排他的、唯一的特性，就其特有属性与共有属性进行论述是非常必要的。特有属性即东巴古籍文献遗产区别于其他类型档案的表现；共有属性即双方均具备的特性。

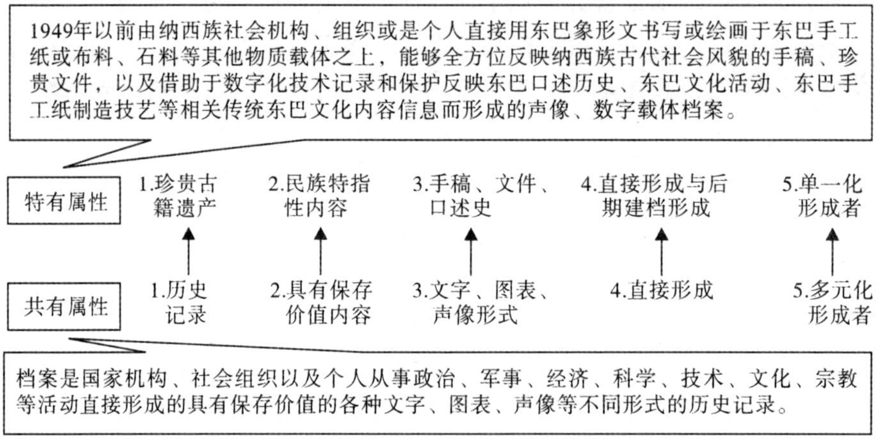

图 1－4　东巴古籍文献遗产与档案属性对比

如图 1－4 所示，将东巴古籍文献遗产与档案置于横向比较的平台之上，对特有属性与共有属性进行分析论述，我们可以得出以下结论：

（一）东巴古籍文献遗产具有珍贵古籍历史档案记录与世界记忆遗产双重属性

东巴古籍文献遗产是由东巴古籍文献以及相关东巴文化反映的内容组成，东巴古籍文献的遗产属性在 1997 年入选名录后便得到世界公认。而东巴古籍文献本身与中国艺术研究院音乐研究所收藏的中国 50 多个民族的传统音乐与民间音乐录音档案、2007 年入选名录的清朝“样式雷”建筑图档以及 2013 年入选名录的《侨批档案——海外华侨银信》《中国元代西藏官方档案》一样，均具有明显的古籍档案属性；且与东巴古籍文献相关的东巴文化作为民俗活态文化，可通过多种载体加以直接记录，这些记录也是档案。因此，东巴古籍文献遗产非常珍贵。

（二）东巴古籍文献遗产具有民族专指属性

如同传统音乐与民间音乐录音档案是专指音乐类记忆遗产、清代科举大金榜是特指科举考试成绩榜这一文化类记忆遗产、清朝“样式雷”建筑图档是专指建筑类记忆遗产、《侨批档案》是专指海外侨民专门向家乡亲人汇寄银钱并附上家书的华侨海外奋斗历史类记忆遗产[①]，《中国元代西藏官方档案》是专指元代统治者在治理西藏地区期间产生的众多政务类档案中的4份圣旨、5份法旨和13份铁券文书，是一个有机整体。[②] 东巴古籍文献遗产的两个组成内容均与民族有关。东巴古籍文献遗产固有的民族特指性内容十分突出，它是纳西族的精神文化结晶，是纳西族创造的，用来服务于纳西族社会生活各项活动。民族档案在档案研究整个学术界而言所占比例较低，作为一门交叉边缘学科，东巴古籍文献遗产保护研究也能为民族档案研究领域提供更多的案例模式，以便指导档案学科研发展。

（三）东巴古籍文献遗产的多种载体形态属性

无论是音乐类记忆遗产、文化类记忆遗产，还是建筑类、医学类、历史类记忆遗产，它们都通过较为单一的载体形态得以表现珍贵的文化价值。档案的主要载体和东巴古籍文献的主要载体一致，都以纸质类为表现形式。东巴文化的历史记录，也是通过借鉴档案新型载体产生与发展背景而认定为东巴古籍文献遗产保护的一部分。

（四）东巴古籍文献遗产的形成时间断代性属性

东巴古籍文献遗产的主体，由于存世数量较少，并且保存较为分散，因此，其形成下限应以1949年划界为宜，1949年之后形成的那部分由于价值无法与之前相提并论，故学术界并不予以确认。据悉，现存的东巴古籍文献大约成书于清代，按照档案学“尊重高龄档案”原理，这些东巴古籍文献具有很高的价值。然而，这批记忆遗产由于近代历史上几次大规模的流失，现存数量极少。考虑到东巴古籍文献的珍贵价值，且以东巴手工纸书写制成的东巴古籍文献装订方式一直遵从古法，符合上文中对于“古籍”的概念解释，因此，笔者便将其认定下限作出调整至1949年的

① 《侨批档案具四大价值　镌刻中国侨民的集体记忆》，新华网（http：//news. xinhuanet. com/overseas/2013－06/20/c_ 116226631. htm）。

② 《侨批档案和元代西藏官方档案入选〈世界记忆名录〉》，和讯新闻（http：//news. hexun. com/2013－06－21/155393040. html）。

延展。东巴古籍文献遗产的另一部分，其形成时间与静态东巴古籍文献不同步，但也有年代早晚之分。本书涉及的一切东巴文化记录内容无法能精确到以何年为界，这是由于历史上几次针对东巴古籍文献的大流失，使东巴古籍文献数量骤减，实体的消亡也加剧了民间东巴文化的衰退。因此，东巴文化延续性出现了明显的断层。目前，东巴文化在纳西族聚居区，尤其是乡村，仍艰难地与主流文化并存。作为抢救保护者们而言，即便是当代形成的记录也具有一定的保存价值。其内容涉及迎神请福、驱鬼镇魔、为人类求福消灾，为人鬼之间排解纠缠困扰等的宗教仪式，还广泛包括语言文字、历史地理、生产活动、文学艺术、天文历法、思想意识、民族关系、医学保健、民俗活动等方面。[①] 基于此，东巴文化记录无论成于何年，都应是研究纳西族古代的哲学思想、语言文字、社会历史、宗教民俗、文学艺术、伦理道德及中国西南藏彝走廊宗教文化流变、民族关系史以及中华远古文化源流的珍贵资料。[②]

（五）东巴古籍文献遗产具有单一形成者属性

广义上的档案可以由国家、社会组织或个人在各类社会活动中形成，基于不同形成者背景被赋予不同的档案全宗名称。通过档案学中的“全宗”概念可以引申至形成于纳西族各聚居地各单位[③]的东巴古籍文献遗产组成一个“全宗群”，并进行统一集中式保护的理念。东巴古籍文献遗产的形成者大致可分为东巴、东巴古籍文献部门、科研院所等部分。其中，书写东巴古籍文献的东巴绝不仅止于一人，东巴古籍文献遗产的来源地也绝不仅止于丽江古城，因此，这些形成者分布在社会各种领域，而来源地也散布于纳西族聚居的各地，按照档案学理论，不应将他们形成的档案放于一起。但是，按照上述属性分析，在此讨论的东巴古籍文献遗产是为更好保护人类文化遗产而组合的，为了保护信息的便捷共享，并能科学地开发利用，笔者认为可将其视为一个整体，以“全宗群”的原理加以保护研究。

---

① 东巴经，百度百科（http：//baike. baidu. com/view/730658. htm）。

② 东巴文，百度百科（http：//baike. baidu. com/view/67586. htm？fromId = 88447）。

③ 这里的“单位”是指东巴古籍文献遗产的形成者。

四　研究对象价值

（一）东巴古籍文献遗产具有珍贵的历史文物价值

东巴古籍文献遗产主体本就是世界记忆遗产，故历史文物价值极大。从外部载体看，东巴古籍文献的载体材料、书写工具、造纸工艺、绘画技艺都饱含着丰富的历史文物价值；从内部信息看，东巴古籍文献记录的内容反映着纳西族古老的社会生活状态，这些生活已与现代社会生活脱节，在现实中很难再纯粹地复制或还原重现。因此，东巴古籍文献被收藏于文博机构，这些机构除了维护其实体安全外，也会就其历史文物价值创办相应的展览，丰富大众的精神生活。此外，民间长期存在的东巴古籍文献倒卖活动也反向印证了其珍贵的历史文物价值。

（二）东巴古籍文献遗产具有朴素的哲学思想价值

在《东巴经》中，有不少地方讲到天地、日月、星辰、人类等的起源，这代表着古代纳西族先民对万物起源的探索。在世界本质问题上，《崇搬图》等典籍认为，物质是根本，声与气的交合，衍生出自然万物，包括神灵鬼怪。《黑白之战》等作品认为，世界上最基本的物质形式分金、木、水、火、土五行，这些物质处于不断运动变化的状态之中，且所有的物质之间具有一定的联系性。[①] 东巴经典中阐述万物皆由蛋变化而来。作为宗教经典，东巴经典与其他宗教经典不同之处在于强调蛋生万物，而非神造万物。[②] 此外，东巴经典还提出世界万物的本原由佳音和佳气组成。物质的“音”配上变化的“气”，体现了古代朴素的自然观，是原始唯物主义和朴素辩证法的自然观的哲学思想反映。今天看来，这些哲学思想虽然很有局限性，然而，正是这样的思想源头孕育了纳西族先民的朴素智慧，用这种智慧指导生活，构建了稳固的社会伦理道德，创造了多彩的少数民族文明。

---

① 张公瑾：《民族古文献概览》，民族出版社 1997 年版，第 149 页。

② 东巴经，百度百科（http：//baike. baidu. com/view/730658. htm？fromId = 1013002）。

（三）东巴古籍文献遗产具有多元的学术研究价值

东巴古籍文献遗产“一身都是宝”，这不仅体现在东巴古籍文献的内容涉及语言文字学、哲学、艺术学、历史学、文献学、档案学、民族学与人类学等多学科领域，其外在的老化现象、倒卖现象、传承现象、保护现象及管理现象也激发了理工科、社会科学各领域的研究。此外，记录东巴文化形成的档案还可作为丰富翔实的学术资料，提供给上至政策制定者、下至普通民众信息共享的数据。单就东巴古籍文献遗产保护便可以通过很多不同学科背景来持续深入研究，东巴古籍文献的主要载体手工纸，至少能为档案保护技术学、考古学、造纸工艺学等提供大量的素材；更不用说不同学科对于保护研究可从不同层面与维度进行学术探索。

（四）东巴古籍文献遗产具有特别的语言文字价值

关于东巴文的创制时间，难以确考。东巴文大约有 1400 个单字，其中属于植物名称的字，约五六十个，属于动物名称的，约一百一二十个。这反映了造字时受游猎、游牧生活的影响，它为我们了解和研究古代纳西族地区生物状况提供了线索。在东巴文中，金、银、铜、铁、锡五金齐全，这都说明了纳西族社会早就进入铜器、铁器时代。[①] 与古巴比伦楔形文字、古埃及圣书文字、中美洲玛雅文字及我国甲骨文字相比较，东巴文是目前世界上唯一仍然活着的象形文字；和我国其他拥有民族文字的少数民族相比较，诸如白文（白族文字）、彝文等民族文字而言，它们已然完全消亡，但东巴文至今仍为东巴、研究者、艺术家和旅游从业者等人群所使用。此外，对东巴文语言文字研究的范围遍及国内外，这种古文字对于研究比较文字学、人类文化史、人类社会发展史等学科均具有很高的学术价值。

（五）东巴古籍文献遗产具有真实的宗教民俗价值

东巴古籍文献遗产的产生是源于东巴教这一宗教土壤。东巴教的形成除纳西族社会历史本身的发展原因之外，还与藏族宗教的影响有深远的关系。从东巴古籍文献的内容中，不仅可以摸索出历史进程中，纳西族先民

① 张公瑾：《民族古文献概览》，民族出版社 1997 年版，第 136 页。

宗教意识形态方面的深刻变化，还能细数与东巴教密切相关的藏区苯教当年在纳西族聚居区布道、传播和逐渐融合统一的过程。[①] 反映宗教内容的作品在东巴古籍文献中占绝大多数。从东巴古籍文献的有关记载看，纳西族古代信仰万物有灵，崇拜自然万物，崇拜图腾及祖先，崇拜神灵。单单是自然界崇拜比较著名的就有：天体崇拜，见诸《祭天古歌》《崇般莎》等；大地崇拜，见诸《堆本》（一部古籍的名字）等；树木崇拜，见诸《向长寿树求福经》《神鹏栖长寿树经》《献木偶面偶经》等；太阳崇拜，见诸《迎请太阳经》等；山体石头崇拜，见诸《建什罗神山经》《分清黑石白石经》等；风雨雷电崇拜，见诸《祭风雨雷电神经》等；星体崇拜，见诸《祭星宿经》等；水火崇拜，见诸《恨补》《迎净水》《烧天香经》《燃灯经》等。[②] 关于祖先崇拜、神灵崇拜、仪式要求、宗教间斗争等类的东巴古籍文献也数量众多。东巴古籍文献在宗教仪式活动中的使用源于东巴教作为纳西族原始宗教在纳西族聚居区的盛行，由于过去社会生产力水平低下，再加上东巴教并未最终发展成为具备统一宗教组织、教义、教规的人文宗教，由于人们知识的局限等因素影响，致使靠天吃饭的纳西族先民对大自然以及社会活动诸多现象总怀着无比敬畏的态度，在此背景下，以没有完全脱离物质生产的东巴们作为宗教意识执行人员的原始宗教东巴教便深深扎根于民俗文化之中，时刻与民俗活动交织在一起。基于此，东巴教中的许多仪式即具有宗教性质，又同时具备着民俗性质；许多东巴古籍文献也就自然而然既作为宗教文献使用，又成为反映民风乡风的民俗资料。[③] 比如东巴古籍文献《鹏龙争斗》《迎请祖先》《行火葬礼经》《指路经》《崇搬图》《超荐·人类迁徙传略》等经典，既有宗教的研究价值，又有民俗传承的指导意义。相对于原始宗教而言，民俗被文字记录下来之后就具有定格化的相对稳定性，因此，时至今日，现实中业已消失的民俗只能从东巴古籍文献中寻觅点点滴滴。这些以宗教活动为依托的民俗虽然部分具有 定迷信思想，对人民有一定消极的影响，却也通过一个个具体的活动形式完整而充分地还原、再现了纳西族人民生产劳作的民俗场景，丰富着当地纳西族人民的业余生活。东巴古籍文献遗产作为其物

① 张公瑾：《民族古文献概览》，民族出版社 1997 年版，第 142 页。

② 同上书，第 142 页。

③ 同上书，第 147 页。

质载体，我们研究人员如今应当基于辩证法对其中的宗教民俗价值取其精华去其糟粕地进行研究，在确保真实还原当地的原始民俗的同时，也能给宗教研究学者提供充分的参考依据。[①]

（六）东巴古籍文献遗产具有丰富的文学艺术价值

东巴古籍文献除记载了宗教仪式活动，诸如迎神驱鬼、祈福求寿、消灾解难等内容外，还记载了大量的纳西族古典文学作品，就其形式而言，可分为神话传说故事、叙事长诗、谚语歌谣等。[②] 这其中，有的作品单独成册，讲述了一个完整的事件；而有的作品则与其他的数个、数十个作品联合成册，较松散地表现一组人物或事件。[③] 神话中最著名的典籍是被誉为东巴文学中三颗明珠的创世史诗《创世纪》、英雄史诗《黑白战争》、悲剧长诗《鲁般鲁饶》。其中《创世纪》（又称《崇搬图》）是东巴文学中最有影响的著作，它由创世神话和洪水神话组成，其内容表述了古纳西人对于世界万物、人类起源发展的朴素认识；展示了纳西先民历经千难万险的创业历程，以及在此过程中征服自然、抗击暴力的英勇斗争精神和坚忍不拔、勇往直前的英雄气概。此外，还有许多题材广博的东巴经典故事，诸如《古生土称和享受素命的故事》《俄尹都奴杀水怪的故事》《什罗祖师传略》《拯救什罗祖师经》《挽歌》《辛资恒资》《鹏龙争斗》《虎的来历》《多格绍·本绍》《安铺余资命》《献冥马》《迎净水》，等等。这些故事题材独特、想象力丰富、内容生动活泼。东巴经典文学作品来源于纳西族的日常生活，通过这些文学艺术作品提供的渠道，便于研究者多方面地了解纳西族生命观念、追求的朴素思想以及纳西族在历史进程中与周边各民族关系的发展史，对于研究纳西族历史发展渊源具有极高的价值。而东巴古籍文献遗产的艺术内容一般是通过三种方式表现的，即：在某些东巴经典中偶然提及个别艺术现象，如《鲁般鲁饶》在叙述男女主人公爱情悲剧的过程中，对口弦的起源作了专门的说明；某些经典专门讲述艺术的起源，如《舞蹈的出处与来历》是一部讲述舞蹈起源的经典，

---

① 胡莹、王雪飞：《非物质文化遗产背景下东巴文档案抢救保护工作刍议》，《山西档案》2012 年第 1 期，第 70—71 页。

② 东巴经，百度百科（http：//baike. baidu. com/view/730658. htm？ fromId = 1013002）。

③ 张公瑾：《民族古文献概览》，民族出版社 1997 年版，第 152 页。

又如《跳仁忍的来历》中连续说明了“仁忍磋”唱腔、“喂玛达”唱腔、“呀号哩”唱腔、“唔史磋”唱腔、“唔生生”唱腔的过程；某些经典用来记叙一些艺术规范，如《东巴舞谱》《东巴画谱》，这些“谱”既有总谱，又有分谱。如《东巴画谱》是总谱，而《祭风木牌画谱》和《祭署神画谱》是分谱。[①] 若不是这些总谱或分谱对成百上千的飞禽走兽、神灵鬼怪、花草山石等进行了规范，那么东巴教绘画艺术就难以得到统一。

（七）东巴古籍文献遗产具有全面的天文历法价值

1 400多个单字的东巴象形文字中，关于天象、气象、时令、历法以及方位的字大约有上百个之多。东巴古籍文献中有大量记载自然科学的知识，其中以天文最为完备。[②] 东巴古籍文献中的天文知识有很多与星座有关的名称，这与东巴教的占星术密切相关。例如，记载东南西北四方二十八星宿，如北极星、启明星、北斗七星，还有彗星等星宿的确切方位。在《祭星宿》中，有的经书曾这样记载：“二十八星宿都好的这一天，祝愿主人这一家，……全家长寿平安，诸事顺利。”或是“若不是太阳和月亮，将不能分黑白”，“天上的三星甩着蕊宿手，三星和蕊宿结了仇，从此蕊宿吐露天，阴雾沉沉又沉沉，天体象不高”。[③] 除了《祭星宿》之外，有关天文的经典还有《星轮》，它专门用二十八星宿推算时间及祸福，具有占星经的性质。[④] 可见古代的纳西族先民对天象和气象的观察研究早已达到相当水平。《崇搬图》也有类似天文历法的记载：“蕊劳精于推算雷电，苏陀精于推算饶宿，尼楞精于推算星辰，吉阿精于推算日子。”[⑤] 东巴经典也有很多崇拜星体信仰的内容。如《给星宿敬香经》《请星宿经》《给星宿献牺牲经》《送星经》《抬星经》等，都是可以朗诵于祭星宿仪式上的东巴经典。[⑥] 古人根据天文历法能够推算出诸如一年分四季共12个月、一个月共有30天这样的纪年方法，并据此在很多社会生活中加以推广运用，以指导农业生产、祭祀仪式等活动。

---

① 张公瑾：《民族古文献概览》，民族出版社1997年版，第160页。

② 同上书，第149页。

③ 东巴经，百度百科（http：//baike. baidu. com/view/730658. htm？fromId＝1013002）。

④ 张公瑾：《民族古文献概览》，民族出版社1997年版，第150页。

⑤ 东巴经，百度百科（http：//baike. baidu. com/view/730658. htm？fromId＝1013002）。

⑥ 张公瑾：《民族古文献概览》，民族出版社1997年版，第151页。

（八）东巴古籍文献遗产具有古老的医学药理价值

东巴象形文字中有表示疾病，如天花、麻风等症状的文字，反映了纳西族对疾病的研究始于早期。东巴古籍文献中记载有“三滴血作变化，变成了千千万万跳蚤和臭虫，变成千千万万苍蝇，使人类发生疾病”[1]。东巴象形文的“药”字，即，隐喻了花上流出汁水，可见其字源也在于用中草药汁治病。东巴古籍文献中的医药知识十分丰富[2]，常见的药物有数百种，用针灸、按摩、拔火罐、敷、包、服、切除、点等方法来治病的字眼常常出现，痢疾、眩晕、抽风、瘟疫、惊悸、中风等疫病时有提及，这也证明了医学知识在东巴经典中是有迹可循的。东巴古籍文献中记载了100多种丸药，其中不乏健康药和长寿药，但也有一些，如菖蒲、姜茶、鹿角、岩羊角等，的确可以用来治病。经典中记载的部分药物虽然带有一定程度的神话色彩，但却体现了古代纳西人求福求寿的朴素愿望。《崇仁潘迪找药》中记载了纳西族先民发现药物的过程，当中有这样描写：药水绿油油，毒水绿油油，药花黄生生，毒花黄生生，分不清药水还是毒水，药花还是毒花。崇仁潘迪就守在那里，看见一头野猪喝了口毒水，痛得就像要死；喝了口药水，立刻蹦跳上去了。又看了三天，一头白鹿啃了一朵毒花，痛得好像要死；啃了一朵药花，立刻又蹦跳上去了。于是分清了药水和毒水，药花和毒花。[3] 这些描述都是古代纳西族先民为辨析药用价值而作出努力活灵活现的写照。除了对于治病救人的良药进行探索的记录，东巴古籍文献还多次讲到“做牛药马药”，以及对谷物庄稼粮食的病虫害描述，这些内容都证明纳西族先民在很早以前就开始学习兽医知识，并对农作物病虫害已有相关的研究。从目前掌握的资料看，东巴古籍文献所记载的药物有动物药物、植物药物和矿物药物三种，但是大量的药物、药方和医疗方法则通过零零星星的方式记载于东巴古籍文献中，如《为山神龙王点药经》《祭贤者点药经》《为长寿神胆药经》《为神主点药经》《求神胆药经》《为神将点药经》《长寿

① 东巴经，百度百科（http：//baike. baidu. com/view/730658. htm? fromId = 1013002）。

② 张公瑾：《民族古文献概览》，民族出版社1997年版，第151页。

③ 东巴经，百度百科（http：//baike. baidu. com/view/730658. htm? fromId = 1013002）。

药经》等。[①] 不仅几百年来默默守护着纳西族人民健康以及与之休戚相关的自然界轮回，也为今日的医学研究分析以及医学进步提供了古老的资料来源与实践支持。

（九）东巴古籍文献遗产的数字化开发研究价值

东巴古籍文献遗产包括口述活动的记录，这部分记录大多需要借助于数字化载体来实现存储与使用。传统纸质类型的东巴古籍文献也因年代久远等因素影响而斑驳破旧，这样的生存现状已不再适合继续翻阅或使用，因此，对东巴古籍文献进行数字化管理与保护也是必然之路。近年来，针对东巴象形字符输入软件的开发、东巴古籍文献全文录入保护、东巴古籍文献遗产信息共享数据库构建等数字化开发工作一直在持续进行中。基于此，东巴古籍文献遗产数字化开发研究将作为一项新课题，等待更多研究者去探索、去推进。

（十）东巴古籍文献遗产的手工造纸技术传承研究价值

东巴古籍文献的传统纸质载体是东巴手工纸，这种手工纸选自三种原料，分别是“糯窝”“弯呆”与竹，即构皮树、荛花与竹子。[②] 辅以其他原料熬煮 78 个小时，再经过沉淀、制模、晾晒等工艺制成。由于作为原料的树皮含有剧毒，致使任何蠹虫和霉菌都无法在其上生存，因此东巴纸书写的东巴古籍文献能够千年不腐，字迹如新。由于东巴纸系纯手工制作，因此，造纸速度较慢、周期较长、产量极小，且因东巴居住地不同而造纸技艺存在差异，在此情况下，随着机器造纸的大量生产，以及旅游景区东巴纸的“造假”，给东巴造纸手工技艺带来了较大的冲击，几乎导致东巴手工造纸技术走到濒危的边缘。基于此，当前保护东巴古籍文献的任务之一便是正确地传承手工造纸技术，东巴古籍文献的传统载体制造工艺与东巴古籍文献的内容具有同样重要的价值，都需要研究者不懈地保护。

---

① 张公瑾：《民族古文献概览》，民族出版社 1997 年版，第 151 页。

② 和虹：《浅探纳西东巴纸造纸技术》，《广西民族学院学报》（自然科学版）2001 年第 5 期，第 122 页。

第五节 研究思路与方法

一 研究思路

保护工作既要持续研究遗留的古籍实物，也要多关注与实物互为依存的文化。基于多学科背景对记忆遗产保护的研究，以某一典型对象作为案例的个体保护研究是组成更高层次保护学科体系构建以及共性规律归纳的基本依据，保护研究的质变正是由一个个典型个体保护研究量变所构成的。

对于东巴古籍文献遗产保护策略的研究，必须先从理论上对东巴古籍文献遗产概念进行系统界定，并在全面分析东巴古籍文献遗产保藏现状的基础上，明确运用档案学原理指导保护策略研究框架的搭建。

基于此，本书的研究思路如图1-5所示。

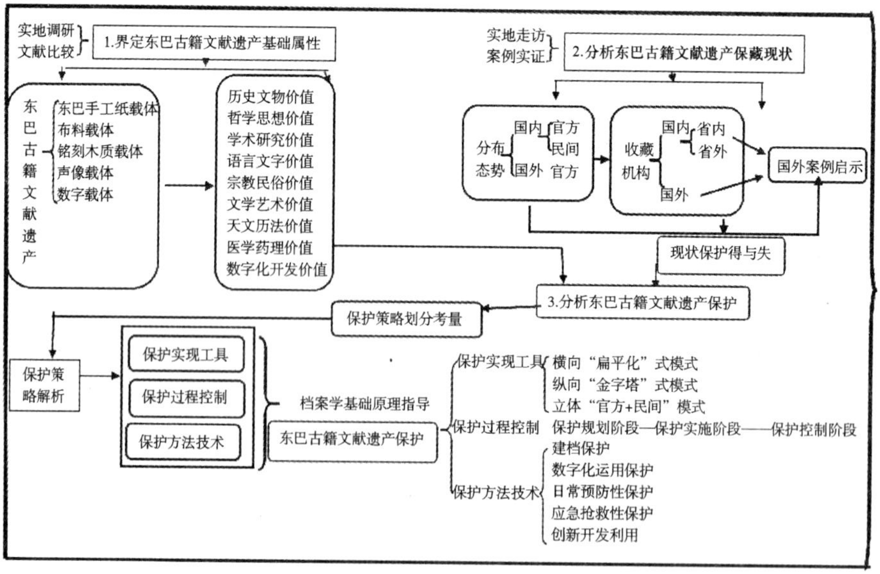

图1-5 研究思路

二　研究方法

本书在以东巴古籍文献遗产为研究对象的基础上，注重普遍与典型相结合的研究思路，整合相关多学科研究成果为经验指导，针对研究目标，结合笔者前期的研究工作实践，本书拟采用的研究方法如下。

（一）文献搜集与实地调查研究法

通过多种渠道，收集国内外相关研究文献信息，对这些文献信息进行筛选比较，得出国内外对于遗产保护研究的新动向以及经实践证明可行的理论与有效的实践结论。以实地调查的方式，通过电话咨询、实地勘探、采集问卷表等途径，对东巴古籍文献与东巴文化属性、分布、保护现状等情况进行全面考察与分析。

（二）定性判断与定量分析研究法

根据走访调查结果，结合前期文献搜集所掌握的国内外对于遗产保护以及东巴古籍文献遗产保护研究的分析，作出对具体研究内容的定性判断，为东巴古籍文献遗产的基本属性进行必要理论梳理。采用定量分析方法对东巴古籍文献现状保护工作得失作全面解读，并为保护研究的全面、合理、系统性论述提供可靠的依据与支持。

（三）跨学科综合研究法

本书保护研究内容包含社会科学的多个研究领域，在分析与论述过程中，主要借鉴文献学、民族学、档案学、历史考古学、语言文字学的研究基础与研究方法，同时东巴古籍文献遗产的保护技术、工艺等内容还会涉及部分自然科学的内容，保护与利用的研究还依赖于计算机技术为辅助的研究手段。

（四）案例实证法

东巴古籍文献分散于多样的保存单位之中，这其中包括了研究院、博物馆、图书馆等文化事业单位以及民间、私人收藏者等不同处所。在研究过程中，可以从某几处具有代表性的具体保存处所得之调查数据资料为依据，概括归纳与推断演绎并举地分析东巴古籍文献遗产国内外保护现状，以便得出当地政府及相关部门机构所采取的保护措施和宝贵经验。

（五）技术分析研究法

对于东巴古籍文献遗产保护技术的研究有赖于自然科学以及数字化技术理论与实践的支持，通过技术分析研究，可为东巴古籍文献遗产的利用提供多种途径，并能够采集有效的保护经验以及全面的研究数据信息，构建东巴古籍文献遗产保护信息数据库，为民族古籍文献遗产数字化保护和利用提供可行性思路。

第六节　总体框架与研究亮点

一　总体框架

本书拟分为五个章节以及三个附录。由于本书的研究对象是东巴古籍文献遗产，研究范围不仅包括有世界记忆遗产之称的东巴古籍文献，还有传承东巴文化的档案。因此，在充分把握国内外遗产保护理念的前提下，本书基于档案学专业背景，结合调查实践与文献分析所得之思考，通过档案学以及相关学科的理论原理对东巴古籍文献遗产保护策略进行全方位研究，希望以所得的研究成果为引介，指导现阶段其他类型遗产保护构建理论与实践体系，并且为今后遗产保护多学科集成化、综合化研究的发展提供参考与依据。

本书的附录以内容列举、数据分析、观点论证等形式，对不同种类遗产间关系、国外遗产保护案例分析等内容进行翔实的说明。这些信息可激发读者迅速而准确地定位与本书研究对象相似的文化遗产，以及对于保护研究、档案保护理论拓展，甚至是多学科整合研究等问题的进一步思考，并且确保读者在工作能力允许的范围内，简易明了地找到可供借鉴或利用的保护研究成果，为实际工作提供参考服务。正如宏观层面的东巴古籍文献遗产保护能延展为诸如政策、人员、对象等多个主题的研究，本书的研究着眼点也仅仅只是这片未经开垦地上的小小一孔，横向或纵向的大量深入研究还有待今后各专业之士持续耕作，方能形成完整的保护研究体系。

二 研究亮点

（一）对东巴古籍文献遗产物质载体形态、分布、数量等基础信息全面的综合性调研

之前以“东巴古籍文献”或“少数民族文献遗产”等作为对象的研究，都比较笼统地关注传统纸质载体材料形成的那一部分文献遗产，较易于忽视纸质材料以外的其他载体形态；在对研究对象分布与数量等情况进行分析时，倾向于采用文献搜集的方式，未经实地勘验地将以往相关或同类研究成果中的数据信息进行直接引用，研究的范围与准确度较为欠妥。本书拟采取以实地调研为主，专家咨询与文献搜集分析为辅的方式，对东巴古籍文献遗产的物质载体形态、分布、数量等基础信息作出全面的综合性调研。

（二）基于档案学背景，提出东巴古籍文献遗产保护构建于档案学基础原理以及多学科整合研究结论框架内的重要观点

近年来对不同载体的民族古籍，尤其是极具文化价值的民族文字书写的古籍文献，从档案学角度进行保护研究仍属个别，通过档案学基础原理印证并以多学科背景进行保护研究更是当前国内研究的一个薄弱环节。虽然以往对于民族文字古籍文献保护的研究成果中不乏极具启发的结论，然而对于多样性东巴古籍文献遗产的保护，置于档案学背景下的研究工作能丰富其保护策略的应用性，置于多元化的学术背景框架内进行研究则能提升其保护研究的理论高度，借鉴多学科整合背景下的初步研究能将理论与实践并举，为遗产保护事业研究的进步与发展添砖加瓦。

（三）实体保护与生态文化保护并重的东巴古籍文献遗产保护研究

东巴古籍文献遗产研究范围既有东巴古籍文献，又有记录东巴文化的档案。记忆遗产包含于文化遗产中，研究记忆遗产的保护不能脱离于文化环境之外。保护东巴古籍文献遗产不仅是对其物质载体完整性的预防与修复，更是对其载体赖以生存的生态文化真实性的维护与传承。只有两方面共同善加保护，才能确保我们努力保留下来的民族档案遗产不沦为一具没有文化内涵与生命力的遗产空壳。

（四）广泛借鉴国内外成果，研究具有中国特色的遗产保护理论与实践

国内外学界针对遗产保护的研究给我们带来了许多理论启发，并可供实际借鉴。面对这些理论与实践的经验总结，不能简单地照搬照抄，而应该将这些研究成果充分与我国遗产现有的客观条件相融合，基于中国特色的平台来探讨保护，这样由借鉴转变为创新性的研究成果才更具有较强的理论指导和实际运用价值。

（五）拓展民族档案学等相关学科的研究领域

本书选取东巴古籍文献遗产作为属性界定、形态分类、现状分析、保护研究的对象，由于研究对象可被视为档案、文献、文物等文化类型，因此，对于此类档案保护研究也就相应地存在于档案学、文献考古学、边疆民族历史学、民族宗教学、人类学以及生化科学等自然科学中，将多学科综合聚焦于遗产保护理论与实践研究，不仅能促进新兴学科如遗产学或交叉学科如民族档案学等的发展，也能反哺于传统的社会科学与自然科学研究的更新与完善。

第二章

东巴古籍文献遗产的保藏现状分析

东巴古籍文献绝大部分由东巴手工纸制作而成，具有鲜明的物质载体特色；记录东巴文化的档案较之东巴古籍文献而言，产生数量还远远未形成规模，它们广泛地分散于民间，并为民族文化爱好者、科研院所工作人员、文博机构等社会组织或个人所记录与收藏，且记录形式也表现为多种多样，由于之前从未做过相关建档征集整理工作，因而导致记录东巴文化的档案目前还很难被量化以及分类整理。

基于此，针对东巴古籍文献遗产保护以纸质载体为主要对象的研究前提，在下文内容的安排方面，笔者将以纸质东巴古籍文献保藏现状为主轴，以自己在研究过程中所能接触的记录东巴文化的档案保藏现状为辅，共同组成对东巴古籍文献遗产保藏的认识。

本书认为对国内外东巴古籍文献的保藏事实作出具体分析，将有助于大家了解东巴古籍文献遗产的生存现状，通过分析客观事实而获得的保护经验与启示则可为保护研究体系的构建提供可靠的理论信息支持与实践指导意义。

第一节　东巴古籍文献遗产国内外收藏

本书研究的遗产由于种种原因散落在国内外很多不同性质的机构或组织甚至民间之中，这与我国历史因素有关。据笔者调查所知，自宋代东巴手工纸形成规模化生产与使用以来，至明代丽江府沐氏土司崇尚汉文化之余，也着力保护本土文化，在此背景下，以东巴教为基础发展起来的东巴文化风俗活动在纳西族聚居区的发展一度相当普及。然而，清代及民国时期，由于改土归流、民族歧视政策、国家积贫积弱等内忧外患的影响，造成了东巴古籍文献第一次大规模的海外流失，这批海外流失的遗产中，大部分都具备极高的品相及难以估量的价值。而后，“文化大革命”十年浩劫，期间对于民族文化及宗教信仰的否定与批判，又直接造成了东巴古籍文献第二次大规模的损毁，由此，大批东巴不堪批斗而自焚经书、毁坏东巴法器等宗教工具，许多文化工作者也因害怕受到牵连，而不敢抢救备受摧残的东巴古籍文献，东巴在民间的影响与群众基础也因这场文化浩劫，社会地位与认同就此一落千丈。改革开放以来，国内外文化交流日趋频繁，依托于第一批流失海外的东巴古籍文献而成形的东巴文化研究之门已被海外学者首先叩响了第一声，漂洋过海回归的“东巴文化研究热潮”促成了国人重新审视业已丢失的遗产，在激发了国内各领域有关东巴文化研究浪潮之外，也触发了针对劫难后尚存于世的东巴古籍文献第三次持续性的倒卖流失。这样的行为时至今日仍未停息，而承受了三次大规模流失后的东巴古籍文献内容已不能再连贯。更惨烈的是，三次流失造成的东巴文化断层现象，在今日的纳西族聚居区已经成了无须再争辩的事实。为此，在某种程度上而言，联络全球以追索流失在外的遗产已非当前的主要任务；笔者认为，认真踏实地保护好国内仅存的这部分遗产才是保护东巴古籍文献与传承东巴文化的王道。基于此，在选取国内外典型收藏机构的前提下，就这些机构的收藏方法、手段以及收藏机制等内容进行系统的论述，将有助于我们深入了解东巴古籍文献及东巴文化的生存现状，并能归纳总结国内外保藏工作之经验与教训，以便掌握作为本书研究对象的东巴古籍文献遗产的客观实时状态，为下一步分析保护策略提供值得参佐的理论与实践基础。

关于东巴古籍文献的收藏情况，很多学者在不同的论著中都有过提及。这些论著有的是以东巴经书为研究主旨的，有的是以少数民族古籍文献为研究主旨的。这其中，对东巴古籍文献收藏情况的阐述存在着一定的误差。造成这种误差的原因在笔者看来主要基于以下几个原因：第一，东巴古籍文献中，绝大部分是东巴用来在祭祀仪式活动中使用的东巴经书，由于各个地区的东巴在使用东巴经书的过程中，会主动地对同一祭祀主题的经书进行反复转抄，因此，随着年代的推移，以及流传途径复杂性等原因，相同或相近内容的东巴经书会不同程度地存在于国内外各类收藏机构中。但是在不同学者进行统计的过程中，限于语言文字、内容理解、参阅次数等因素而造成的重复统计现象并不少见。第二，限于人力、财力与物力等综合要素，以私人名义去追索少数民族古籍文献收藏的工作不太具有可操作性。好在国家或省级层面倡议开展的少数民族古籍文献摸底排查工作却能够整合各股力量，从而最全面地揭示国内外收藏现状。事实证明，自2003年1月1日起，由中国民协主席冯骥才先生倡议发起的“中国民间文化遗产抢救工程”便正式启动。这将对中国民间文化遗产进行全面的、地毯式的普查、编纂、整理和保护。与此同时，我国各级民委古籍办也陆续通过展开全国少数民族古籍文献目录的编研工作，归纳了摸排后的调研数据信息，只不过这些数据信息或潜藏于大部头精装的出版物中，或分散记叙于不同的书籍稿本中，由于较为狭窄的传播渠道，故仍不为世人所熟知。第三，一部分学者在撰写论著时风格不够严谨，取得收藏数据的过程并未通过相应考证，因此得出的结论存在很大的片面性，不能客观反映真实的古籍文献收藏现状。殊不知，这些带有“先天不足”的论著一经出版后，将会直接或间接成为其他学者写作时的信息蓝本与数据参照，这样一来，便造成了对于东巴古籍文献的收藏情况“以讹传讹”的恶性循环，以至于当前该问题的研究数据信息出现了许多不同的版本。

在国内还未就此分布情况作出最精确统计之前，笔者通过阅读前期所收集的文献信息、经互联网查阅各收藏部门官网并联系后续调查以及实地调查分析等方式，将静态东巴古籍文献的整体收藏情况归纳如下：

目前，以1949年之前产生的、内容大体相同的东巴古籍文献合算一类为前提，用东巴象形文字书写的古籍文献一共约有1000种不同的内容，国内外收藏存世的总量累计大约是3万册。在国内，东巴古籍文献主要收藏于北京、南京、四川、云南、台湾等地的文博机构、民族委员会古籍办公室以及民间，其总量约为2万册；在国外，东巴古籍文献主要收藏于美国、英国、法国、德国、西班牙、匈牙利等国的学术机构以及图书馆，还有少量散存于民间，其总量约为1万册。在这些对于东巴古籍文献的统计中，非宗教类的东巴古籍文献也包括数量较少的用东巴象形文字书写于纸张上的东巴文书、东巴文账本、东巴文地契、东巴文医书、铭刻于金石类载体之上的东巴文铭刻以及绘制在布料载体上的东巴卷轴画等。

一 东巴古籍文献遗产的国外收藏

笔者在文献归纳的基础上，结合较为直观的电话咨询与网络寻访等方式，对东巴古籍文献的国外收藏作了较为客观的分析。具体而言，东巴古籍文献在美国、英国、法国、德国、西班牙、匈牙利等国的官方机构均有收藏，加上民间的私人收藏，其数量约占现存东巴古籍文献总量的30%。这其中，美国、英国、法国、德国、西班牙无疑又是收藏数量最多的国家。美国约收藏有7200多册东巴古籍文献，这其中，国会图书馆是海外收藏东巴古籍文献最多的官方机构，其所藏的3342册东巴古籍文献与全球其他国家的藏书相比，无论从经书品相、质量，还是数量、内容完整性等方面都具有无可比拟的优势。哈佛大学燕京图书馆是美国官方机构中收藏东巴古籍文献数量仅次于国会图书馆的地方，其所藏的经典数量为601册。除去美国之外，收藏东巴古籍文献最集中的地区是欧洲，整个欧洲东巴古籍文献收藏数量为3000多册，隶属英国曼切斯特大学的约翰芮兰兹图书馆、英国博物馆等机构收藏有约200册东巴古籍文献。法国共收藏有78册东巴古籍文献，它们分存于法国国家图书馆4本，吉梅特艺术博物馆3本，法国远东学院49本书，巴黎东方语言学院22本，其中有象形文与藏语并存。[①] 德国的马尔堡图书馆与柏林图书馆也收藏有约1000册东巴古籍文献，此外，西班牙收藏的573册东巴古籍文献加上荷兰、匈牙利等国的官方机构与民间的收藏数量，总量有1000多册。

在以上的国外收藏机构之中，笔者按照收藏品品相高低、数量多寡、质量高低、内容完备与否、目录检索难易以及编研开发深浅等标准，选取美国国会图书馆与美国哈佛大学燕京图书馆作为收藏情况的分析对象。旨在通过对美国国会图书馆与哈佛大学燕京图书馆所藏东巴古籍文献保藏情况的分析，归纳国外对于东巴古籍文献的收藏方法、手段，在深刻地了解东巴古籍文献在国外收藏场所生存轨迹的基础上，便于我们在开展东巴古籍文献遗产保护的过程中，积极稳妥地整合各方的

① 《法国东巴文学经典古籍藏书编目完成》，新浪收藏（http：//collection. sina. com. cn/gjsb/20110301/083216908. shtml）。

理论经验与实践尝试。

美国国会图书馆建于1800年，是美国四座官方国家图书馆之一，是美国国会、政府、学术界和一般读者的参考咨询中心、国际交换和国际互借中心、全国目录中心、各国政府出版物和联合国资料收藏中心、国内外馆际协作中心和图书馆学研究中心。它保存有各类收藏近1.21亿项，其中包括很多稀有图书、特色收藏、世界上最大的地图、电影胶片和电视片等。① 在被誉为“美国国会图书馆的宝藏”的杰斐逊大楼亚洲部，又具体分设了中文、日文、韩文和东南亚四个部。根据中文部的统计，到目前为止，它共藏有中国古代的善本书籍5万多册。该部也收有关于中国少数民族的文字资料，3342册东巴古籍文献便收藏在这里（如图2-1所示）。

① 美国国会图书馆，百度百科（http://baike.baidu.com/view/190913.htm）。

[illegible] | [illegible] >> Annotated Catalog of Naxi Pictographic Manuscripts

Selections from the Naxi Manuscript Collection: Annotated Catalog of Naxi Pictographic

The Library' s collection of 3,342 Naxi manuscripts is the largest collection outside of China and is unrivaled in quality, quantity, and variety among Naxi collections in Europe, the People' s Republic of China, and Taiwan. The Library' s collection contains many unique examples of the only living pictographic language in the world today. Naxi pictographs differ from Chinese characters in that they appear more like Egyptian or Mayan hieroglyphs, with many recognizable figures of animals and objects. Because of the uniqueness of the language, studying the manuscripts can be quite difficult for scholars.

Dr. Mi Chu Wiens, area specialist, Asian Division, was instrumental in seeing the collection through from start to finish. Professor Zhu Baotian, a noted Chinese anthropologist from the Yunnan Provincial Museum in China, was invited to work on a Naxi guide. Zhu had learned the language from the Naxi *dongba*, or priests, when he lived among the Naxi in the late 1960s, as well as at the Central Institute for Nationalities in Beijing.

Professor Zhu' s charge was to decipher, classify, analyze, and prepare an annotated catalog of the Library' s Naxi pictographic manuscripts. Between November 1998 and November 2001, his work was supported by a generous grant from the Chiang Ching-kuo Foundation for International Scholarly Exchange. He said: "The manuscripts are a living fossil for the study of ancient culture."

Zhu divided the manuscripts into fifteen categories:

1. [illegible]
2. [illegible]
3. [illegible]
4. [illegible]
5. [illegible]
6. [illegible]
7. [illegible]

Naxi Funeral Scroll (The Ha zhi p' i)

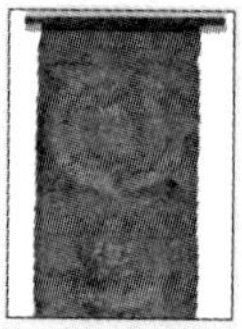

[Naxi Funeral Scroll - Ha zhi p' i]

A 39½-foot long by approximately 1-foot wide Naxi funeral scroll, the Ha zhi p' i, made of homespu gouache painting, was also digitized for this collection. Collected by Joseph Rock, this scroll is sections. These sections depict the stages and realms through which the soul of the deceased has t traverse. They pass through the nine black spurs in hell guarded by the demons, on to the human do eventually to the realm of gods, their journey usually ending when they reach the domain of the su the Naxi pantheon. The scroll is attached to the head of the coffin. The first part of the scroll demon realms closest to the head of the coffin; the end of the scroll depicts the realms of the go extend in a horizontal position in a northeasterly direction. The scroll serves as a bridge for th the realm of the gods. The officiating *dongbas* perform an exorcism to propitiate and banish demons in the funeral ceremonies.

A close examination of this scroll reveals the cosmological concept of the sacred places of heaven indigenous Naxi religion, with elements of Tibetan Bon-Shamanism, Indian Tantrism, and Lamaism. Fo see Joseph F. Rock, "Studies in Na-khi Literature: Part II, The Na-khi Ha zhi p' i." Offprint of *khi Literature* (Hanoi) (1937), and Joseph F. Rock, "The Zhi ma Funeral Ceremony of the Na-khi of China," *Studia Instituti Anthropos* 9. St. Gabriel' s Mission Press (Vienna-Modling) (1955): 40-11

(1.73 MB)

(7.23 MB)

NZ C

001

Lc: 2866

Rock: 252

音译 SI˧ gʏ˩

意译 祭龍

内容 祭龍王

注释 "由劳丁多神不用胜利神来施病 要向南方送绿菩萨

落款		公元	
尺寸	28.5×9 Cm	姓名	
页	15	地点	

图说：上边五图为美国国会图书馆馆藏东巴古籍文献数据库内，关于“祭龙王”仪式经书的象形文字编目截图。

图 2－1　美国国会图书馆收藏的东巴古籍文献数字化检索结果及馆藏目录

据美国国会图书馆的收藏详解信息，该馆所收藏的3342册东巴古籍文献主要来源于以下几个途径（如图2－2所示）：其一，购买。美国国会图书馆对于东巴古籍文献的收藏是自1924年向约瑟夫·洛克购买的69册经典开始的，从1924年至1945年期间，该馆曾先后多次向旅居云南丽江地区的奥地利籍美国探险家、植物学家、摄影家约瑟夫·洛克购买了东巴古籍文献。约瑟夫·洛克居住在丽江地区20余年，潜心专注于东巴文化的研究，并收集了大量品相完好的东巴古籍文献。据称，当前收藏于国内外的东巴古籍文献中，经洛克首先收集的东巴古籍文献大约占总量的三分之一。洛克收集的东巴古籍文献后来几经周转大多流向了美国与欧洲的各大图书馆、博物馆以及相关官方机构。据此可知，向洛克购买的东巴古籍文献在美国国会图书馆的数量约为该馆东巴古籍文献总馆藏量的一半。其二，捐赠。除去向约瑟夫·洛克购买的东巴古籍文献之外，美国国会图书馆也接受社会各界的捐赠。其馆藏中约有2800册东巴古籍文献是书写在东巴手工纸载体之上的，这部分纸质东巴古籍文献之中，又有1073册是由昆丁·罗斯福（Quentin RooseveltⅡ）捐赠所得。昆丁·罗斯福在全美捐赠的东巴古籍文献总量为1861册，这批东巴古籍文献并不全是由昆丁本人收集，除了捐赠给美国国会图书馆之外，在美国其他图书馆也有少量分布。昆丁·罗斯福本人是哈佛大学的毕业生，亦是罗斯福总统的孙子。1927年，昆丁的父亲在前往中国的一次旅行过程中获得了一部分东巴古籍文献，十年之后，和母亲一同前往中国的一次旅行，让昆丁对纳西民族以及东巴文化开始着迷。1939年，在时任国民党领导人蒋介石的安排下，昆丁再一次踏上中国之旅，前往丽江的过程成为他收集东巴古籍文献的旅程。基于前期收集的东巴文化素材与资料，昆丁以纳西族为研究对象完成了他在哈佛大学的毕业论文写作。1941年，美国国会图书馆获得了昆丁的慷慨捐赠。其三，翻印。美国国会图书馆除了收藏的纸质东巴古籍文献外，还藏有约573册东巴古籍文献的影印件。这部分影印件均在1935年来自于弗吉尼亚·R. 哈里森（Virginia R. Harrison），这批东巴古籍文献影印件的原版存于西班牙。翻印件作为收藏的另一种方式，可以通过多种途径获得，该馆的信息中对此并未有过多说明，笔者虽尝试不同办法来获取资料，但是截至目前，仍未得到更为有效及明确的追索答案。翻印的载体表现多元，可以通过传统纸质方式来记录，也可通过声像载体来实现，如今，还可借助于计算机设备来录入。然而，收藏载体的多元性也是跟保护的复杂性画等号的；此外，收藏时跨馆、跨区、跨国之间的合作常常需要假以时日，这类工作的最终达成需要较长的斡旋和谈判过程。在东巴古籍文献日益濒危的绝境之下，收藏其他来源经典的速度却因各种原因不能同步，这不能不说是巨大的遗憾。

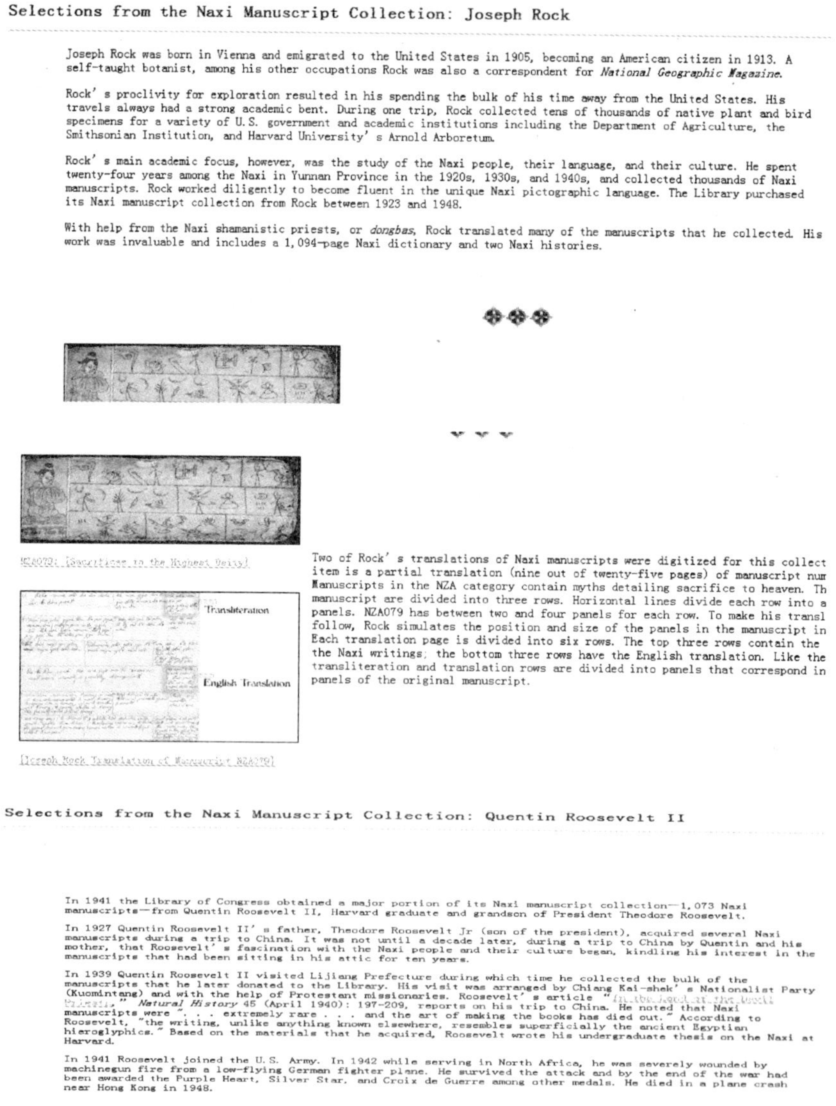

Selections from the Naxi Manuscript Collection: Joseph Rock

Joseph Rock was born in Vienna and emigrated to the United States in 1905, becoming an American citizen in 1913. A self-taught botanist, among his other occupations Rock was also a correspondent for *National Geographic Magazine.*

Rock' s proclivity for exploration resulted in his spending the bulk of his time away from the United States. His travels always had a strong academic bent. During one trip, Rock collected tens of thousands of native plant and bird specimens for a variety of U.S. government and academic institutions including the Department of Agriculture, the Smithsonian Institution, and Harvard University' s Arnold Arboretum.

Rock' s main academic focus, however, was the study of the Naxi people, their language, and their culture. He spent twenty-four years among the Naxi in Yunnan Province in the 1920s, 1930s, and 1940s, and collected thousands of Naxi manuscripts. Rock worked diligently to become fluent in the unique Naxi pictographic language. The Library purchased its Naxi manuscript collection from Rock between 1923 and 1948.

With help from the Naxi shamanistic priests, or *dongbas,* Rock translated many of the manuscripts that he collected. His work was invaluable and includes a 1,094-page Naxi dictionary and two Naxi histories.

NZA079: [Sacrifices to the Highest Deity]

Transliteration

English Translation

[Joseph Rock Translation of Manuscript NZA079]

Two of Rock' s translations of Naxi manuscripts were digitized for this collect item is a partial translation (nine out of twenty-five pages) of manuscript nur Manuscripts in the NZA category contain myths detailing sacrifice to heaven. Th manuscript are divided into three rows. Horizontal lines divide each row into a panels. NZA079 has between two and four panels for each row. To make his transl follow, Rock simulates the position and size of the panels in the manuscript in Each translation page is divided into six rows. The top three rows contain the the Naxi writings; the bottom three rows have the English translation. Like the transliteration and translation rows are divided into panels that correspond in panels of the original manuscript.

Selections from the Naxi Manuscript Collection: Quentin Roosevelt II

In 1941 the Library of Congress obtained a major portion of its Naxi manuscript collection—1,073 Naxi manuscripts—from Quentin Roosevelt II, Harvard graduate and grandson of President Theodore Roosevelt.

In 1927 Quentin Roosevelt II' s father, Theodore Roosevelt Jr (son of the president), acquired several Naxi manuscripts during a trip to China. It was not until a decade later, during a trip to China by Quentin and his mother, that Roosevelt' s fascination with the Naxi people and their culture began, kindling his interest in the manuscripts that had been sitting in his attic for ten years.

In 1939 Quentin Roosevelt II visited Lijiang Prefecture during which time he collected the bulk of the manuscripts that he later donated to the Library. His visit was arranged by Chiang Kai-shek' s Nationalist Party (Kuomintang) and with the help of Protestant missionaries. Roosevelt' s article "[illegible]," *Natural History* 45 (April 1940): 197-209, reports on his trip to China. He noted that Naxi manuscripts were ". . . extremely rare . . . and the art of making the books has died out." According to Roosevelt, "the writing, unlike anything known elsewhere, resembles superficially the ancient Egyptian hieroglyphics." Based on the materials that he acquired, Roosevelt wrote his undergraduate thesis on the Naxi at Harvard.

In 1941 Roosevelt joined the U.S. Army. In 1942 while serving in North Africa, he was severely wounded by machinegun fire from a low-flying German fighter plane. He survived the attack and by the end of the war had been awarded the Purple Heart, Silver Star, and Croix de Guerre among other medals. He died in a plane crash near Hong Kong in 1948.

图2-2 美国国会图书馆东巴古籍文献的来源情况说明

美国哈佛大学燕京图书馆以丰富的东亚文献收藏闻名于世，规模仅次于美国国会图书馆的东亚文献馆藏，其馆内藏有大量以东亚文字书写的典籍文献，此外还有缩微胶卷、缩微平片、拓片、照片、小册子等。[①] 燕京图书馆于 1945 年收藏了历史年代跨越自约 1826 年至 1910 年期间的 601 份东巴古籍文献，这其中包括 598 册东巴经典与 3 卷丧葬类经卷。[②] 论及 598 册东巴经典的来源，其中的 510 册应该归于约瑟夫·洛克，另外 88 册来自于昆丁·罗斯福。在该馆所收藏的全部东巴古籍文献当中，绝大部分在一定程度上都有破损的情况存在，这是由于在配合东巴教开展祭祀仪式等活动时，东巴经书的书边会被火烧灼，有时，被火烧毁的信息中还包括东巴经的成书日期，信息的完整度，这样一来便直接降低了东巴经书，以至于该馆只有 21 册东巴经典的原始成书日期被完整保留下来。虽然燕京图书馆所藏的这批东巴古籍文献已历时久远，且在收藏之初便存在着部分的残缺，然而该馆仍然分别邀请了李霖灿先生与朱保田先生先后前往编目，并在哈佛燕京研究所的技术支持下实现了对所藏东巴古籍文献的数字化保护（如图 2－3 所示）。在此基础上，利用者只需登录燕京图书馆的网站便能直接看到这些接受了数字化扫描的百年遗产。每份经过扫描录入的东巴经典虽然并未对内容实施如同美国国会图书馆那样详尽的多种文字描述，但是作为“在线档案文献查询信息系统”中保存的古老内容，读者还是能够从保存外观、保存质量、保存手段等方面实现东巴古籍文献藏品的全球信息共享。以下几幅图截取于哈佛大学燕京图书馆的东巴古籍文献馆藏数据库：

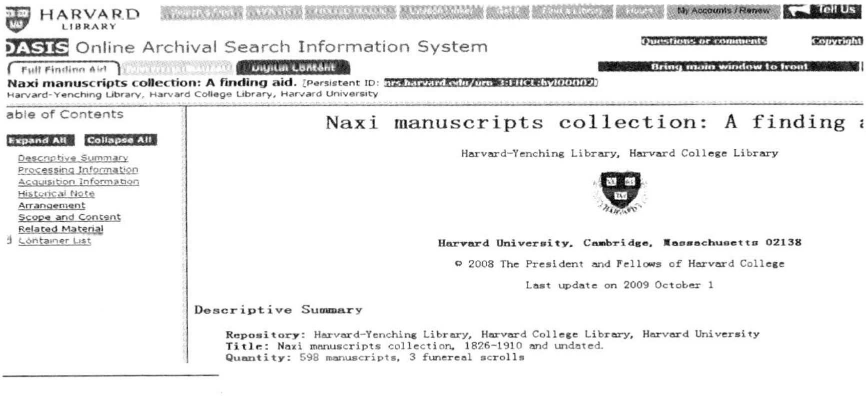

① 哈佛大学图书馆，百度百科（http：//baike. baidu. com/view/478364. htm）。

② 哈佛大学图书馆在线档案查询系统（http：//oasis. lib. harvard. edu/oasis/deliver/deepLink？_ collection = oasis&uniqueId = hyl00002）。

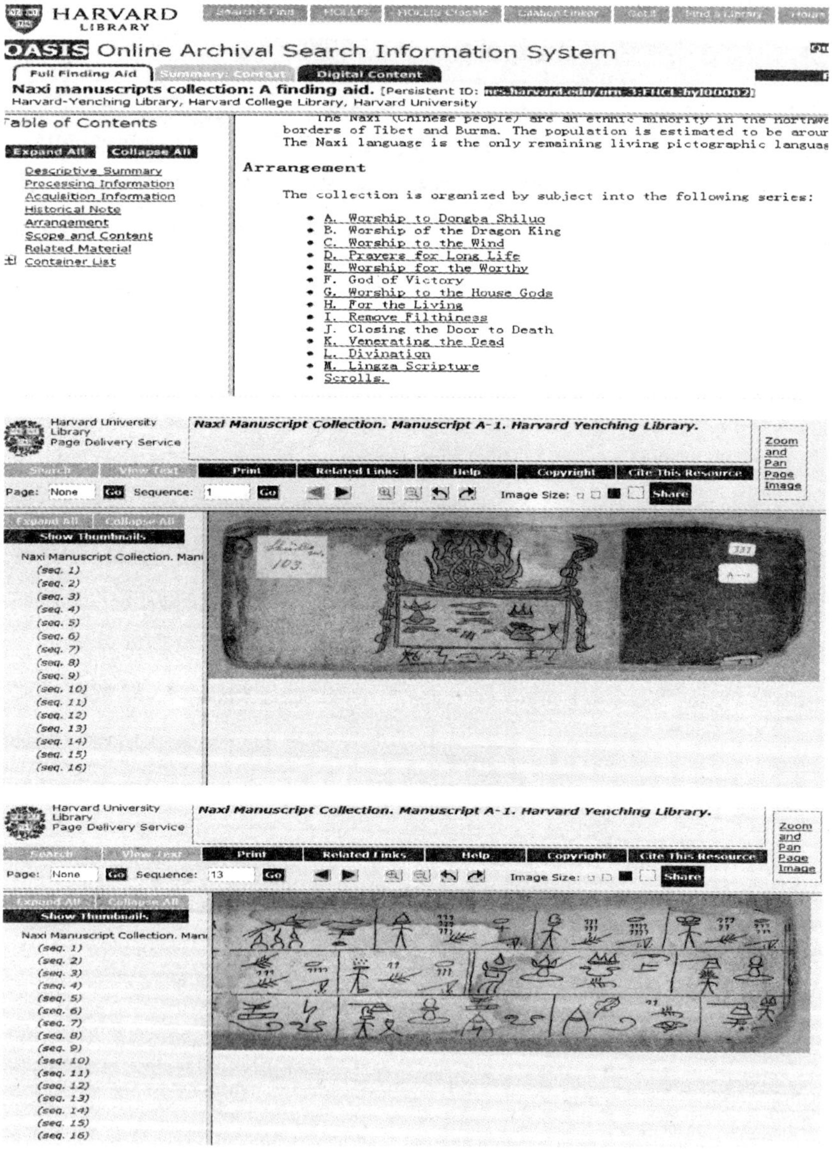

图说：以上四幅图截取于哈佛大学燕京图书馆的东巴古籍文献馆藏数据库，系数据库内的内容之反映，以及其中一册经书的封面与内容详细扫描件。

图 2-3　美国哈佛大学燕京图书馆收藏的东巴古籍文献信息共享系统

收藏于大洋彼岸图书馆里的遗产，在历经了百年后，还能以较好的面貌让读者从互联网上浏览和学习，这与收藏机构的软硬件支持密不可分。就上述两家收藏机构的工作开展而言，笔者认为使用“保藏”比“收藏”更加贴切。两家机构都是笔者依靠互联网的搜索平台找到的，与国内大部分收藏机构的网站不同，它们不论内容丰富性、充实性，还是提供利用便捷性、界面互动友好性等功能都更加值得赞叹，此外，通过对数据库内信息的共享，利用者还能初步了解到这些珍贵的记忆遗产在收藏单位享受的保护实践，由此，确保利用者可以通过利用工作的表象，从保护事业整体的角度来审视收藏单位的工作。

上述两家图书馆以东巴古籍文献作为特色馆藏的主题性非常明确，在官网主页上的导览中，能轻易找到有关这类特色馆藏的确切信息，并能确保读者便捷地寻找到相应的有效信息。即便网页内提供的信息并非读者所需，利用者仍可通过诸如“在线留言板”“在线问讯台”等类型的互动沟通平台，向收藏机构留下自己感兴趣的问题，这些平台大多基于严格的流程管理制度，因此，利用者能够以自己的电子邮箱为接收信息的窗口，就自己提出的问题得到快速有效且有针对性的回复。笔者借助这种咨询平台，与两家机构进行沟通联系，很快便获得了自己所需的关于东巴古籍文献的信息。

此外，上述两家图书馆对东巴古籍文献相关的馆藏信息及所反映的东巴文化还作了非常细致而丰富的科学解读，这些解读大致基于强大的信息数据库来构建支撑。例如，美国哈佛大学燕京图书馆针对所藏东巴古籍文献，还专门创立了一个展示东巴文化的数据库。在此主题数据库中，其内容涵盖了馆藏多种载体形式且已被有计划、规模性地专业释读、编目、数字化处理过的东巴古籍文献，这样一来，隔着电脑屏幕呈现在利用者眼前的便是图像类型丰富多彩的数字化东巴古籍文献藏品，并衍生出了无限的少数民族文化魅力。

二 东巴古籍文献遗产的国内收藏

东巴古籍文献除云南省作为原生地之外，国内收藏主要集中在以下一些官方机构，它们依次是位于首都的国家图书馆、中央民族大学图书馆，位于江苏的南京图书馆，位于重庆的中国三峡博物馆、重庆图书馆，位于四川成都的四川民族大学博物馆，位于台湾台北的“故宫博物馆”、“中央研究院”历史语言研究所傅斯年图书馆等文博单位以及民间部分私人手中。

据笔者调查所知，国内除云南省之外，位于首都的国家图书馆以大约3800册馆藏量而成为国内除云南省之外收藏东巴古籍文献数量最多的官方机构；馆藏量排列第二的机构当属台湾“故宫博物馆”，其馆藏量为1300多册。此外，位于台湾台北市南港区的台湾“中央研究院”历史语言研究所傅斯年图书馆也存有东巴古籍文献约373册。中央民族大学图书馆馆藏量计100多册；南京图书馆的馆藏约为100册；位于重庆直辖市辖区内的中国三峡博物馆（原重庆市博物馆）收藏有68册东巴古籍文献①；重庆图书馆以及四川民族大学博物馆亦有少量的东巴古籍文献收藏，但是数量均较少。除了官方机构的收藏之外，在云南丽江、中甸三坝、四川俄亚、依吉等纳西族聚居乡以及全国各地民间一些收藏家手中，东巴古籍文献均有零星式的分布。

在以上所述国内收藏东巴古籍文献的官方机构中，绝大部分都是属于公共性质的文化机构，面向的用户更多是普通的市民。提供利用服务的主要对象具有一般性、普遍性、表象性的利用诉求，这种较为简单的诉求映射了各个同类型收藏机构对于馆藏文献资源的开发趋势倾向于大众化。而东巴古籍文献又远非大众化的古籍文献，因此，各收藏机构对于这部分馆藏资源的开发力度或多或少表现出进展缓慢而滞后的工作倾向。

台湾“中央研究院”历史语言研究所傅斯年图书馆隶属于台湾“中央研究院”，其馆藏虽属于图书馆公共文化资源，但是服务对象更多面对专业性较强的利用人员，因此，对于所藏的东巴古籍文献关注度较高，早在很多年前，该馆便邀请纳西族著名学者和力民先生前往编目。因此，笔者选取该馆作为论述对象，基于台湾的特殊性，旨在通过分析与国内其他收藏机构相比处于不同政治环境下的东巴古籍文献收藏情况，得出更有借鉴性、参考性的保藏启示，为接下来全面系统地论述东巴古籍文献遗产的

① 重庆中国三峡博物馆东巴经藏书书目简编，豆丁网（http://www.docin.com/p-367253966.html）。

保护提供有益的理论与实践支持。

“中央研究院”（Academia Sinica，简称“中研院”）是民国时期中国最高学术研究机构，也是现今我国台湾地区最高学术研究机构，1928 年在南京成立，直接隶属于总统府。[①] 其下共有包括历史语言研究所在内的 24 个研究所与 7 个研究中心。历史语言研究所傅斯年图书馆前身建立于 1928 年，1949 年迁到台湾。1960 年在美国的援助下兴建了新馆，为纪念史语所已故所长傅斯年先生，由胡适之[②]先生命名为傅斯年图书馆。[③] 该馆收藏范围以历史学、语言学、文字学、人类学以及古籍考订学为主，馆藏总计约 717225 册，内容包括善本书、古籍线装书、石刻拓本、民间文学资料、各式载体形态珍贵档案以及少数民族文书。

“中央研究院”历史语言研究所傅斯年图书馆所藏的祖国西南地区东巴古籍文献与其他少数民族文书资料，绝大多数成书日期系 20 世纪 20—40 年代间，由该历史语言研究所早期研究人员多次有计划、秉承科学性地亲赴少数民族聚居地进行民俗文化、体质、生活等资料搜集，以及少数民族语言考察田野调查时搜集而得。[④] 此外，20 世纪 90 年代，史语所研究人员又重回西南少数民族地区作田野研究，为收藏增添了一些新资料，包括田野照片、采访录音与民族服饰。在收藏了不同素材与载体、含有东巴古籍文献在内的少数民族文献之后，历史语言研究所傅斯年图书馆的工作人员制订了构建少数民族资料数字化典藏平台的计划。该计划包括建制田野照片、民族文书数据库；架构“村寨网——中国边缘再造的西南少数民族”网站；建制中国西南民族典藏及研究数据库三个方面的工作内容。[⑤] 其中，民族文书数据库与其他少数民族相关资料查询库于 2009 年全部由数位化系统以全彩 300dpi TIFF 格式进行影像扫描[⑥]，建构民族文

① 中央研究院，百度百科（http：//baike. baidu. com/view/110273. htm）。

② 胡适之先生是为胡适先生。

③ 藏健：《史学研究资料的重地——介绍台湾中研院史语所傅斯年图书馆》，（http：//w3. pku. edu. cn/academic/zggds/008/003/003. htm）。

④ 中国西南少数民族资料库，民族文书资料库（http：//ndweb. iis. sinica. edu. tw/race_public/System/frame_ 2. htm）。

⑤ “中央研究院”历史语言研究所，数位资源暨藏品图像申请入口网站（http：//applyon-line. ihp. sinica. edu. tw/source/source_ 4. htm）。

⑥ 《“中央研究院”历史语言研究所傅斯年图书馆在善本图籍数位化工作之主要流程》，拓展台湾数位典藏（http：//content. teldap. tw/index/？ p = 71&print = 1#00）。

书影像专属的信息管理系统，并依少数民族的历史文献、仪式文本以及文艺创作等不同的主题与特性，进行分类与管理，以有效保存并利用这批少数民族文书。[①] 以下图示均属该馆为民族文书数据库所构建的数位典藏库，该数据库结构丰富、逻辑严密、内容丰富、表现形式多样、信息充实（如图 2－4 所示）。

① 中国西南少数民族资料库，民族文书资料库（http：//ndweb. iis. sinica. edu. tw/race_public/System/frame_ 2． htm）。

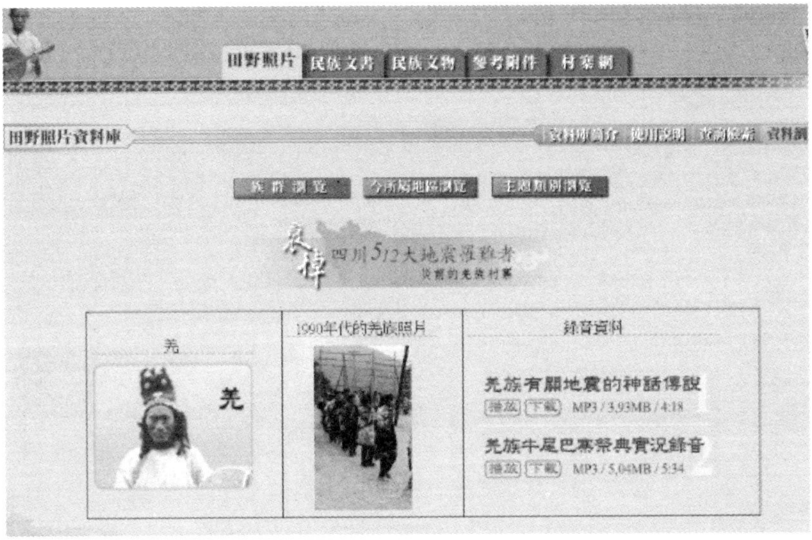

图说：以上三幅图系台湾“中研院”构建“中国西南少数民族资料库”总览以及第一子系统“田野照片”的展示截图。

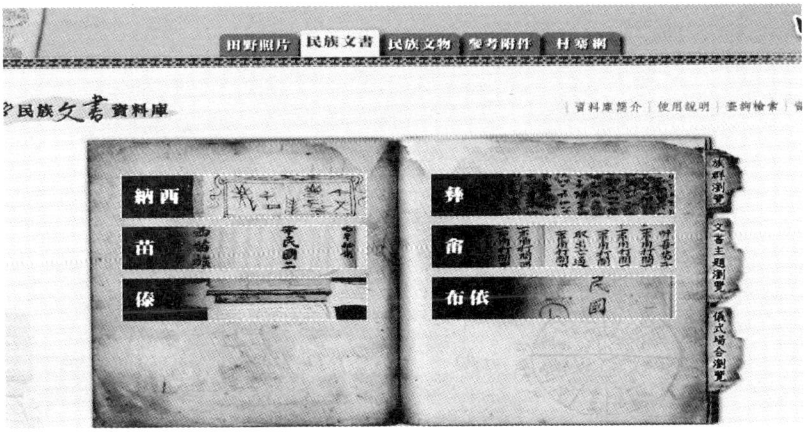

图说：上图系台湾“中研院”构建“中国西南少数民族资料库”第二子系统“民族文书”的展示截图。

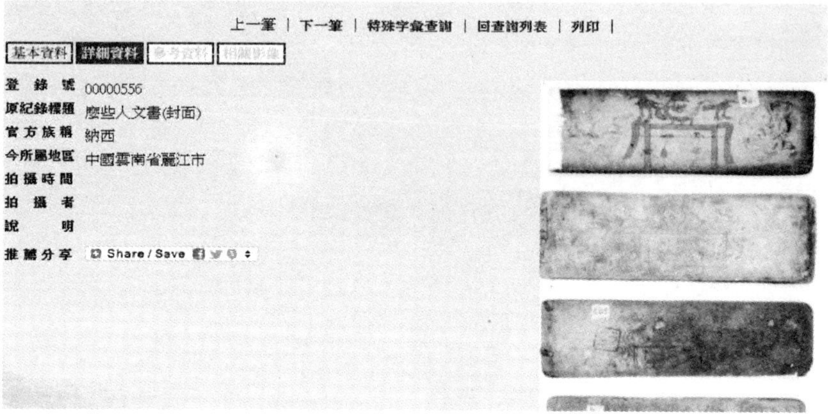

序號	排架號	題名	官方族稱
1	A LLM-001	[麼些經文]	納西 -NX
2	A LLM-002	[麼些經文]	納西 -NX
3	A LLM-003	[麼些經文]	納西 -NX
4	A LLM-004	[麼些經文]	納西 -NX
5	A LLM-005	[麼些經文]	納西 -NX
6	A LLM-006	[麼些經文]	納西 -NX
7	A LLM-007	[麼些經文]	納西 -NX
8	A LLM-008	[麼些經文]	納西 -NX
9	A LLM-009	[麼些經文]	納西 -NX

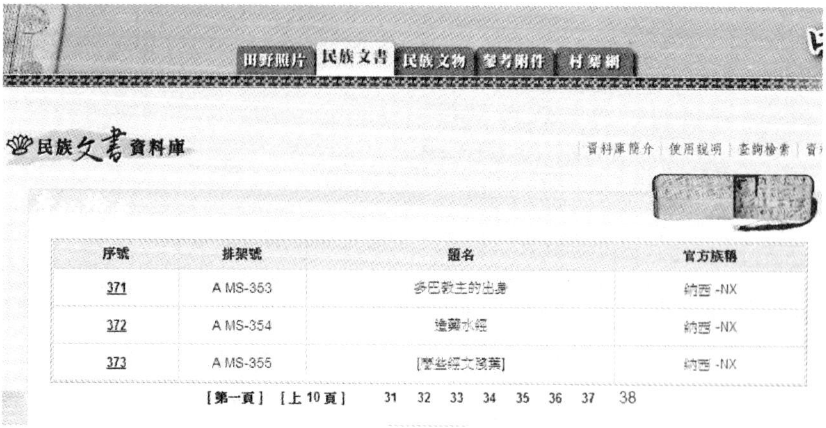

序號	排架號	題名	官方族稱
371	A MS-353	多巴教主的出身	納西 -NX
372	A MS-354	送葬水經	納西 -NX
373	A MS-355	[麼些經文殘葉]	納西 -NX

[第一頁] [上10頁] 31 32 33 34 35 36 37 38

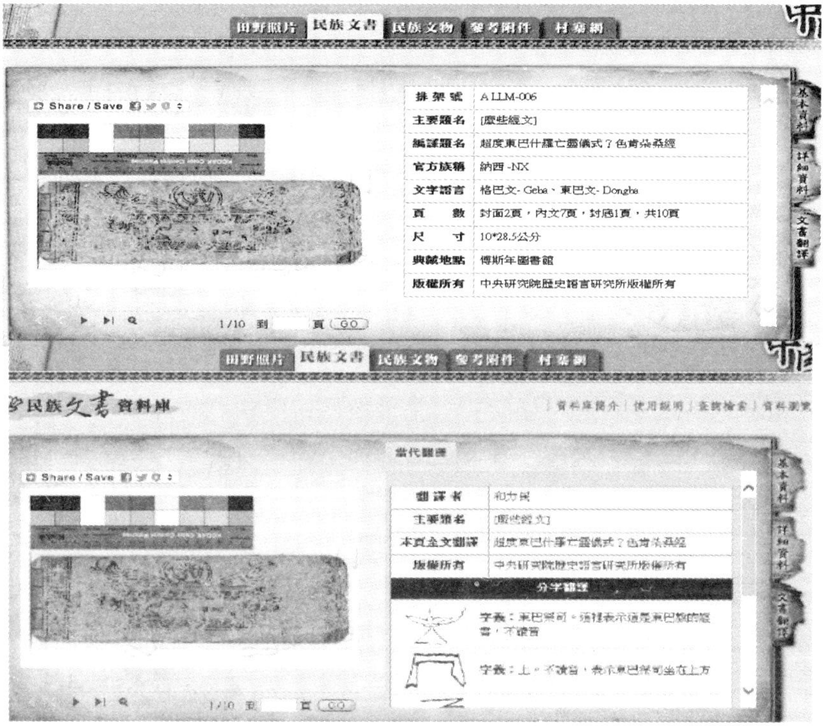

图说：以上五幅图系台湾“中研院”构建“中国西南少数民族资料库卡”中第二子系统“民族文书”内关于东巴古籍文献自封面、数量、文献名，到文献编目、内容简译的截图。

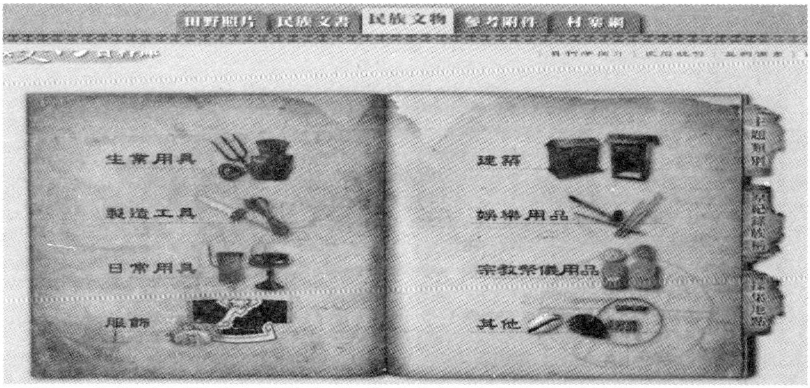

图说：上图系台湾“中研院”构建“中国西南少数民族资料库”第三子系统“民族文物”的展示截图。

图 2－4　台湾“中研院”史语所傅斯年图书馆所藏东巴古籍文献及其他民族数字化共享平台

笔者在访问、利用网站的过程中，深刻感受到除台湾地区外的国内收藏机构工作意识与管理体制的一些弊端。国内大多数的官方收藏机构限于客观技术条件、资金短缺、行政管理烦琐、服务意识局限等因素的影响，其网站建设，尤其是以东巴古籍文献为主题的数据库宣传、展示平台构建较为滞后。

对于收藏分散化的东巴古籍文献而言，为了摸清收藏机构的确切信息，必须以认真细致的“地毯式”搜寻为查找前提。然而，国内大部分网站中有关馆藏家底的信息都提供得较为隐匿。对于实在无法找到的信息，笔者运用了三种途径来对馆藏数字等信息进行确认，一是通过网站上留下的沟通平台进行提问；二是借助网站内获得的有效电话联系号码进行咨询；三是亲自前往查询。通过网上沟通的方式，笔者留下的问题十之八九未得到任何有效与及时的回复。通过电话沟通的方式，笔者联系上国内一部分东巴古籍文献收藏机构中的保管部门，并就收藏类型、收藏数量、收藏品来源、保藏条件、收藏机制、保管方法等方面的问题提出了相应的咨询，也得到了一些明确的答复。此种采访问询的方式虽然信息量足够大，但仍有一个缺憾，即在于无法直观地让利用者眼见收藏的东巴古籍文献实物，因此，也就无法针对实体保存情况作出进一步保护判断。通过亲自前往收藏机构查询的方式，由于路途远近不一，因此，笔者只能在较小范围的收藏机构内进行查询。通过实地查询，能使笔者有更多机会通过观察实物外表完好与否，去判断东巴古籍文献实体所需的保护方法技术。

对于东巴古籍文献反映的东巴文化等抽象内容能否进行重现或演绎，以现阶段的发展速度与水平来看，国内绝大部分收藏机构的确做得还远远不够。对于国家级、省级的收藏机构而言，保护经费、技术人员、保护设备等都很丰富，但是，收藏机构大多是图书馆及博物馆，保护、挖掘东巴古籍文献与东巴文化只占其工作职责的一部分，而东巴古籍文献在其馆内仅占馆藏遗产的极小比例，虽说是世界记忆遗产，但鉴于馆藏遗产都是国宝文物的事实，东巴古籍文献所得到的关注自然变得非常低，更不用说还需进一步挖掘的东巴文化，则更是易被遗忘的工作。然而，中国台湾地区傅斯年图书馆对所藏的东巴古籍文献，却打破了静态保护馆藏的惯例。通过不同主题数据库平台的构建，将东巴古籍文献等馆藏遗产作为文化传播与共享的根本，挖掘馆藏资源的文化来丰富数据库内容，并提供读者不同视角以认识多元民族文化，最令人惊喜的是，这些数据库内的民族文化能以口述录音资料、图片拍摄资料、视频短片资料等多种形式呈现给读者利用。这些翔实可靠的数据都出自该馆工作人员每一次收集时所作的背景记录，也深刻反映出该馆科学的收集管理体制、严谨的工作作风以及系统的保护意识。

三　东巴古籍文献遗产的省内收藏

东巴古籍文献在云南省内的收藏数量在国内外收藏总数中所占最大，笔者利用假期走访了昆明及丽江、中甸等地后获悉如下：云南省博物馆、云南省图书馆、云南省民族博物馆、云南民族大学博物馆、云南省民委古籍整理办公室等机构是位于昆明市主要收藏东巴古籍文献的官方场所，此外，省文联的戈阿干（和崇仁）先生、云南民族大学的李国文先生以及丽江著名纳西族学者和力民先生也有一定数量的私人收藏。其中，云南省博物馆收藏有577册以纸质东巴经典为主体、辅以其他载体材料的东巴古籍文献；云南省图书馆收藏有约600册东巴古籍文献；云南省民委古籍整理办公室收藏有逾200册东巴古籍文献。除此之外，在云南省民族博物馆以及云南民族大学博物馆也有少量的东巴古籍文献收藏。云南省社会科学院东巴文化研究所、东巴文化博物馆（原丽江县博物馆）、丽江市档案馆、丽江玉龙县图书馆、迪庆州东巴传习馆（中甸县三坝乡吴树湾村汝考东巴传习学校）等机构是位于滇西北丽江、中甸纳西族聚居区主要收藏东巴古籍文献的场所。其中，东巴文化研究所收藏有约1700册东巴古籍文献；东巴文化博物馆收藏有近1800册东巴古籍文献；丽江市档案馆收藏有68册东巴古籍文献；丽江玉龙县图书馆则收藏有4200册东巴古籍文献；位于中甸纳西族主要聚居区的迪庆州东巴传习馆并非官方组织，然而该学校十多年来始终坚持开展东巴文化传承工作，作为该学校用于教学、祭祀活动等使用的东巴古籍文献一共有200册，这其中还包括收藏有以东巴象形文字书写的两份地契以及一份医书。

笔者就省内东巴古籍文献的收藏分布情况，分别走访了这些收藏机构。位于昆明市的几家收藏机构保存的东巴古籍文献，其征集途径基本相同，大致可以分为三个方面：其一，在实地考察期间，通过购买获得。例如，笔者在走访省博物馆期间获悉，20世纪50—80年代，省内为响应中央的民族古籍调查工作号召，分片区组织人力前往滇南、滇东北、滇西北等地进行民族古籍调研工作。在此调研工作开展的过程中，工作人员在使用东巴经书的地区购买了很多古籍文献。其二，宣传保护意识，鼓励自愿捐赠。例如，省博物馆、省图书馆面向全社会宣传文物保护的意识，构建自愿捐赠的良性平台，长期接受来自全社会的捐赠。新中国成立初期，包括纳西族在内的各个少数民族积极拥护党的领导，纷纷将各自所珍视的民族文化瑰宝捐赠给了文博机构收藏。其三，根据客观实际条件，借助行政手段进行文物收藏调拨。新中国成立初期，省内文博单位经历了拆分、重组等一系列的行政安排，在此之后，政府根据各家单位的客观条件，借助行政调拨的手段重新分派了包括东巴古籍文献在内的许多馆藏少数民族文物的收藏去向。目前，笔者走访过的几家收藏单位，其馆藏数量中均存在一部分由行政调拨所得的东巴古籍文献。

对于地处昆明市的几家东巴古籍文献收藏单位而言，除却云南省图书馆之外，大部分单位的文献资料库房都并非专业级的珍贵善本特藏书库。以云南省博物馆为例，其所藏577册东巴古籍文献，包括东巴手工纸书写的东巴经书、绢质的东巴祭祀用具、木质的东巴画以及其他载体的东巴宗教活动法器。该馆收藏的20多万件文物在进馆之初以及进馆之后，均由六位保管员进行登记、编号、数字化拍摄录入、分管以及日常维护，以便于随时能够通过计算机快速进行数字影像的查阅利用。该馆收藏的少数民族文物众多，材料的多元化决定了保护工作的复杂化，因此，这里的东巴古籍文献在收藏之初便做好了信息保护与实体保护两方面的工作。信息保护是通过经书译读、编目、录入数字化信息数据库以及借助数字化平台查阅等工作得以实现的；实体保护则是由定期检查、日常常规检查以及反馈评估调查三方面结合组成的。定期检查除每年规定的时间进行强制性检查之外，还必须在每一个节假日来临之前做好检查工作；日常常规检查则将各个文物保存的区域分派给每一个具体的保管员，执行每人分管一个区域的工作原则，将责任落实到微观的保护工作中。一旦保管员发现任何一份文物发生异常，必须立即联系保护专家对其进行有针对性的维护。反馈评估调查主要着眼于各类理化保护措施的执行情况、实施效果以及回馈意见。例如防虫剂的投放、效果与回馈，以便于及时准确地找到最合适的具体馆藏微观保护措施。然而，由于该博物馆馆址老旧、资金匮乏等因素影响，现阶段馆内所有的少数民族文献，均收藏在未设特殊保护装置的文献资料库房中。若遇干旱的季节，旧馆的库房也只能采取较为原始简易的办法，如用脸盆盛水等方式来达到加湿的目的。好在新馆目前已投入使用，相信不久的将来，包含有珍贵的东巴古籍文献在内的少数民族馆藏便能顺利进入设置有恒温恒湿等先进保护装置的新库房得到更为妥善、安全的照顾。

云南省图书馆是笔者实地调研收获较大的一站，位于昆明市翠湖公园旁的云南省图书馆收藏有东巴古籍文献600余册。馆藏的东巴古籍文献与馆内其他珍贵的古籍文献一起保存在保管设备齐全的恒温恒湿善本特藏库内，这样的保藏环境在笔者实地走访的收藏机构中首屈一指。和其他几家位于昆明市内的东巴古籍文献收藏机构类似，这里馆藏的收集也是通过实地购买、接受捐赠以及行政调拨等方式实现的。由于图书馆内各种古籍图册数量众多，对于东巴古籍文献特殊的书写文字，馆内基本上无人能识。因此，馆藏的东巴古籍文献自入馆之后鲜有机会为公众所用。为了管理的方便，图书馆很早便请专业人士对馆藏的东巴古籍文献进行过简单的释读，并根据释读内容将同一属性的东巴古籍文献归为一类，以至今日当笔者有幸能亲眼看到这些馆藏记忆遗产时，能在清晰简单的汉字分类说明扉页指导下，辨明馆藏600余册东巴古籍文献的分类概要情况，并能在每一个类目下迅速看到其中每一册东巴古籍文献的排列顺序，这些工作为查找利用者提供了很多的便利（如图2-5所示）。

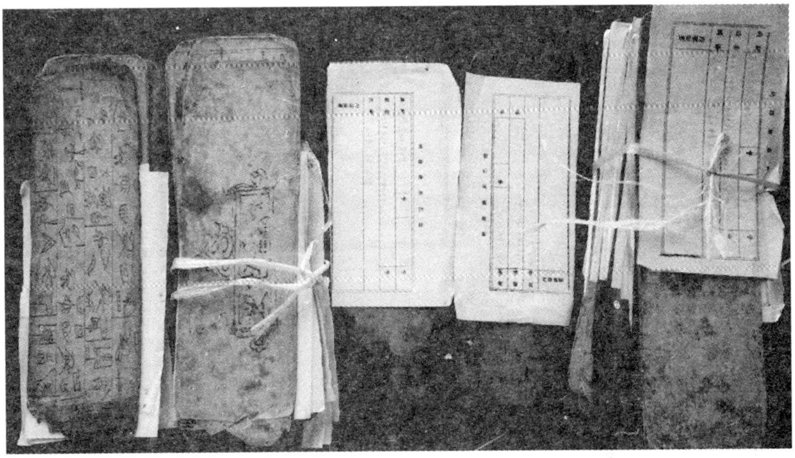

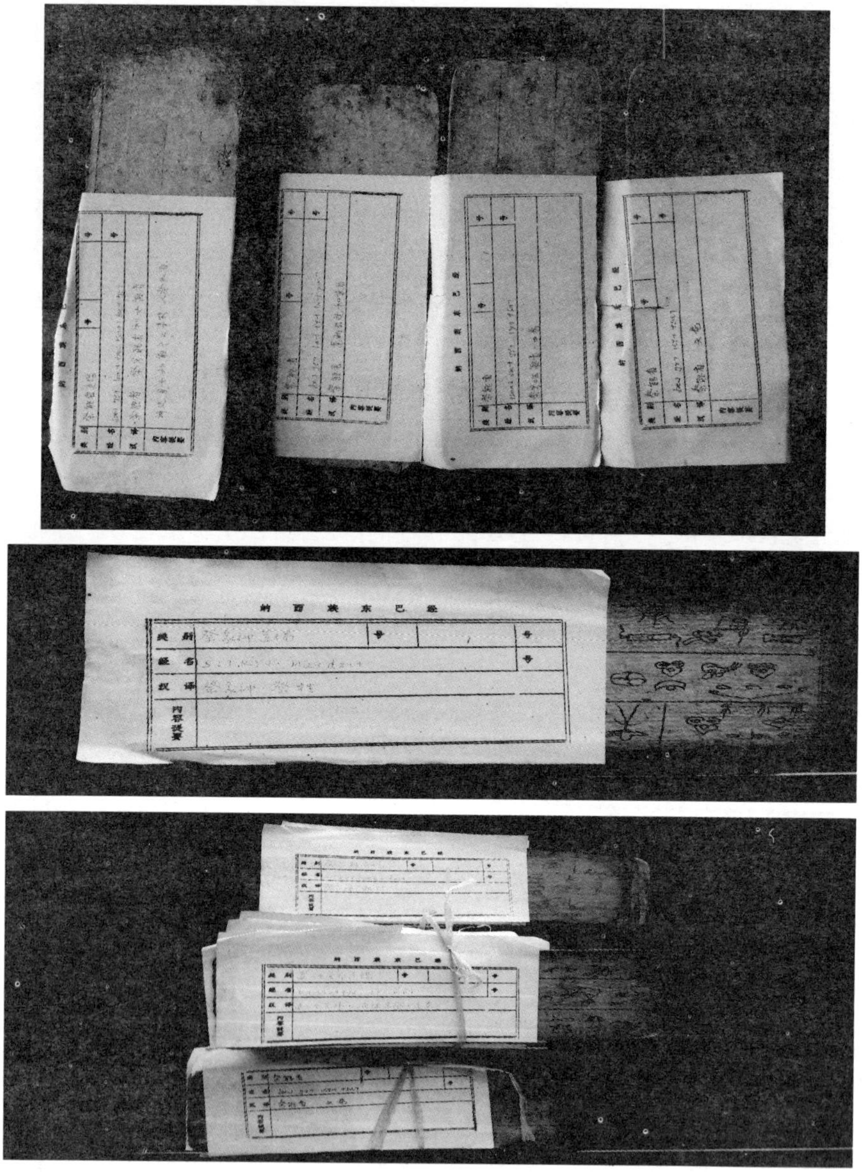

图说：以上四幅图系云南省图书馆所收藏东巴古籍文献遗产的部分展示。馆内相似内容的经书已经过简单的分类，并请释读人才做了基本的编目。

图 2－5　云南省图书馆所藏东巴古籍文献

国内外收藏东巴古籍文献的所有机构中，当属丽江地区的文博机构藏量最大。其中，又以丽江玉龙县图书馆的馆藏最多。丽江市玉龙县图书馆位于丽江市玉龙县政府东北方向和风路的县文化馆背后，是一个两层高的厅院建筑，一楼设有电子阅览室、借阅室、文广局职工书屋；办公室，采编部、古籍部、馆长室等部门则设在二楼。该馆共藏有4200册东巴古籍文献以及175幅东巴字画，这些文献大多是通过长期民间购书的方式实现征集的。该馆目前已有3册东巴古籍文献入选“国家珍贵古籍名录”。由于玉龙县图书馆每年的财政拨款经费非常有限，因此，经费不可能全部投入在东巴古籍文献一个门类的文献资料之上。该馆虽然馆藏量巨大，但对于馆藏东巴古籍文献的实体保存条件相对于省、市级的文博机构仍存在较大的差距。然而，该馆在积极申请专项资金构建专门的保护室之余，只有一间60平方米的古籍典藏室用来保存包含东巴古籍文献在内总量约1万册的古籍，在无监控设备的条件下，本着保护为主、防火防盗的目的购买了一批金属柜当作这些珍贵文献的装具，条件实属简陋（如图2－6所示）。鉴于馆藏东巴古籍文献数量众多，为了能够适时地发挥其珍贵的文化价值，该馆的工作人员对馆藏的东巴古籍文献做好了登记、编目、释读、申报第二、三、四批国家珍贵古籍名录等工作（如图2－7所示）。对于馆藏的4200册东巴古籍文献，该馆的工作人员已做了简易的译注工作，并进行了系统的分类、装柜。然而，经费与技术是制约基层公共图书馆发挥有效保藏珍贵典籍职能最大的阻力。通过与李馆长、和副馆长的访谈对话、图书馆拷贝的资料以及自己的所见所闻，笔者深刻感受到玉龙县图书馆古籍典藏室基础保护设备、古籍数字化处理设备的缺失与馆内工作人员开展东巴古籍文献保护与东巴文化传承工作的踏实认真作风之间的强烈对比。限于资金、技术、人员等方面的缺口，该馆目前未能对馆藏的东巴古籍文献进行相应的数字化处理，也无法就东巴古籍文献的保护建立应急机制。从该馆获得的拷贝、拍摄信息也让笔者能够更深入地知晓基层收藏机关作为少数民族文化传承工作开展的先锋阵地，其大量的馆藏与落后的保藏水平这对矛盾如同顽疾一般根深蒂固地普遍阻挡在遗产保护事业行进的道路上，由此引发的深思使笔者可以在接下来的研究中更有针对性地提出较有可行性的保护对策。

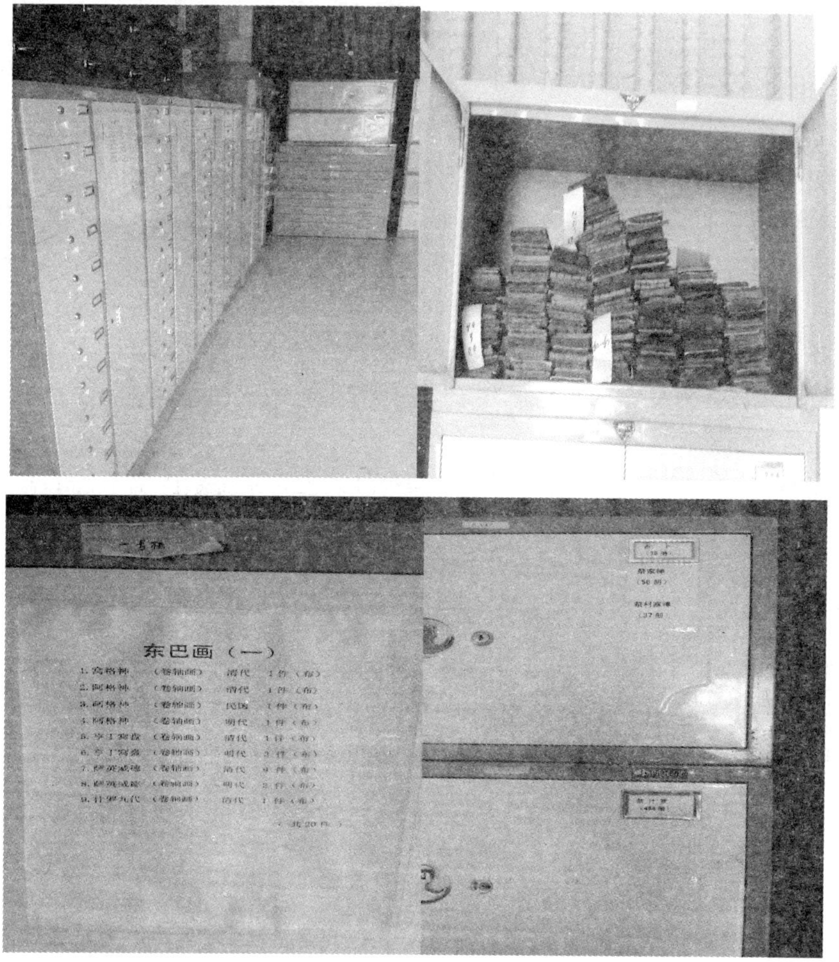

图说：以上四幅图为丽江市玉龙县图书馆收藏的东巴古籍文献库房，房内主要用金属柜具作为装具贮藏东巴古籍文献。对所藏东巴古籍文献进行了分类，编目。并对收藏的东巴古籍文献成书年代以及载体进行了确认。

图 2－6　丽江市玉龙县图书馆东巴古籍文献实体馆藏一景

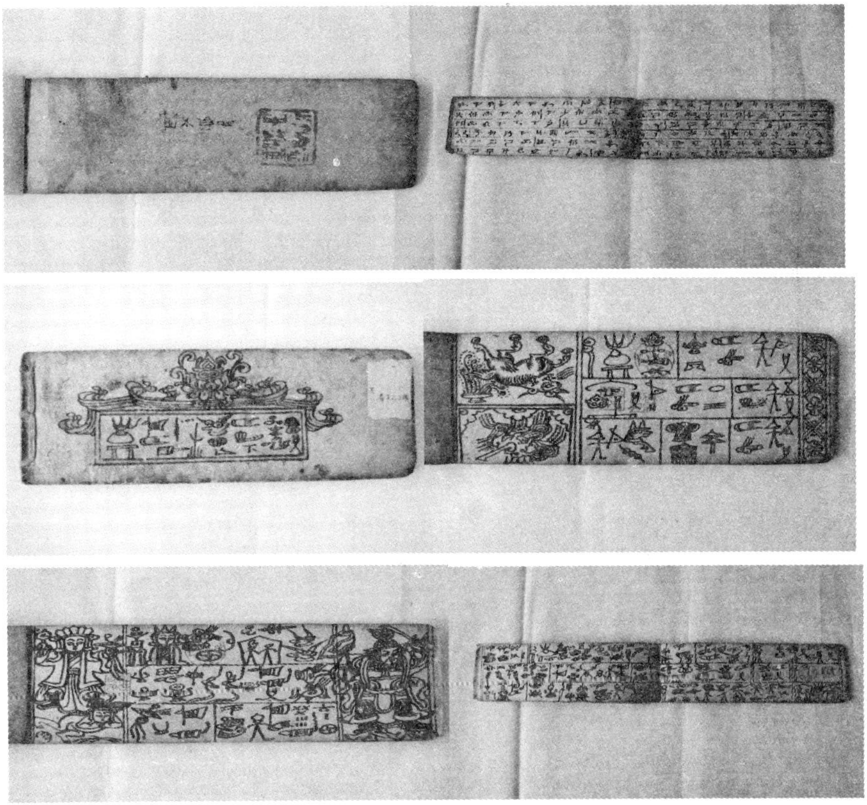

图 2-7　丽江市玉龙县图书馆成功申报第四批国家珍贵古籍名录的资料

另一个收藏东巴古籍文献数量较多的机构是位于丽江市黑龙潭公园旁的东巴文化博物馆。该馆成立于 1984 年，原名为丽江县博物馆，是云南省第一个县级博物馆，1999 年 7 月才正式更为现名。博物馆现收藏了 1.2 万多件文物，其中含有近 1800 册东巴古籍文献。该博物馆是丽江市传承东巴文化的一个重要基地，馆内展示大厅依照“礼仪”“古籍”“艺术”划分为三个主题，礼仪厅包括东巴介绍、东巴法事、东巴日常应用、东巴文化；古籍厅展示了以东巴文书写的一切文字类古籍善本；艺术厅由音乐、舞蹈、神路图、祭祀法器、纸牌画、木牌画构成。被放置于展厅内的少部分东巴古籍文献与藏于库房内的大部分东巴古籍文献都经过防虫、防潮、防尘处理。它们均来源于民间征集，其中不乏经过文物贩子二次采买的藏品。近年来，由于文物造假现象猖獗，即便在东巴经书收集过程中有专业人士的参与，也难保不会购买到伪造的古籍经书。这一现象也对东巴古籍文献的收集带来了一定程度的影响。对于馆藏的东巴古籍文献，该馆未曾开展过规模性的编目工作，取而代之的是较为简单的整理，即对内容、来源等方面的信息进行简单的梳理。该馆对于东巴古籍文献的馆藏一直都秉承着持续补充收集的思想，为此还特地聘请一位东巴，长期在馆内进行馆藏东巴古籍文献的释读与整理工作。此外，通过与其他城市文博机构合作办东巴文化展览是该馆对外宣传的一种途径。通过笔者观察，放置于展厅内的部分东巴古籍文献实体已经受损严重（如图 2－8 所示）。

图说：以上四幅图为丽江市东巴文化博物馆展示大厅中的部分残破东巴古籍文献，该馆已对所藏的东巴古籍文献进行了分类，其藏品类型多样，但由于年代久远而又缺少科学维护，大多存在损坏的状况。

图 2－8 丽江市东巴文化博物馆的东巴古籍文献展示

同样位于丽江市黑龙潭公园内的云南省社会科学院东巴文化研究院，所存东巴古籍文献 1700 余册。根据笔者走访调查得知，纳西族聚居区分东部方言区与西部方言区，两个区域内祭祀等仪式活动使用的东巴古籍文献有一定差异，东巴文化研究院需要将收集的东巴古籍文献先统一划分使用区域，再按照各区域的差异进行分别译注编写。此外，派遣专业工作人员下乡，对散居民间的东巴进行口述信息视频采录也是东巴文化研究所的一项常态化工作。通过与东巴文化研究院李德静院长、杨世红老师进行的两次访谈，除了未能如愿见到保存在库房内的东巴古籍文献馆藏这一遗憾之外，笔者仍通过访谈提问等方式了解到丽江当地保存东巴古籍文献最多的场所集中在东巴文化研究院、博物馆以及图书馆这类机构，并从馆藏数量、征集途径、保藏手段、机构工作规划、保护机制、人员设置、工作重点、工作困难等多方面得知东巴文化研究院自 1981 年成立至今的 32 年中，为东巴古籍文献保护以及东巴文化传承所做的贡献，这也为实地调研之行选取正确的目标地以及如何全面了解收藏机构工作的开展做好了铺垫。

除了官方机构保存的东巴古籍文献之外，民间还散存着不可估量的东巴古籍文献。长期以来，这些散存各处的东巴古籍文献未得到过系统的统计与归纳。本书限于时间、人力、物力以及资金等因素的影响，无法就此给出一个详尽的数据说明。为了弥补关于民间各处收藏东巴古籍文献现状不可知的遗憾，笔者利用假期专门走访了位于中甸县三坝乡素有纳西族东巴教发祥地之称的白水台。

这里相传是东巴教始祖丁巴什罗修行之地，因而被人们奉为“东巴道场”，成为东巴文化的发源地。自明代以来，这里就已成为纳西族宗教的圣地和东巴教的传播中心。然而，1998 年时聚居于此的八大纳西族村落的东巴便只剩下三位，导致其历史地位与现今事实极不相称，其东巴文化面临着退化、消亡的危险。鉴于此，笔者实地调研去往吴树湾村有两个目的：一是探访该村坚持开办十余载的迪庆州东巴传习馆（即中甸县三坝乡吴树湾村汝考东巴传习学校），以便了解基层东巴文化传承工作得失的实情；二是考察以三坝乡吴树湾村为代表的民间散存东巴古籍文献的保护现状。原任三坝完小校长的和树荣先生克服万难，于 16 年前牵头创办了白地吴树湾村汝考东巴文化学校（即迪庆州东巴传习馆）。该村自开办东巴传承学校以来，从最初举步维艰到如今全村支持，期间经历的苦楚与收获的喜悦都是同样巨大的。最终，由于该校数十年如一日的坚持传承，使东巴文化在此重现发展，结合实际生活开展起来的东巴民俗活动，也使村民重新接纳并认同自己的传统文化，也提供给东巴古籍文献新的生命力。

走进村子、四顾身边的环境就能切身感受到这里的居民对于本民族文化的热爱与敬畏，东巴文化传承意识在这里扎根、发芽、茁壮成长，如今似已融入了每个居民的日常生活起居与一言一行。虽然东巴古籍文献的实体保藏在民间表现得较为随意和简陋，但是这些经典实体其中的文化内涵已然被村民升华到了实际生活中，使笔者看到了民间东巴古籍文献保护的简易性与民间东巴文化传承的活态性之间的关系。该校现存有约200册东巴古籍文献，绝大部分是东巴祭祀活动中需要使用的经书，此外，亦有较为少见的以东巴文书写的地契以及医书。收藏的经书中，除去老旧的一部分之外，还有一些是新抄录的版本，这些新版本的东巴经书一般是由青年东巴通过两种方法制作完成的：一种方法即使用手工技能自己造纸，然后再按照老旧破损经书的内容进行重新抄录；另一种方法即借助外出考察、学习等机会，将自己尚未收藏的经书通过拍摄、扫描等方法保存起来后，待回到村里再进行重新抄录。然而，由于经济能力、所处地址、信息流畅度、社会关注度等多方面原因的影响，三坝乡民间收藏东巴古籍文献并传承东巴文化的道路仍然充满了艰辛。该校的骨干教员和树昆东巴负责对仅有的百余册东巴古籍文献实施看管。与官方收藏机构相比，民间保护东巴古籍文献的方式显得单一且落后。作为负责保管这些重要财产的和树昆东巴举个人之力对这些遗产加以保护亦显得十分无奈。县文化传承人的头衔只能提供精神认同，相比其他同龄学员早已外出打工养家的行为而言，对于生活在贫困地区又献身于东巴文化传承事业的他来说，用心爱护这些遗产实属不易。

基于这样一种欠发达的状态，这里对东巴古籍文献的保管仅限于实体的一般性看护，数字化信息保管的实施仍然遥不可及。民间收藏文物的方法与官方机构存在极大的差异鸿沟，除却相对严格的保管制度、较为系统的保管条件外，散存于民间屋舍的东巴古籍文献还面临着防盗、防火、防水、防虫、防霉等方面的重重考验。在实地调研的过程中，笔者也获悉，散存于四川省俄亚地区的东巴古籍文献还有很多，但目前均处于无序贩卖状态中。简言之，收藏于民间的东巴古籍文献，除了极少数能得到妥善而双重的保护之外，绝大多数则处于实体的自生自灭以及信息的歪曲释读之境遇。图2－9为笔者走访和树昆东巴家时拍摄的东巴古籍文献保管画面。

图 2－9　散存于中甸县三坝乡吴树湾村和树尾东巴家的东巴古籍文献

基于笔者走访的几家官方保存东巴古籍文献场所，其内部工作人员对于馆藏来源至多仅能上溯至 1949 年新中国成立后，对于产生时间以及进馆时间更早的那部分东巴古籍文献，是基于什么样的背景，通过什么样的原因以及怎样的渠道被收集进馆等类的历史问题，由于缺乏相关的档案记录，因此，工作人员也无从知晓。

于是，笔者结合上述文内所提到的东巴古籍文献三次大规模流失，希望可以在此简单还原东巴古籍文献的流失背景与路径，以史为鉴，更好地集中保护我国其他的世界遗产。

东巴古籍文献作为记录东巴教核心价值、宗教发展、人文社会生活面面观的经典，其产生与发展离不开东巴文化的熏陶。大约在唐末时期，被夹在唐、吐蕃、南诏三股势力之间的纳西族先民既饱受战争的创伤，又练就了夹缝中求生存的本领。在发挥地理优势、通过南诏接受汉文化的基础上，不断接纳、融合了北来的苯教文化，创立了东巴教的雏形。[①] 至明代，沐氏土司虽尊汉文化，但对本民族东巴文化也采取了保护性措施。使东巴文化在汉文化及藏文化的冲击下，反而变得更充实丰富，丰饶的文化土壤也给东巴古籍文献的发展带来了春天。在此背景下，伴随着东巴文化成长起来的纳西族，能够熟谙汉文化的人群与其他少数民族相比显得更加知书达理、博古通今，由此也渐渐奠定了纳西族良好的文化传统。清雍正二年开始，纳西族聚居区逐渐开始“改土归流”，随着大批汉族移民的到来，以及统治阶级移风易俗政策的强制推行，以东巴文化为主的传统文化开始萎缩，并逐渐转移到远离城区的乡村。1840 年之后，我国逐渐沦为半殖民地半封建社会，地处滇、川、藏交界处的纳西族聚居区出现了不少外籍传教士、旅行家、科学家、人类学家等人群，这些人直接或间接收集、购买、运送大批东巴古籍文献至海外，在促使国际性东巴文化研究热潮的基础上，也造成了东巴古籍文献历史上第一次大规模的流失。[②] 民国时期，一些地方行政官员以改革旧俗为由，纷纷损毁东巴古籍文献并打压东巴文化。在此期间，东巴古籍文献的海外流失也从未间断过。在纳西族聚居区收集东巴古籍文献数量最多的外籍人士首推约瑟夫·洛克，他于 1921 年 2 月起，先后受美国农业部、哈佛大学、美国地理学会、檀香山博物馆等机构的派遣，在滇西北地区收集植物标本，考察地质情况，收集东巴经典，调查东巴文化。他旅居丽江 28 年，并成功购买 3.8 万多册东巴经典，这些经典最后或馈赠或出售给一些海外图书馆、博物馆、研究机构、个人等处收藏。在一次运送东巴经典至美国的途中，由于“二战”期间日军飞机的轰炸，这艘轮船被击沉于印度洋底，数千册东巴经典就此毁于一旦。[③] 与此同时，国内不少学者也开始倡导东巴古籍文献及东巴文化的保护，万斯年、李霖灿、傅懋勣、董作宾、方国瑜、赵银棠、和泗泉等先生都在收集、翻译、研究东巴古籍文献及东巴文化方面各有建树。[④] 1949 年之后，东巴古籍文献及东巴文化成为中华文化宝库中的一个组成部分，在党和政府的支持下，国内开展了卓有成效的东巴古籍文献收集、

---

① 张公瑾：《民族古文献概览》，民族出版社 1997 年版，第 124 页。

② 同上书，第 126 页。

③ 同上书，第 163 页。

④ 同上书，第 127 页。

收藏工作。然而，刚步入正轨的保护工作又因“文化大革命”而被迫中断，“文革”再一次使历经磨难的东巴古籍文献及东巴文化饱受摧残，其间，为了与旧社会“牛鬼蛇神”划清界限，许多东巴不仅自毁器具，还焚烧了私藏的东巴经典。民间东巴的传承纽带也被人为切断，给从事东巴文化工作的人员带来了极大的心理阴影。直至“文革”结束之后，国内关于东巴古籍文献及东巴文化保护的工作才渐渐开始迎来新的春天。然而，东巴古籍文献的创作，东巴文化的延续，东巴传人的培养等重要的传统已经大不如前。1949 年之前形成的东巴古籍文献虽然还有保存，但东巴文化生存所依赖的民间土壤已在接连几次的摧残中基本瓦解。随着改革开放浪潮的席卷，全球化趋势进一步加强，数量稀少的民族文化作为稀有、罕见的文化资源，更是处于在风雨中飘摇的生存境地。我们年轻一代国人在受欧美文化侵袭后，对于中华传统文化越发提不起学习与传承的兴趣，纳西族青年一代又在现代快餐式文化浸没下，将东巴文化及纳西族传统风俗看作落后或迷信的拖累，大有彻底抛弃的冲动。正如同和力民先生向笔者举的一个例子，丽江地区有关学者及政要在讨论丽江古城如何保护的会议上，有学者提出“东巴文化不进古城”的倡议，这让和先生非常悲愤。丽江古城之所以称为世界文化遗产，是由于这里有东巴文化，这里静静流淌着将东巴文化渗入骨髓的纳西人民传统的生活方式，矗立着以东巴文化为修建理念构筑起来的建筑群。如果连本该互相依存的土壤都抛弃了生根发芽的文化之树，让东巴文化连播种的机会都丧失掉，那么笔者很难想象东巴文化今后还能怎样结出新的果实。遗产终究会消失，但我们能做的是让这种消失变得更缓慢，然而，如今的遗产地却有很多人对自己的传统文化遗产已经丧失了认同，并表现出等不及自然消失速度的急躁感，这让笔者感到非常痛心。

由于人力、物力、财力、时间等因素的影响，对于分散在云南省之外其他国内外各地保存的东巴古籍文献，笔者未能如愿亲自前往探究，笔者也曾希望通过现代资信途径问询获取信息。然而，在整个调研持续的过程中，只有较少的收藏机构能够顺利地实现馆藏方与利用者之间交流互动的零障碍。东巴古籍文献分散保存于国内外不同的机构部门与私人手中，馆藏东巴古籍文献反映的东巴文化较为隐秘地躲在东巴手工纸记录的字里行间；而反映纳西族传统民俗的东巴文化则更加宽泛而零散地附于各类保护政策、文化宣传、民间自发等形式之下。基于这么庞大的收藏规模，在研究人员对东巴古籍文献进行调研时，理应得到丰富而准确的信息内容。然而，事实上却并非如此简单轻松。日复一日、年复一年，散存于国内外各已知或未知收藏机构或民间的这些东巴文化档案都处于不断变化运动中，而研究人员们却无法全面掌握这种动态变化，并采取行之有效的保护措施。造成这种无奈现象源于多方面的原因，内因在于各个馆藏方的内部管理机制、预算规划以及工作理念等，外因在于各类研究利用者的研究目标规划、学术态度以及科研环境等。

国内各收藏东巴古籍文献的官方机构与国外同类型机构相比，有以下一些盲区：其一，国内收藏机构管理机制基本沿用20世纪的方法，即20世纪鉴于时代发展、计划经济背景以及人们意识等方面的局限，即便馆藏遗产种类多样，但是在管理各类藏品时方式却一直较单调，保管工作大而划一，馆内工作人员对于保护的理解基本停留在确保实体安全的认识上，因顾不上内在文化的挖掘，几近忽视各类藏品的价值。此外，沿用至今，过于烦琐且非人性化的查阅手续也浇灭了利用者的热情。其二，除却民间收藏之外，几乎国内所有的东巴古籍文献收藏机构都属于国家事业单位，都享受国家财政拨款以确保机构整体运行。鉴于现阶段全国经济发展的不平衡，因此，各级文化事业单位每年的财政预算也存在较大差异。且大多数综合性收藏机构在规划预算时，还需考虑馆藏其他类型的文化藏品，故东巴古籍文献保护工作预算分摊至整个收藏机构保护工作预算中，能实际获得的经费支持便相当有限。有限的经费在很大程度上限制了对东巴古籍文献信息内容的挖掘与开发。其三，除了客观条件制约了东巴古籍文献保护工作开展外，更具主观性的收藏机构工作理念亦是值得思考的一个影响因子。国内收藏东巴古籍文献的机构与利用者之间的关系，由于多种原因影响，表现为并非完全平衡、沟通顺畅的互动。长期以来，传统的沟通表现为“收藏机构摆放，访问者参观”的单向性模式。工作理念的转变，服务意识的加强等内容，都是下一步应该积极推行的，主动将静态的保护工作融入生动的社会生活中才是收藏机构持续发展的根本。也只有这样，馆藏遗产的文化才能有机会重现天日。

上述影响东巴古籍文献保护现状信息统计的这些内因是笔者作为研究人员，暂时无法直接施以扭转的影响因子。然而，外因则是笔者可以最大限度发挥主观能动性以便保证文章质量的另一个因子。其一，往微观处谈，本书的写作就是为东巴古籍文献遗产保护构建一个保护系统的工程，每一个工作步骤共同组建起整个工程的框架，而前一个工作步骤内容完成质量的高低，终究会影响下一个工作步骤内容开展效果的好坏。因此，了解与认识东巴古籍文献遗产保藏状况直接影响下一章节对于保护研究的继续。往宏观处谈，本书的写作只是笔者整个学术研究前进道路上的一个站点，作为一个从事学术研究的工作人员，理应对自己的学术研究方向、目标做到心中有数。东巴古籍文献遗产保护是笔者现阶段研究的聚焦点，不论从这个聚焦点的哪一个方面去探讨论述，都需要动态性地掌握此研究对象国内外收藏情况与保护现状这一基本要素。其二，学术研究是一项需要充分发挥主观能动性的、以毅力作支撑的持久性工作，它的质量很大程度上取决于学术研究者的学术态度。唯物主义认为万物皆在运动，学术研究的对象也不例外，只不过大部分研究对象的运动变化是在其内部微观进行的。也正是如此，表面归于无形的内部变化更增添了研究者的工作负担，这预示着研究者必须适时更新自己之前掌握的调研信息，否则这些费力得来的调研信息就会变得不准确。东巴古籍文献遗产亦是如此，国内外对它的保藏也是处于不断变化之中的，官方机构的保藏情况存在变化，更不用说民间的变化更趋剧烈，但是这一切内在变化的表面都相对平静，如果不对其假以时日地坚持追诉探讨，那便无从对其进行科学分析。因此，保护研究工作必须时刻抱有对人类记忆遗产敬畏的态度，才能确保这一完整和鲜活的档案遗产从我辈手中安全地交接传递给下一代人。其三，时下由于市场经济发展的火热，造成了社会很多行业出现了“快餐式”发展理念，科研院校的专业技术评定亦不例外。以量化为标准作为评定材料的方式致使学术环境遭到了经济利益的侵蚀，学术研究实干主义被投机主义席卷后，甘于寂寞、严守质量、推敲内容、长年潜心专注某一领域内的研究者大幅减少。因此，在此环境和评价机制内，搜索指导性、参考性较强且内容准确的论著难度较大。笔者在坚持首先使用上述两个调研方法之余，限于各种综合因素的影响，还是不得不通过文献参考这一调研方式，基于几个主要外因的指导，对本章节收藏情况与保护现状的信息进行系统梳理与分析，以便最大限度减少书中内容数据信息与实际情况之间的差距，尽最大努力确保准确与严谨。

第二节 保护现状分析

由于本书对东巴古籍文献遗产保护研究提出的结论拟解决两方面的问题，即发挥可行性效果以指导、服务于实际保护工作；拓展档案学理论研究范畴、丰富档案保护技术研究的内容。因此，笔者在下文中将以理论与实践两个层次，就国内外保护现状进行系统分析。

一 国内保护理论现状分析

东巴古籍文献遗产保护在国内的开展是伴随着更宽泛的外延，即遗产的保护而逐渐壮大起来的。就保护理论发展之路中取得的成绩而言，笔者已在第一章的“研究现状”中进行了充分的论述。此处，笔者将主要针对保护理论中存在的不足进行探讨。

（一）东巴古籍文献遗产保护研究呈现多学科普遍参与但缺乏整合化的态势

近年来，国内外对于世界遗产全方位的研究开展状态很火热，与此相关的记忆遗产也常常被各个学科从各自的研究视角加以谈论。东巴古籍文献作为东巴经典的整体代名词，可为语言文字学、宗教学、哲学、历史学、文学、社会等、医学、管理学、古籍学、档案学、图书情报学、民族学等学科提供科研灵感，与之有关的东巴文化，包括东巴象形文字、东巴生存状况、东巴舞蹈与图画、纳西族原始宗教崇拜、纳西族社会历史变迁等内容都可以为上述学科带来无尽的研究资源。通过对这些学科的整合研究，可以集各家之长来弥补东巴文化在保护过程中遇到的各种疑难杂症。

然而，当上述学科从各自专业知识背景对遗产保护展开如火如荼的深入研究之时，东巴古籍文献遗产多元化的属性，也让其保护研究愈发呈现出众多交叉学科并存的特点与趋势，但是，这种整合性保护研究的速度显得异常缓慢。例如，以东巴古籍文献传统载体及东巴文化的新型载体作为划分标准，将东巴古籍文献遗产保护进行纵向剖析，其传统载体保护研究可以涉及文献学、档案学、传统手工造纸工艺与民间艺术学、植物学、理化学等，其书写材料保护研究可以涉及理化学、力学、分子生物学等，其新型载体反映的文化保护研究可以涉及历史学、非物质文化遗产保护学、行政管理学、旅游与资源环境学等门类学科；以管理东巴古籍文献有关的场所作为划分标准，将东巴古籍文献遗产进行横向剖析，其收藏机构的保护研究可以涉及文物学、档案学、图书馆学、情报学、博物馆学等，其教育传承组织的保护研究可以涉及教育学、心理学等，其科研技术部门的保护研究可以涉及包括传统文理学科以及现代数字化技术在内的很多学科，其管理机构的保护研究可以涉及行政管理学、统筹学、战略学、工程学、民族学等学科。这仅仅是一个较为粗略的梳理，东巴古籍文献遗产保护需要建立在一个全面整合化的理论平台上，将横向与纵向的研究集合于一体从而构建起立体的框架，并发挥各学科的专业经验为具体各环节的实践作出科学指导。

（二）全社会较低的遗产保护意识导致保护理论与实践相互间的转化不畅

我国民众对于文化遗产保护较低的意识导致基层相关政策、资金、技术支持投入不足，影响东巴古籍文献及其文化保护的理论与实践运行不畅。对于文化遗产，抑或是少数民族文化的保护，我国民众表现出来的更多是“漠视”。近年来，我国在取得举世瞩目发展成就的同时，也屡屡曝出与“文明古国”相悖的恶习。对此，笔者认为，当我们步入经济建设的快车道之后，鲜有在急速驾驶快车之时还留意路边指示牌与风景的意识。一面是重塑中华民族道德伦理风尚的迫切期盼，另一面却是记忆遗产中满满盛着的传统精神内涵被肆意丢弃。正是这种缺乏让“物质”与“精神”并驾齐驱的自信以及矛盾的心态使我们在遗产保护面前变得越来越短视。

广大民众的短视与漠然较为盲目，这除了与他们内在的知识结构与文化修养息息相关外，也与整个外在的社会大环境之影响脱不了干系。而作为引导全社会关心遗产保护的政府决策层，则在塑造这个影响的任务方面需要负担起主要责任。尤其是收藏数量最多且负有责任的基层决策层，更应该在遵循中央指示精神的前提下，避免掉入只追求利益与经济的短视恶性循环中。

现阶段，与东巴古籍文献遗产保护有关的基层部门开展工作的确面临着政策、资金、技术等各方面的缺乏。笔者觉得这一切的缺乏归根结底还是决策层意识与价值导向出了问题。态度往往决定一切，对于遗产保护，如若没了坚定的意识与信念作为支撑，也就会渐渐失去积极的态度。上层不明确的态度将直接导致基层部门无法高效地实施保护。光有保护理论的进步，但保护实践若停滞不前，那么再多的学术研究成果都将成为毫无价值的“空中楼阁”。文化的保护不能等到经济建设完毕后再来抢救，等到那时，文化遗产已全部枯萎，而与文化遗产保护联系于一体的文化土壤也将彻底崩溃。

（三）东巴手工纸在保护实践中的重要性还未引起足够的关注

对东巴手工纸的理论研究，虽然现阶段已经形成了一定规模，但从遗产保护角度的研究，仍或多或少表现为偏于两种极端。要么就是集中于宏观论述各种保护政策与体系的构建，要么便是重点分析微观各种技术方法的运用。将东巴手工纸纳入保护范畴内一同研究的观点较少。其实，东巴手工纸作为遗产的特殊载体，在对其本体进行研究的同时，还应关注东巴手工纸作为一种非物质文化遗产手工技艺的事实。这个手工技艺与遗产传承方法有关，也与遗产传承人培养有关，还与纸张抄造原料生长的生态环境维护有关。通过对技艺的建档、保护与宣传，还能遏制旅游市场假冒手工纸产品泛滥之势。

因此，在研究东巴古籍文献遗产保护相关理论时，不应忽视由东巴手工纸引申而来的整体性保护与个体性保护关系。东巴古籍文献遗产保护作为一个工程，内在很多环节其实都处于“牵一发动全身”的微妙关系中。基于此，东巴手工纸保护研究至少可与传承技艺教育、文化市场净化、造纸原料生化培育等研究结合起来分析。

东巴古籍文献遗产的保护需要多部门、工种及专业知识的广泛参与，处于保护工程内的每一项具体保护任务，不论大小，都需要得到同等的重视。

二　国内保护实践现状分析

（一）东巴古籍文献遗产保护在实践方面取得的成绩

1. 东巴文化保护已形成本土法制化雏形

与世界文化遗产、世界自然遗产相比，保护世界记忆遗产的法律、法规较少。现阶段，专门针对世界记忆遗产保护的法律、法规体系还未完全构建起来，国际法更多的内容均倾向于传统的文化、自然遗产保护，涉及记忆遗产东巴古籍文献及其文化保护的内容只能从一部分国际法律的字里行间摸索出只言片语。例如，联合国教科文组织大会第二十届会议于1978年11月28日在巴黎通过的《关于保护可移动文化财产的建议》[①]等。国内法更多则从文物的角度对各类型遗产保护进行界定与规范。例如，2002年10月28日第九届全国人民代表大会常务委员会第三十次会议通过的《中华人民共和国文物保护法》[②]；2003年5月13日国务院第八次常务会议通过的《中华人民共和国文物保护法实施条例》[③]；2007年4月9日经国家文物局第五次局务会议审议通过，自2007年5月11日起施行的《可移动文物修复资质管理办法（试行）》[④] 等。

相较于国际与国家级遗产保护的法律、法规内容，本土针对世界记忆遗产东巴古籍文献及其文化的保护法律业已公布了两部，它们分别是：2001年3月10日丽江纳西族自治县第十二届人民代表大会第四次会议通过，2001年6月1日云南省第九届人民代表大会常务委员会第二十二次会议批准的《云南省丽江纳西族自治县东巴文化保护条例》[⑤]；2005年12月2日云南省第十届人民代表大会常务委员会第十九次会议通过的《云南省纳西族东巴文化保护条例》[⑥]。这两部本土制定的保护法律，其核心对象均是东巴文化，东巴古籍文献这个保护对象从字面上看虽然被隐藏，但是对于世界记忆遗产的保护，本身就不能割裂与其呼吸共存的文化而单独存在。因此，在结合2005年12月2日云南省第十届人民代表大会常务委员会第十九次会议通过的《云南省丽江古城保护条例》[⑦] 以及2013年6

① 国家文物局法制处：《国际保护文化遗产法律文件选编》，紫禁城出版社1993年版，第120页。

② 国家文物局：《中华人民共和国文化遗产保护法律文件选编》，文物出版社2007年版，第3页。

③ 同上书，第19页。

④ 同上书，第186页。

⑤ 《云南省丽江纳西族自治县东巴文化保护条例》，法律图书馆（http://www.law-lib.com/law/law_view.asp?id=36949）。

⑥ 《云南省纳西族东巴文化保护条例》，慧聪网之觅法网（http://www.34law.com/lawfg/law/1797/2820/law_4389251724.shtml）。

⑦ 找法网（http://china.findlaw.cn/fagui/p_1/353810.html）。

月16日顺利通过第37届世界遗产大会委员会审议的《世界文化遗产丽江古城保护规划》[①] 保护内容的基础上，本土对东巴古籍文献遗产保护的法律、法规建设虽然还不完备，但在法制化的轨道上不断加速深化。

2. 收藏部门保护东巴古籍文献的精细化分工推进

东巴古籍文献在民间的散落式分布导致这一部分记忆遗产无法得到集中化的保护，然而，收藏于国内外各级机构、组织或部门的另一部分记忆遗产则或早或晚地接受着较为系统化的保护。随着国外发达国家保护专业水平的不断提升，在最近二三十年的时间内，保存有东巴古籍文献的国外机构，诸如博物馆、图书馆等文博部门，其传统的馆内业务工作已被细分为不同类型：保管、修复、科研、对外交流与接待、提供利用服务、信息技术数字处理、档案管理、数据库平台管理等多种分工。

国外的保护分工细化发展趋势也影响着国内的同行，由于东巴古籍文献在国内的保存场所行政级别存在很大的跨度，因此，在明确知晓保护分工细化优势及其必要性的前提下，各级收藏部门的保护分工细化开展进度虽然还未能够达到同步调的速度，但是却实实在在地逐渐开始由上自下地进行推广。例如，云南省博物馆对于所藏东巴古籍文献的保护有一套较为细致的工作规章制度。然而，如同玉龙县图书馆、丽江市东巴文化博物馆等单位，由于一些主客观因素的影响，在笔者走访过程中，均表示对分工保护理念非常赞同，且已有陆续开展此任务的政策规划。基层收藏部门作为保护记忆遗产最直接的，也是数量最多的部门，肩负着管理、保护、完善、改革等方面的重任，这些任务在随后的日子里，应该在科学保护体系长效机制构架的平台之上，尽快逐渐实现，以便进一步使国内各级收藏部门之间的关系向着多元化知识结构的新型科学保护框架方向转变。

3. 东巴文化民间传承工作开展的热烈化与传承人培养资金投入的长效化

代表着记忆遗产的东巴古籍文献及其东巴文化保护传承，与代表着文化遗产的丽江古城保护传承走着两条完全不同的道路。丽江古城自申遗成功之后，便由政府组织成立了颇具特色的丽江古城保护管理局，从行政角

---

① 丽江古城官方旅游宣传平台（http：//www. ljgc. gov. cn/? viewnews－5476. html）。

度专门负责丽江古城的保护工作，并由丽江古城管理有限责任公司全权负责古城旅游、文化传播等事宜①，形成了政、事、企各有专攻，整合力量保护好古城的工作目标。然而，记忆遗产除了实体表现的东巴古籍文献收藏于各级文博部门保管之外，东巴古籍文献的使用及生存延续依靠的生命之源仍根植于广大纳西族群众生活的乡村之中，东巴文化作为活态化的遗产，其生存与延续也依赖于村寨中传统的宗教仪式等活动。因此，保护传承工作不能脱离乡村而存在。现阶段，丽江地区几乎所有东巴古籍文献收藏机构都与民间传承组织长期保持着良好的沟通关系。东巴古籍文献及其文化的保护传承需要进行规范指导与资金投入等宏观管理之外，具体的保护传承工作还得依赖于各级收藏部门及广大民间组织来实施。针对东巴古籍文献与东巴文化的活态化保护实施，笔者认为官方机构与民间组织仍有很大潜力的合作空间。

对于东巴古籍文献的学习以及东巴文化的传承工作，一直以来都有一批有志向的社会热心人士在持之以恒地奉献着。不论是城市中的学者与当地学校合作开办的特色东巴文化课程，还是风景区的企业出资开办的全日制东巴学校，抑或是村民自费开办的东巴传承学校等，教学形式各样，但是都在为记忆遗产的保护与传承事业添砖加瓦。如通过东巴文化传习机构与公立学校合作的方式，每周固定安排一定的课时用来给学生们讲授东巴文化以及东巴象形文字；也有一些传承方法是通过设立独立的东巴文化传承学校，招收适龄儿童，进行全日制的住校学习来实现教学目的。除了城市之外，在丽江市附近的乡村，如塔城、鲁甸等地以及中甸纳西族聚居的三坝乡内的几个自然村，也一直坚持采取“家庭传承”或“师徒传承”的传统方式，日复一日正式或自发地进行东巴文化的教学与传承。上述这些传承式保护开展得有声有色，并且在当地颇具社会影响力，这些学校都从创办之始的步履维艰逐渐披荆斩棘走到了现在，不同程度地培养了一批批负有民族荣誉感及对东巴文化具有认同感的学员，并取得了社会广泛的认同，为记忆遗产的保护与传承科研工作作出了很多具体的实践尝试与理论铺垫。

在各类传承学校办学以及各级收藏部门保护遗产的过程中，保护资金的投入是少不了的重要一项，就笔者走访调查所知，目前，各级收藏部门

① 丽江古城官方旅游宣传平台（http：//www.ljgc.gov.cn/）。

并未有专项资金用于收集散落民间的东巴古籍文献，越是基层的收藏部门，保护资金的缺口也就越大。就此，时任丽江市副市长的杨一奔女士于2009年全国召开“两会”期间，提交了《建立中国少数民族濒危遗产抢救基金的提案》[①]，一些基层收藏部门，如玉龙县图书馆也根据馆藏资源三次申报了《国家珍贵古籍名录》，以便扩大馆藏东巴古籍文献的社会影响力，并积极申报一些科研课题经费用于支持馆藏资源的保护工作。与比较拮据的收藏部门保护经费相比，上级主管部门用于传承人保护的资金投入一直以来都遵循长效化的机制在运行。除了上述长效化的保护资金投入之外，东巴传承保护区域内的行政部门也会根据传承保护学校一些特殊的、突发的申请，本着保护东巴古籍文献及其文化的出发点，给予相应的、临时性的经济资助。

（二）东巴古籍文献遗产保护在实践方面存在的缺憾

1. 人才选拔机制不合理导致保护人员知识结构老化且专业化程度较低

现阶段，我国档案遗产收藏部门中真正懂修复保护技术的专业人员数量太少，在专业人才现状如此低迷的环境下，又由于经济发展东南沿海地区明显优于中西部内陆地区的景象，引发的人力资源结构也一边倒地表现出分布不均的态势。东巴古籍文献分布在国内多个城市之间各级不同的收藏部门之中，上述不均衡的社会资源分配现象也真切地反映在各级收藏部门之间。就馆藏工作条件及人员业务素质而言，我国呈现出一种行政级别越低，业务技能越低的总体发展态势。据笔者多次走访调查，省内基层档案遗产收藏部门大多保藏着数量巨大的东巴古籍文献，然而，这些场馆的办公、保管条件之简陋与失格也同样触目惊心。丽江地区几乎所有的东巴古籍文献保管场所都只能做到最初级的保管，即提供遮风避雨的一般库房。除此之外，对文献遗产的实体进行修复、编研，对文献遗产的信息进行开发利用等工作任务实在无从谈起。

对于诸如国家图书馆等类别的收藏部门而言，其内部保护工作的分工细化趋势也使馆内负责保护工作的人员具有较强的业务水平以及较高的业

---

① 《丽江副市长建议抢救性翻译〈东巴经〉》，云南信息港（http://news.yninfo.com/yn/dzxw/200903/t20090311_779912.htm）。

务素质。随着这些机构中馆藏藏品种类多元化与复杂化趋势的加强，其馆内工作人员的业务能力提升机会也随之增多，其业务水平也就能经过锻炼而变得日臻完善。反之，内陆欠发达地区基层收藏机构的工作人员在主客观条件上，不论是馆藏藏品种类还是外出参加业务培训的机会都大大少于发达地区的同行。因此，照此主客观条件继续发展下去的话，基层档案遗产保护工作将陷入一种恶性循环的怪圈中无法自救。目前就收藏机构在职人员的业务素质分布现状来看，的确存在着严重的分布不均衡。长此以往，遗产保护优势资源将永远固化在发达地区高水平的文博机构，从而严重制约我国各级收藏部门保护业务能力的整体提升。

由于区域经济发展的不平衡致使收藏东巴古籍文献的各级机构在职人员业务素质也呈现出分布不均衡的状态。中东南沿海发达地区收藏部门的保护工作细化、工作人员专业化等各项指数均明显高于西部内陆地区的同类型机构。与中东南沿海发达地区收藏部门中文献修复人才、图书装裱人才、档案管理人才、计算机数据库编程与安全技术人才、行政管理人才、外语及少数民族语言文字人才等专业化程度较高的保护人员相比，西部欠发达地区基层收藏部门面临着工作岗位编制不足、待遇偏低无法吸引热门学科优质人才、馆内业务经费及管理理念等多重因素制约保护人员外出接受培训等现实问题的牵绊，这些主客观因素导致基层保护人员专业化进程难以切实开展而造成非专业化程度较高。丽江地区几乎所有的收藏机构都存在诸如在职人员专业不对口、工作热情不高、保护期望值低等现象，造成这些现象的原因除了工作人员自我要求不高之外，更重要的根源还在于我国事业单位用人机制的缺陷。随着记忆遗产数字化保护的推进，收藏机构本该引入计算机专业的人才，但事实却是，一方面计算机人才不愿意到办公条件较为艰苦且收入偏低的博物馆工作，另一方面愿来此工作的人员又因招考限制而无法留下。而对于文献保护、博物馆学等学科的人才而言，我国普通高校每年培养的专业毕业生人数相当少，故基层收藏部门极易陷入人才匮乏又无力扭转颓势的境地。云南省基层收藏部门所藏的东巴古籍文献数量在所有收藏部门中排在第一，若这样的恶性循环再继续持续下去的话，那么，收藏于此的大量珍贵记忆遗产将被加速推向消亡的深渊。

2. 东巴古籍文献遗产保护范围及内容认识不清制约全局保护的健康开展

无论国内外，东巴古籍文献分散的收藏特征导致了实施集中化保护的困难。这从国内外文博机构收藏的东巴古籍文献未曾作过详细精确的统计这一点便可略见一斑。由于东巴古籍文献的保存过于分散，导致众多收藏部门之间的合作由于传统多头管理体制的制约而难以建立良好的沟通对话平台。由此，任何一家收藏部门对于保护的任何先进观点与理念都无法利用通畅的渠道加以传播。

由于基层收藏部门业务开展的局限性，导致对东巴古籍文献的保护认识仅停留在保管实体安全一项工作之上。这种思想观念普遍存在于条件欠发达的地区，以至于实体安全保管工作被片面当作基层收藏部门唯一的目标。越是基层地区，对于遗产保护决策的人群越是集中，平时较为片面的保护意识就更容易在这个小圈子里迅速得到认同。若取得共识后的片面保护观占据了决策层的意识，则将对遗产全局保护的健康开展造成巨大的阻力。

此外，片面保护观还会人为割裂东巴古籍文献与东巴文化之间的内在联系，关注东巴古籍文献而忽视东巴文化同样重要的保护意义，这对于仍借助各种形式散存于民间的东巴文化而言十分不利。因此，从维护整体性的东巴古籍文献遗产保护来说，东巴文化是以活态形式贯穿于纳西族人民社会生活始终的保护对象，东巴古籍文献也是以静态形式讲述纳西族人民历史发展的保护对象，两者全局性的保护才能确保纳西族文化系统全面地得到反映。

3. 收藏机构疏于对馆藏遗产文化价值的挖掘以致东巴文化被埋没

现阶段，国内收藏东巴古籍文献的机构多限于官方层面。据笔者走访所了解，近年来，大部分省内收藏机构对于东巴古籍文献有组织的征集次数都少之甚少，馆藏遗产基本都是征集于新中国成立之前，或是 1949 年之后再经行政调拨而定格的稿本。一方面是无力购买分散于民间的东巴古籍文献，另一方面只能眼睁睁面对遗产不断流失的窘境。这与国外收藏机构开展多种征集方式的现状不同，国外通过多种征集方式收藏东巴古籍文献，不仅可以时刻熟谙民间东巴古籍文献的散落情况，还能通过征集工作构建收藏机构与民间收藏者之间的合作与沟通桥梁，便于合力保护记忆遗产，还能在征集东巴古籍文献过程中，获得其他相关文化资料从而丰富馆藏。这样一来，运用素材充分搭建的特色馆藏平台，可以形成记忆遗产信息中心，不但能为遗产保护理论研究提供信息资源与数据参考，也能为遗产保护实践利用提供载体多样的蓝本。

国内基层收藏机构保护仅仅处于系统保护工程的最初级阶段，即采用最保守的保护方法，对馆藏进行基本保管，这其实只关注实体安全，由此也形成了大多数工作人员只求在自己任期内不出事的被动求稳心态。这种大而化之的日常保管，在确保馆藏东巴古籍文献得到基本庇护的前提下，会愈加让社会公众游离于东巴文化保护生态圈以外，也会越发加重政府部门漠视本地可待发掘的东巴古籍文献及东巴文化资源、潜力的态度，最后致使东巴文化被永久性地埋没。现阶段，东巴古籍文献与东巴文化严重脱节，极易造成收藏机构闭关自守，或是民族文化资源宏大而本地特色文化发掘却匮乏之间的矛盾现象。无怪乎收藏机构，尤其是档案馆这样的部门，本应该利用馆藏资源发掘一些“个性化”的藏品加以编研利用，为本地文化输送新鲜养分，参与本地文化建设，提升社会认同。然而，基于落后低效的保管条件与现状，丰富的东巴古籍文献及其文化资源也只能静静而落寞地躺在库房内。

东巴文化由于内容的多元性，因此对其保护绝不仅止于文博机构，如何将记录在新型载体上的东巴文化进行活态化保护，更多时候需要依赖良好稳定的政策指向、质量过硬的传承队伍、经费充足的资助企业以及热心文化事业的个人奉献等因素来支撑。然而，上述的几个因素无一例外都是主观性极强的实践，在缺乏相关保护标准化与法规化引导与约束的基础上，面对东巴文化这个抽象的事物进行保护时，很容易出现随意性，甚至是歪曲性的保护活动。例如，不加区别地将纳西族洞经音乐、纳西族节庆舞蹈等泛泛纳西族民俗活动笼统地归入东巴文化；甚至不负责任地使用“东巴”等字词来注册公司，将现代泡吧行为也荒唐地与传统东巴文化画上等号。这不仅没起到保护的作用，反而搅乱了旅游市场，误导了社会公众，曲解了传统文化，最终将会毁掉东巴文化的社会认同，彻底将东巴文化推进消亡的轨道。

4. 地区差异大以致保护标准化、法规化开展困难

东巴古籍文献散存于国内外各类官方文博机构中，在对比国内外各类收藏机构后，笔者愈加感受到地区差异这一客观事实引发的诸如经费不足、保护不力、理念封闭、技术落后等一系列后遗症的连锁反应，在实际保护工作实施过程中无法回避，这一切客观存在均不同程度地增加国内遗产保护法律、标准化建设的难度。然而，对于东巴古籍文献或是东巴文化而言，业界对其关注度早已从隐学转为显学。对

于东巴古籍文献遗产科学管理、保护、开发利用等研究的过程，离不开标准化、法规化的介入。考虑到东巴古籍文献书写习惯、东巴祭祀仪式活动表现方式、东巴唱诵东巴经水平不一等现实情况，东巴古籍文献遗产保护的标准化应是灵活多样且不拘泥于一格的。据此，标准化、法规化的介入更多可以参与到东巴古籍文献具体保护流程过程中，收藏机构能够按照标准化对进馆前的东巴古籍文献进行检查和鉴定，对已入库的馆藏具体内容进行统一分类，对已入库的馆藏内容等级进行重新划分，对库内馆藏亟待保护的紧急程度进行规定等；而对于活态化东巴文化信息的保护而言，东巴文化的具体内容划分、东巴文化的传承质量控制等便不宜生硬地推行一成不变的标准化，而可以将重点放在如何将法规与现实联系起来，在为东巴文化相关内容信息建档时，着重法规与标准化的直接介入；在规范东巴文化中相关抽象性对象时，着重法规、标准化与现实的三重考量。

相比丽江古城，东巴古籍文献遗产保护法律、法规明显不足。无法可依、无章可循的现实造成了开展保护的被动、收集保护对象的困难、黑市倒卖遗产的不可控、突发自然灾害导致遗产灭失的无奈。对东巴文化宣传与保护工作乱象的漠视、对东巴传承培养工程的随意投资等现象与行为都是提倡科学保护东巴古籍文献遗产的拦路虎，为肃清这些障碍，保护工程的构建应先从体制入手，构架全面系统的法律、法规与合理完善的保护标准于一体的规范平台是推进有序保护的基石。

5. 馆藏资源信息不共享以致保护技术更新发展速度很慢

保存在国内外不同收藏机构的东巴古籍文献大多以东巴手工纸为书写主要载体而存在，随着时间流逝，为了使馆藏遗产重现最佳的保护状态，国内外少数几家资金与技术雄厚的收藏机构对馆藏遗产完成了数字化保护的转录工作。这些收藏机构除了拥有原始馆藏纸质东巴古籍文献及少量其他介质遗产外，还有转录后的新型载体遗产，这大大丰富了馆藏的种类与载体形式。对于多元化载体的馆藏遗产，收藏机构在保护过程中能不断积累形成一套行之有效的保护理论与实践技能。在此背景下，发达地区收藏机构的发展将会越来越好，而欠发达地区收藏机构的发展却会越来越差。但是，好的机构与差的机构之间却长期处在封闭的两条道路上。所有与保护有关的潜在知识无法通过良好的互动渠道，通过学习、培训、座谈等形式发展成为有益的显性知识。相反，不论是先进的保护理论与实践，抑或是落后的保护理论与实践，都潜伏在各自收藏机构中犹如一个个信息孤岛。尚且不说国内与国外之间对东巴古籍文献收藏信息的共享，就连省内如此有限的区域之内，都无法实现东巴古籍文献馆藏资源信息共享。相反，同处一地的收藏机构也只关心自己库房内的情况，从不关注是否能积极和其他相关部门实现沟通，这样的现状很严重地阻碍了东巴古籍文献遗产整体性保护。某种程度上，也深刻地伤害了致力于传承东巴文化的组织或个人。反观图书馆学界，早已打破国界建立了信息联盟，这给相互补充馆藏及提升保护技能提供了帮助，并对保护工作理论与实践的交换起到不少实质性的支持。笔者认为互动学习平台的构建缺的不是态度，而是机制。

近年来，数字化技术已被国外广泛运用于入馆前对于东巴文化的采录，如口述材料、诵经内容的录制，东巴祭祀仪式、制作手工纸过程的摄制等。然而，数字化技术在国内大部分收藏机构的馆藏东巴古籍文献转录、提供利用、宣传等方面运用还太少。在数字化技术成为遗产保护发展过程中不可缺少的支柱的背景下，国内的收藏机构却因客观、主观多种因素影响迟迟未能赶上时代发展的步伐。无论国外收藏机构保护理论与实践做得如何完善，东巴古籍文献与东巴文化的保护与传承终究还是应该依靠国内的收藏机构发挥能力，至少，也应该由国内来牵头引导保护与发展的去向。鉴于此，国内收藏机构在坦然接受数字化保护运用的基础上，应坚决杜绝“莫高窟”现象的再一次发生，即敦煌在中国，而敦煌学在国外。

6. 东巴古籍文献遗产保护事业缺乏长效化的评价与反馈机制

政府在东巴古籍文献遗产保护事业中，充当的不仅是参与者的角色，同样还是组织者。对于政府自身而言，应该从内部做好对于东巴古籍文献遗产保护的评价与反馈工作。这里有至少三个方面的因素需要注意：(1) 主管遗产保护的政府部门，其行政职责是长效的，但是负责发挥这种行政职责的领导是否能够坚持常年稳定地贯彻执行保护政策，这是一个很现实的问题。如今，大学生村官也好，州县文化部门负责人也罢，很多都并非本地人，对本地的东巴文化认同感无从谈起；对于之前重视本地记忆遗产保护的领导而言，任期届满后，往往人走政策终。因此，政府内部对于东巴古籍文献遗产保护的长效化政策必须通过完备的评价机制来约束。(2) 主管遗产保护的政府部门在开展“遗产保护”措施的过程中常会受到公众质疑，在备感“百口莫辩”的前提下，却没有认真监督过投入各项遗产保护预算的经费真正、持续地发挥了多大的保护作用。现阶段，政府保护仍是粗放型的，以“普遍撒网”为状态，没有太多的针对性。且政府内部人员对保护的态度也并不是一致的积极，因此，对于保护实际工作中遇到的困难一般都很难做到快速决断。最令人无奈的是，对于某些东巴文化传承基地是否有资质挂牌，主管部门未能认真考察合适与否，除了机械化的“撒钱”外，非常缺乏必要的监督。整个工作表现非常盲目，长此以往，东巴文化传承工作不仅无法取得实质性的收获，反而还会严重伤害真正切实在保护遗产的人群。这种只顾政绩效应，不顾及实际效率的做法必须转变。（3）主管遗产保护的政府部门，在确定各级东巴文化传承人时，应该给基层方更多的推荐机会，而不应该“一刀切”般地完全以逐级申报的形式来受理此项工作。东巴传承本来就扎根于乡土，更多优秀的青年东巴都来自于农村。为了东巴文化的传承，他们放弃了外出就业机会，生活本就相当艰难。如果东巴文化传承人评定总是这么封闭且机械化，那么，这种机制最易造成的现象便是：长期未能评上的东巴文化传承人终因生活所迫而放弃保护之路。

东巴古籍文献遗产作为人类共同的记忆遗产，反映着和人类社会实践活动有关的内容。然而，当前的保护现状不仅从正方向出发存在很多不合理之处，更不用说反方向回馈工作是处于停滞状态的。我国的体制决定了政府主管部门在这场遗产保护事业中必须既做好指导，又兼顾配合。只有构建起与保护实施平等的质量评价与反馈机制才能激发各级政府部门保护工作的活力，并真切反映出保护实施过程中不和谐的因素，从而正确把握好保护方向，切实提高保护的质量。

7. 面对自然灾害频发的时代背景，遗产应急保护机制的缺乏

地处祖国西南边陲的云南省地质灾害与气象灾害频发，其中包括干旱、洪涝、低温冷冻、强冰雹、地震等。近年来，在人类生存环境日益受污染而导致全球温室效应等现状的影响下，云南省自然灾害也呈现出无规律性、多发性、易发性、破坏性等特征，防治形势非常严峻。纳西族绝大部分群众仍生活在边疆欠发达地区，对于自然灾害的抵御能力明显低于其他地区。1996 年在丽江发生的 7.0 级地震给当地人民生产生活造成了非常严重的影响，时至今日，虽然当地政府出台了相关应急保护政策，但是文件精神的落实离预计期望仍有巨大的差异。笔者实地调查走访期间，就

所到的各个东巴古籍文献收藏部门都特意询问了关于灾害应急保护预案的构建情况，然而回答几乎一致表明了实际应急保护机制建设的严重缺失。今后一旦爆发大规模自然灾害，那么摧毁的不仅是生长于这片水土上人们的生活，更会大范围地摧毁反映他们传统民族精神风貌的文化印记。在全国各地相关部门开展关于应对自然灾害应急机制建设之际，作为社会文化事业建设基石的文博部门更有必要从自身出发，研究应对自然灾害的策略，因地制宜，结合之前积累的防灾减灾经验，本着抢救与保护东巴古籍文献、传承东巴文化、弘扬民族大团结的指导精神，深入研究自然灾害突发中的遗产应急保护机制。

8. 东巴文化传承理论、专业技术教育的高水平培训奇缺

以丽江地区为代表的纳西族聚居区有很多规模不一的东巴文化保护传承机构，这些遍地开花的东巴文化传承点与当地民间积极保护本民族文化的态度分不开。在当地政府的鼓励下，通过"政府支持、学校参与、学者策划、民间运作"的方针指导，出现了一批成功案例。然而，相对于采取广泛开展传承式基础途径的人才培养之外，东巴古籍文献遗产保护事业还应该兼具更高级别保护专业技术人才的培养。在很大程度上说，在小学阶段的传承教育是为了在给孩子们建立民族自尊心与自豪感的基础上，培养孩子们对于本民族文化的认同与兴趣，以至于增加这些浸染过珍贵民族文化的孩子在今后成长过程中投身于民族文化保护事业的比率；而在乡村中面向青年村民开展东巴文化传承教育是为了在增强年轻人民族认同感与荣誉感的基础上，确保他们从传统文化中汲取一些非物质文化遗产的养分，以便掌握一门今后能够谋生的本领，引领他们接受并掌握老一辈东巴的衣钵，从而构建起良性的乡村东巴梯队并促使学员成长为能够独当一面的东巴文化直接反映者——东巴大师。因此，东巴古籍文献遗产保护专业人才的培养，应该从未来遗产保护之路的整体规划出发，将东巴古籍文献遗产保护提升至学术理论高度，形成完整系统的研究体系。

现阶段，东巴古籍文献遗产需要传承与保护并驾齐驱。在民间各类组织不遗余力、日复一日地培养传承人才的同时，作为保护研究主力军的科研院校，其遗产保护教育开展规模与成效显然不可比拟民间组织，更不用提所谓的正宗教育机构对此的投入与遗产保护专业技术人才稀缺的现状之间存在着多么巨大的鸿沟。

国外遗产保护人才培养正在有序而又积极地开展着，而国内如今的遗

产保护专业教育发展却显得几乎一片空白，尤其是 2013 年 6 月份之后，我国已成为世界第二遗产大国，遗产众多的身份与前行不畅的遗产保护教育反差之大实属罕见。东巴古籍文献遗产保护传承不可能单独依靠政府、学界或东巴之中任何一方的力量，而需要三者形成整合的向心力，才能构筑起最稳固的保护防线。

第三节　国外保护理论与实践启示

东巴古籍文献遗产保护能从档案保护学以及遗产保护学中获得理论与实践的启迪。档案保护技术在我国历史上很早便出现，然而，关于档案保护技术的理论研究以及档案管理学科体系的构建，却和文化遗产保护一样，起源于欧洲[①]。欧洲对于档案管理及遗产保护实施的基础，即“立法、创标准”与“组织管理”等工作，有非常深入的研究与实践。欧洲的档案遗产保护理论与实践除了确保本区域大量研究对象完好保存至今，还对北美以及亚洲等多个地区的相关对象保护理论框架建立与健全提供了极大的参考价值。

就遗产保护而言，早在 1820 年 4 月 7 日，当时的意大利即以教皇国红衣主教团的身份颁布了意大利史上第一部文化遗产保护法[②]。这比法国 1840 年颁布的著名遗产保护法，即梅里美《历史建筑法》要早 20 年。在此后近百年的时间内，意大利又陆续颁布了关于遗产保护的诸多法令，并在上述法令的基础上于 1999 年颁布了意大利第一部文化遗产保护综合法——《联合法》[③]。

法国的遗产保护法律建设稍晚于意大利，但是历史上，多达百余部有关遗产保护的法律法规，以至其覆盖面当仁不让地成为最全面者。美国虽然文化遗产数量不能与欧洲同日而语，然而对于自然遗产的保护却值得称道，其 1916 年颁布的《国家公园系统组织法》、1976 年颁布的《民俗保

---

① 陈金华、秦耀辰、孟华：《国外遗产保护与利用研究进展与启示》，载《河南大学学报》2007 年第 11 期，第 104 页。

② 苑利：《文化遗产报告：世界文化遗产保护运动的理论与实践》，社会科学文献出版社 2005 年版，第 10 页。

③ 同上书，第 11 页。

护法案》等法律，不仅提出了以国家公园管理的方式来保护自然遗产，并且以法律条文的形式规定了无形文化遗产与其他有形遗产具有同等重要的价值。

在亚洲，日本是对文化遗产立法较早且较全的国家之一①，其于1950年颁布的《文化财保护法》首次提出了无形文化遗产的保护，为今后其他国家、地区的无形文化遗产立法作出了很大的贡献。遗产保护法制化不仅体现在综合性的遗产立法内容中，也及时体现在其他几种不同类型遗产的法律法规建设之中，其内容清晰、分类、系统地涵盖了当今社会所知文化遗产的所有方面，为遗产保护实践的开展提供了有力的法律依据与保障。

除了法律法规的约束与规范之外，遗产保护的实践也离不开组织管理体系的构建。遗产保护先进的国家在组织管理方面都有一个共同点，即除了中央政府与地方政府的管理之外，遗产保护理论的探索与遗产保护实践的监督有赖于专家委员会与社会团体的广泛且充分的参与和介入。

在中央政府层面，一些国家采取单独建立新的部门来负责遗产保护事宜，一些国家则通过部门职能交叉的划分来指定某几个部门，通过合作方式来负责遗产保护的推进，还有一些国家则在中央政府主管遗产保护的部门下设专门的专家委员会，负责咨询与提供理论、技术支持。

在地方政府层面，由于政治体制的区别，有的国家地方政府遗产保护部门与中央政府遗产保护部门呈垂直管理形式，而有的国家地方政府则根据实际情况采取分而治之的方式保护遗产。

在专家委员会层面，有的国家专家委员会是通过政府组织的，其成员包括与遗产相关的各个领域内的领导，有的国家专家委员会则是民间组织的，其成员主要由与遗产保护相关的各个学科专业内学者组成，这些专家委员会有的规模很大，表现为中央级与地方级搭配运作，有的则表现为不同遗产类型的专家委员会，其侧重点也不尽相同。

在社会团体层面，可以按照营利与义工性质进行粗略划分，通过社会团体的介入与监督保护，不仅可以确保遗产保护过程的完整与合法，还能开创并构建遗产保护与市场化运作良好结合的典范。

国外关于档案遗产保护的理论与实践有很多值得我们借鉴与学习的地

① 苑利：《文化遗产报告：世界文化遗产保护运动的理论与实践》，社会科学文献出版社2005年版，第11页。

方，东巴文档案在国外的保藏不仅分散，而且较之国内数量不多。笔者认为，不同种类遗产的保护其实有共通之处，国外遗产管理经验与保护实践能给我们研究东巴文档案保护以不同视角的启发，故下文将从宽泛的层面来介绍国外遗产保护。

一 国外保护理论启示

（一）较为完整的遗产保护研究体系

遗产保护发达的国家都已形成了相应较为完整的遗产保护研究体系，以支持保护理论的完善以及指导实践。一般而言，这些国家通过三个层次的内容来架构本国完整的遗产保护研究体系，这三个层次的内容依次是：研究机构、研究对象以及研究评价体系。遗产保护的研究机构包括官方和民间两种性质，它们的行政建制有所区别，官方性质的研究机构或隶属于遗产管理的中央行政部门或单以独立部门的形式运作；民间性质的科研院所则通常都是遗产保护研究的主力军，不论是官方还是民间的研究机构，对于遗产保护的研究信息都通过常规的渠道得以互动共享，这样一来，研究所得的成果鲜有重复，而在沟通下获得的共享信息则有效避免了保护研究走弯路。国外对于遗产研究对象的横面与纵面保护均比国内要深刻且丰富，从陆地上可移动遗产、自然遗产、历史遗址、古老建筑、文献古籍、档案史料，再到水下遗产、地下遗产等各种遗产为研究对象，对各式遗产的人文环境、生态环境、文字音符、生活习俗等多元层面进行研究，使遗产保护真正成了一门理论基础丰富的学科门类。遗产保护研究评价体系突出表现为遗产资源的价值评估、遗产资源的维护资金分配等内容。① 通过对遗产资源生态使用价值大小的划分，运用多模型多策略评估方法，可以确定影响遗产资源使用价值大小的因子权重，并由此更为科学地判断遗产资源的持续性保护；结合遗产地保护维护的技术要求、政治价值、经济价值等评估要素，通过遗传算法理论（Genetic Algorithm）来分配遗产资源的维护资金投入，可更加科学地推算遗产地维护资金的分配。②

① 陈金华、秦耀辰、孟华：《国外遗产保护与利用研究进展与启示》，载《河南大学学报》2007 年第 11 期，第 105 页。

② 同上。

（二）遗产的内涵与外延随着研究的深入而不断拓展

对于世界遗产，尤其是自然遗产、记忆遗产等遗产种类的提出及遗产概念的划分，并非是伴随着遗产保护工作的诞生而出现的。世界遗产保护运动在欧洲首先着眼于保护宫殿、教堂等建筑艺术品，而后渐次拓展到传统民居、作坊等反映特定历史时代背景的普通建筑物。在此过程中，对于建筑物的保护也从最初的单门独户发展成包含有文化环境在内的整体人文街区。包含文化元素的遗产保护通过历史建筑、历史街区乃至历史古城的保护得到了梳理与认识，非物质文化种类的遗产也逐渐上升为与物质文化种类遗产相提并论的重要遗产分支，随着人们对非物质文化遗产的逐渐重视与深入认识，以口头表述形式产生的、反映某一特定主题且具有保存价值的口述史也被纳入了遗产保护的大家庭。当人们对陆地上的遗产画出了较为清晰的分类界限用以保护之后，保护的目光还转向了水下及地下的遗产。在遗产保护范畴向着遗产种类横向延伸拓展的同时，其朝着历史时间纵向深入渗透的脚步也未停息。从一开始历史久远的建筑物保护到对近代、现代某一重要事件反映的遗址保护，充分说明了人们对于遗产内涵与外延的认识是处于不断变化与完善中的，这一变化与完善的过程表现为非线性而呈曲折螺旋式上升的递进。

（三）遗产整体性保护观念的构筑

无论是早期以建筑物形式为表现的遗产，还是后期以一座山、一个遗址、一片湖泊、一部古籍等不同形式为表现的遗产，作为保护的对象往往是以单独的个体形式存在。然而，作为保护对象的遗产之所以能够成为社会公认的“遗产”，即在于它所代表的、以直观或隐喻的方式能够呈现出来的历史价值、文化价值、艺术价值。在早期城市扩建改造之风还未盛行之时，对于遗产整体性保护的观念还不突出，但是随着水泥森林的扩张，当单独保留了遗产而拆除了其周围赖以配合的人文环境时，人们发现这样的遗产其实已与死亡无异。因此，必须重新审视整体性保护遗产的科学性。不论遗产以何种形式表现，遗产保护都不应追求简单的个体保护，文化遗产需要在保护文化建筑群体的同时，真正留住文化之根；自然遗产秀美的山川风光也正是因为与当地特色文化搭配才显得相得益彰；非物质文化遗产的口头传说、表演艺术、社会风俗、自然界知识实践以及手工艺技能[①]，也都不可能脱离民间文化的土壤而死板地活在文博机构展示架上；记忆遗产古朴且生动的内容与载体也必须与其代表的文化一起保护才能永续其历史生命活力。在此思想观念的构筑下，遗产保护发达国家非常重视遗产的整体性保护，其保护观念由小及大地从单一建筑推广到整个街区、整个街区推广到一个古城，在古城中，保护的不仅是建筑，还包括文化、生态与自然的和谐统一。例如，巴黎政府在应对城市扩展时选择在另一地址建盖新城，而使老城的文化生态底蕴得以完好保存即可见一斑。

（四）树立正确的遗产价值观

遗产保护的成败并不可能仅仅通过社会某一个阶层的力量来实现，而需要全民的广泛参与。要培养公众对遗产的保护意识，应该先树立社会对遗产正确的价值观。遗产的保护究竟是为了确保代表着人类历史文化之反映、当代文明之折射、未来发展之启迪的光辉能够世代延续？还是为了借助这一块“金字招牌”来最大限度地赚取利益而为当代的经济腾飞助力？不同的遗产价值观对下一步遗产保护的具体实践将产生完全反向的影响与推力。遗产价值观的树立对于社会各个阶层而言都是非常重要的，遗产保护绝不仅是政府或民众任何一方的责任与义务。

遗产保护发达国家的经验告诉我们，遗产保护必须全社会分工协作，各个阶层都要各尽其责地扮演好自己的角色任务，而这种理想的分工状态有赖于构建与推广正确的遗产价值观。遗产保护大国的遗产价值观构建体系覆盖了社会全体民众，使人们能够自觉充当起保护遗产的志愿者，并有助于推动热心遗产保护事业的人们自发组成广泛而丰富的社会团体、构筑起保护遗产的一道道基本防线。通过树立正确的遗产价值观，还能确保遗产保护自上而下的政策制定者、保护管理者以及第一线保护实践者，在整个遗产保护的资金投入与市场运作循环过程中，坚守住保护道德的同时，也能兼顾循环的良好周转，便于长久而科学地保护遗产。

（五）借助科研推广先进的遗产保护理念

遗产保护的开展是否得力取决于众多因素，在这众多因素中，起关键

---

① 非物质文化遗产，百度百科（http：//baike. baidu. com/view/11090. htm）。

性作用的便是遗产保护理念。在全社会推广先进的遗产保护理念，可以构筑遗产保护的健康人文环境，提高公众的保护觉悟，规范遗产保护具体实施过程中的细节。遗产保护发达国家对于保护理念一般体现在保护的真实性、原生性、可识别性等方面。但是，这些简短的保护理念并非轻易得来，而是经过了许多实践失败以及反复科研推敲获得的。

围绕着这些保护理念可以衍生出很多具体保护工作的实施规范，例如遗产保护的真实性不仅规范了遗产保护对象的内容真实性，如若是记忆遗产，其载体材料、记载形式等也应该做到真实性的统一；原生性则反映在遗产保护对象本身的原生以及其所处周围环境的原始一致性；可识别性是以欧洲为代表的一批遗产保护发达国家对于遗产修复工作较为特殊的一种诉求。与我国“修旧如旧”的保护理念不同，可识别性保护理念旨在规定每一次对遗产的修复都应该能被识别，推崇该理念国家的保护人员认为，每一次的修复都或多或少会对遗产造成或大或小的机械性损伤，如果不加以区分地进行覆盖性修复，那么不仅会对之前的遗产造成物理性伤害，一旦发生逆向剥除修复时，还会使修复性保护滑向破坏性的方向。基于此，可识别性保护理念能够避免新一次修复工作对上一次修复工作的技术性损害，能够清晰分辨出遗产的修复状况，以便于专家对修复对象作出较为系统的保护分析。

二　国外保护实践启示

（一）创立科学的遗产保护管理体制

遗产保护发达国家的保护管理在垂直构建中央级与地方级行政机构负责的基础上，也充分调动社会其他力量的参与，可以简单地将这些保护管理机构或组织归纳为四类，即中央级遗产保护行政部门、地方级遗产保护行政部门、遗产保护咨询委员会以及遗产保护社会团体。

不同国家根据本国的实际情况，对中央一级遗产保护行政部门的建制也有所不同，有的国家将负有遗产保护职责的部门设立于文化部之内，有的国家专门成立一个新的部门来负责全国遗产保护的管理工作，有的国家将传统的文化部、内政部、公共教育部、经济计划部等相关部门进行整合，在这些部门行政业务的交集处设置遗产保护机构，以便能够在推进遗产保护事业时，各部门协同合作，快速而有效地作用于遗产保护。地方一级遗产保护行政部门也因各国的政治体制差异而存在一定的区别，有的国家地方级遗产保护行政部门建制与中央级遗产保护行政部门完全一致，有的国家地方级遗产保护行政部门会构建于其他行政部门之下。对于遗产数量较多的国家而言，中央级遗产保护行政部门重在引导，而地方级遗产保护行政部门才是遗产保护抉择真正的实践者。

为了确保遗产保护的健康开展，中央级与地方级两层之间的沟通渠道便需要上下畅通，而不仅仅是上行下效的单行道模式关系。咨询机构可以设置于中央级或地方级遗产保护行政部门之内，也可以作为独立第三方形式存在于中央级或地方级之内或之间。咨询机构的成员一般由政府有关部门的负责人、科研机构的专家学者等人组成，专门负责为遗产保护的政策实施、法律制定、申报管理等服务。由于遗产保护发达国家保护意识较强，全民参与度较高，因此，在遗产保护的推进过程中，还需要广泛集结有益的社会团体来监督、评价遗产保护，以便将民间信息反馈给决策部门参考、审视。

（二）健全具有可操作性的保护法律法规及奖惩制度

遗产保护发达国家对于遗产保护立法推行较早，法律法规的制定明显优于国内。其遗产保护法律的优越性不仅体现在对遗产种类细致划分的基础上，法律法规内容的可操作性也是很值得学习的。国外遗产保护大国针对遗产的不同种类，在法律法规制定时都作出了较为细致的分类，即遗产保护的综合法，不同种类遗产的保护法，例如，文物遗址保护法、自然遗产保护法等。综合法与单独法搭配在一起，有助于系统地涵盖全国范围内所有的遗产，对于某些具有交叉属性的遗产，也能通过全面的保护法律平台，找到相应的解决对策，从而降低某些遗产对象保护工作被钻空子的风险，以便能将全部遗产都纳入法律的框架内进行统一的保护。

国外对于遗产保护法律内容的可操作性解构主要从遗产级别与量刑说明等方面来体现。通过遗产级别划分可以将同一类型的遗产按照保护紧急程度分为几个档次，根据每一个档次的形式描述依次配合不同的法律规定，增加了法律面对不同缓急程度遗产时的可操作性。对于任何触犯遗产保护法律的行为，根据综合法和单独法都有明确的陈述，针对这些行为，遗产保护法律法规条文中也作出量刑的依据和具体的内容。

由此，按照遗产种类和遗产内容分门别类制定的法律法规便构建起了有法可依、有法可循、执法必严的遗产保护法制化平台。除了法制化渗透遗产保护事业之外，适时而准确的奖惩制度也是遗产保护工作推进过程中必不可少的。国外通过第三方来监理奖惩制度的实施，奖惩制度相对于遗产保护事业而言，可以尽力弥补与追加法律法规辐射不到而忽视的遗产保护灰色区域。奖励制度带给获授部门或获授者的认同与鼓励作用是巨大的，而惩罚制度对于一部分未达到违法却明显存在不作为嫌疑的遗产保护管理部门或工作人员、社团传承人等，可以起到极为有效的震慑与警示作用。

（三）有效的保护资金投入与市场运作

遗产保护的长期开展有赖于源源不断的资金支持，从传统角度来看，大部分遗产保护的资金投入应该是由政府埋单，事实上，政府预算开支中对于遗产保护投入的比例的确在逐年上升。然而，随着遗产数量的增长，总数较多的资金分摊到每一个遗产项目上，也难免落入“僧多粥少”的境地。因此，通过实践可以清晰地证明，单靠政府的资金投入来持续性开展遗产保护事业是很难取得突破性成效的。多渠道筹措保护资金，并使之与市场产生良性互动式的运作才是最终的长效措施。

遗产保护发达国家对于遗产保护资金的投入主要依赖于下列几种方式，即政府预算投入、政府主导遗产保护彩票发行、政府设立遗产保护基金、社会团体与企业合作创办遗产保护基金以及社会团体通过经营性收入反哺遗产保护等几个方面。政府预算投入遗产保护事业的资金主要取决于全国 GDP 的总量，根据经济发展的增幅或减幅而通过法律法规的形式规定遗产保护投入在 GDP 中所占的比例。政府主导发行遗产保护彩票是一项较为出彩的资金筹措方法，通过发行遗产保护彩票的博彩形式，广泛发动全民在为自己购买一份中奖机会的同时，也为遗产保护事业贡献出一分力量，从而使资金投入与市场运作有效结合起来。主管遗产保护的行政部门通过专门设立遗产保护基金的方式来奖励那些踊跃投身于遗产保护事业的民间热心人士，也能够资助那些积极开展遗产保护研究的社会团体与个人。对于这部分保护基金的来源，有的国家包含在相关政府部门的工作预算之中，还有的国家通过与当地企业合作，以企业名称来命名该项基金，不仅提供一个平台给乐于支持遗产保护事业的企业，更重要的是提供一个机会来推动保护工作的实践。社会团体分为义工性质与营利性质，营利性质的社团可以通过与企业合作的方式来创立遗产保护基金会，此遗产保护基金会与政府基金并不重复，而是更多地趋向于鼓励与帮扶文化遗产传承教育的发展。而社团通过举办讲座、培训、展览、发行刊物或收取会员费等方式获得的经营性收入，在完全与市场运作搭配的基础上，除了满足社团本身所需的运转费用之外，还能将盈余的部分反哺于遗产保护事业的实践开展。

（四）高水平的遗产保护教育

遗产保护发达国家的保护教育已经发展成为一个较完整的体系。开展遗产保护教育的场所除了高等院校之外，还有社会团体。以法国为例，开办有遗产保护专业的高等院校不仅有专业文物遗产保护类院校，还有设立了遗产保护专业的综合类高等学府。在此类高等院校学习的学生，除了在规定学时内掌握扎实的保护理论，还需要学习包括艺术、建筑、化学、生物等相关科学在内的知识，还必须参与学校安排的各种实习以便练就过硬的保护技能。该类学校对于学生能力水平的考核也非常严格，因此在学习的过程中，均有一部分不合格的学生会被清除出遗产保护人才的队伍。

这种严格保证教学质量的教育体制能够确保那些坚持修完学时并获得合格证的毕业生，在进入工作场所后迅速转变身份而适应保护实践工作，而不会耽误遗产修复整体工作的进度，从而最大限度地维护好遗产。社会团体则通过开设遗产传承人教育和定期开办培训、讲座等形式来实现遗产保护教育的目标。为了鼓励民众能够传承本国优秀的文化遗产，社会团体还通过设立奖学金等形式来帮助传承学员们解决生活困难，确保学员能长期坚持传承事业。社会团体的成员并非不经挑选就直接入会，一些遗产保护大国的社会团体将其成员划分为好几个档次，每一个档次所要求对应的遗产保护知识要求不同，不论是哪一个档次的会员，入会之前必须先学习考核，通过后方能入会。而且在社会团体开展活动期间，也定期开办关于遗产保护的培训和讲座，以更新和完善会员的知识结构，如此一来，当会员积极投身于遗产保护事业时，总是可以通过自身正确的遗产保护价值观来指导具体实践工作。

（五）遗产保护人才队伍建设及遗产传承人的关注与鼓励

随着遗产种类的多元化凸显，遗产保护人才的知识综合化需求也日益明显。由于遗产保护发达国家对于遗产保护相关知识的重视由来已久，因此，遗产保护人才队伍的建设也一直走在世界前列。对于遗产保护而言，不仅需要文物修复专业的人才，随着保护事业的深入推进，更需要懂得管理、善于外联推介、熟悉信息数据分析的管理类、社工类、计算机类综合型人才。面对这样的遗产保护人才需求条件，国外的高等院校承担了全日制扎实的“科班”教育，通过多元学科整合性的课程安排，结合挑战性的实践，严格把好遗产保护专业人才质量关，为社会源源不断输送了一批批合格的优秀毕业生；此外，为了及时更新遗产保护知识、进一步完善遗产保护人才的知识结构，高等院校也会联合社会团体等一些具有资质的办学机构，通过短期进修、培训等方式让遗产保护第一线的工作人员给自己的知识一次重新回炉的机会。

遗产保护人才技术性、管理性的队伍建设，与遗产传承人实践性的人才培养好似遗产保护专业人才队伍赖以行走的两条腿，它们互为依存、不可偏废。相对于遗产保护人才依靠高等院校来培养的方式，遗产传承人培养走的则是特色化教育的路线。遗产传承人大多是面向非物质文化领域、掌握民间艺术的实践者，他们的实践手艺如果通过传统常规的全日制教学方式未必能够达到最佳的效果，因此，通过第三方对遗产传承人资质进行认证、评估之后，会授予遗产传承人从事传承教学的资格，并对遗产传承人委以教学的要求，对其从事传承教学活动给予经济资助。对于传承学员而言，则会根据所学习的遗产类型不同而将学员的最佳学习年龄进行科学划分，并设立专项“奖学金”以鼓励学员积极投身于遗产传承事业。

（六）遗产普查活动激发文化创意产业

遗产保护发达国家通常都对国内的遗产状况做过至少一次大规模的普查登记活动。例如，法国“大到教堂、小到汤匙”的普查运动，不但唤起了国民遗产保护意识，还帮助政府评估本国文化资源，发现国宝①。遗

---

① 苑利：《文化遗产报告：世界文化遗产保护运动的理论与实践》，社会科学文献出版社 2005 年版，第 41 页。

产普查登记活动的目标非常明确，通过登记的内容，还能划分遗产保护的重点以及保护的难点，以便今后遗产保护工作的分类实施。在遗产普查登记活动的实施中，其过程控制管理做得也令人称赞。

遗产保护普查往往是以综合性普查登记开始的，在综合性普查登记告一段落时，立足于普查结果而分析普查信息便成为下一段落工作的起始。本环节工作不仅会做成普查资料集，还会对普查结果建档管理。建档的对象包括普查中形成的第一手数据资料，简称为“普查档案”；以及普查结束后整理汇编的普查结果资料，简称为“汇编档案”。最后，根据这些一次文献、二次文献的数据信息，出版数量庞大的、面向社会不同受众阅读的普查成果。这些形式多样的普查成果不仅可以为遗产保护学术理论研究作参考佐证依据，还能让读者从中产生新创意，助力于发展有文化底蕴的文化产业可持续性发展。

遗产及其保护事业就像一座文化宝藏，对它们的认识与保护倘若总是禁锢于某一社会圈子内，那么，不仅这个社会圈子在发展的过程中易于故步自封，研究水准每况愈下，对于遗产的“活态”化保护而言，也是极为不利的，就好比将遗产永远封存于玻璃瓶中，隔绝且脆弱地摆在固定的地点等待展示。国外的遗产保护勇于打破这个屏障，通过遗产信息资源的重新解构，将遗产以最容易接受的方式呈现在不同读者受众的眼前，在提高公众认同感、价值观的同时，也为文化创意产业的发展提供了更多新鲜的点子，注入了更多底蕴丰富的元素。

（七）遗产保护国际合作的广泛开展

通过广泛的国际合作，遗产保护发达国家在帮助其他国家或地区维护遗产完整的同时，不仅可以运用已有的保护经验解决受助国遗产的修复问题，还能在帮助过程中增加实践机会并提升本国遗产保护研究的水平。

现阶段，遗产保护的国际间合作主要通过以下几种途径实现，即通过联合国统一调配、通过区域间国家战略合作协议、通过社团或院校等民间合作开展、通过国际遗产保护会议搭建协作机会等。联合国教科文组织是长期致力于倡导并推进遗产保护的国际机构，由其发起的遗产保护缔约国遍及全球各大洲，作为国际遗产保护事业发动的引擎，联合国教科文组织除了管理、监督、引导遗产名录中的世界遗产外，还不定期组织成员国帮扶困难国家遗产保护的开展。这里的困难国家并不能简单理解为经济欠发达的国家，而是指在某一领域无法实现遗产自救的国家。基于此，遗产保护发达国家在联合国教科文组织的安排下，可以实现与其他同水准的遗产保护大国之间的合作，也可以就某一类型遗产保护而帮助经济欠发达的发展中国家。国家或区域之间的官方发展战略协议中，除了经济合作外，也有很多关于文化领域的配合，近年来，遗产保护方面的合作也常被写入战略合作协议的内容中，这也给遗产保护发达国家之间交换遗产保护理念与实践提供了一个相对稳固的政治平台。

国际间的遗产保护合作不仅止于官方的渠道，以非官方渠道展开的合作方式更为活泼且频繁，如不同国家的高等院校、学科专业之间的学术互动，院校之间互建的实习基地，甚至包括社团之间的国际间走动也呈现日益频繁之势。国际级的遗产保护协会在很多遗产保护大国都发展得非常完善，这些协会有的属于社团性质，有的隶属于国家相关部门，以较为权威的国际遗产保护协会主办的国际性遗产保护会议是除联合国教科文组织会议之外最重要的国际性学术活动。通过对这些大型国际性会议设立的议题进行讨论，也可以促成会后相关国家之间的遗产保护合作。

第四节 影响东巴古籍文献遗产保护的因素分析

在前文中，笔者对国内外以东巴古籍文献遗产为主的遗产保护现状进行了较为系统的分析，为了在下一章中能够深入且系统地就保护提出具体的方案，寻找一种具有普遍适用性的保护划分标准非常重要，通过标准分类，可使保护策略以层次逻辑分明的形式得到表述，并能全面且完整地论述东巴古籍文献遗产整体性保护范畴。

一 因素划分标准

按照不同的划分标准，东巴古籍文献遗产保护的影响因素可以归结为多种类型。在本节中，笔者从三个划分标准进行探讨，结合东巴古籍文献遗产保护现状，得出最适合东巴古籍文献遗产保护的策略应该按照怎样的标准进行划分。

1. 按照内因和外因来划分，东巴古籍文献遗产保护的影响因子可以分为内部因子和外部因子两大类。其中，内部因子包括东巴古籍文献遗产的保护规划、管理机制、科研能力、工作重点、工作效率、人才队伍建设等方面内容；外部因子包括保护的政策导向与统筹、遗产收藏部门的地理位置、遗产保护的社会认同、遗产保护的工作传统、文化保护的规划、地区经济发展的不平衡、遗产保护事业的建设、遗产保护法律体系的构建、遗产保护经费的支持等方面内容。

2. 按照主观和客观因素来划分，东巴古籍文献遗产保护的影响因子可以分为不以人的意志为转移的事物客观存在因素以及能够发挥能动性的主观因素两个大类。其中，主观因素包括东巴古籍文献收藏机构的保护规划、管理机制、科研能力、工作重点、工作效率、人才队伍建设、文化遗产保护的政策导向与统筹、遗产保护的社会认同、文化保护的规划、遗产保护事业的建设、遗产保护法律体系的构建等方面的内容；客观因素包括遗产收藏部门的地理位置、地区经济发展的不平衡、遗产保护的工作传统、遗产保护经费的支持等方面的内容。

3. 按照宏观和微观因素来划分，东巴古籍文献遗产保护的影响因素可以分为整体性的宏观因素与局部性的微观因素两个大类。其中，宏观因素包括遗产保护的政策导向与统筹、文化保护的规划、遗产保护事业的建设、遗产保护法律体系的构建、遗产保护经费的支持、遗产保护的社会认同、东巴古籍文献收藏机构的保护规划、管理机制、科研能力等方面的内容；微观因素包括东巴古籍文献收藏机构的保护技术、工作步骤、工作任务、人才队伍建设、传承人培养等方面的内容。

然而，东巴古籍文献遗产保护不仅是一项需要整体性开展的事业，还涉及很多个别的、细致的保护技术工作，同时还需要兼顾东巴文化保护传承的管理工作。鉴于此，笔者认为单从内因和外因、主观和客观、宏观和微观两个维度的层次来划分影响东巴古籍文献遗产保护的因素有局限性。

首先，东巴古籍文献遗产多样化的研究对象需要多元化的保护策略。适用于东巴古籍文献的保护策略不一定能完全应用于东巴文化保护工作中，反之亦然，但两个对象的保护策略难免会有一定程度的交叉。因此，在论述东巴古籍文献遗产保护策略时，必定需要复杂性辩证思维的介入。假如以上述三类划分方法中的任一种为标准，则这种二维划分法与档案管理学中的单式分类法一样，其所能发挥的作用将相当有限。因此，二维标准不适合东巴古籍文献遗产保护策略的划分，由于它无法就保护内容进行透彻梳理，也就不利于多层次东巴古籍文献遗产保护体系的构建与论证。

其次，东巴古籍文献遗产保护体系的构建需要以最关键的保护因素作为支撑。东巴古籍文献遗产保护好比一个工程，建构合理实用的框架需要考虑到所有与保护活动有关的因素。笔者在前文中分析过的国内外保护经验与启示就可以理解为这些因素，很显然，上述因素可以呈现出动态与静态之分，也可表现为主次之分，其中有些因素还依据背景不同而处于转变之中。在划分清楚这些复杂性之后，最终找到其最关键作用的几项因素才是构建保护体系的重中之重。如同档案管理学中的“档案分类整理”分为“单式分类法”与“复式分类法”，“单式分类法”仅适用于规模小、部门少的单位，而“复式分类法”才能将建制较为复杂单位的档案工作理清理顺。同理，东巴古籍文献遗产是一项复杂的保护工程，二维标准不适合其内部对各层次保护策略的划分，由于它无法通过现象去锁定最关键的保护因素，也就经不起保护论证的仔细推敲。

二　本书划分标准考量

通过上述的结论，笔者认为借助于系统工程学的划分标准，可以针对东巴古籍文献遗产保护现状作出较为系统而全面的概括与梳理，以此方法得出的分析层次能够更加真实、清晰、立体地展示出保护现状中存在的问题之重点。根据系统工程学的理论，一个工程的实现有赖于三个基本点的配合，它们依次是“实现工具”“过程控制”和“方法技术”。这三个基本点从宏观到微观、由广入细地组构成一个稳固的三角形作为东巴古籍文献遗产保护的体系。

“保护实现工具”主要是以“全宗群”原理为理论指导，将东巴古籍文献遗产视为一个工程，保护工作的具体开展需要首先构建起可行的体系。这里不应囿于字面来理解“实现工具”的含义，笔者认为本书的“保护实现工具”是指实施保护需要依靠的手段、方法、途径、思路或是平台。建盖房屋需要先打好地基与框架，同理，东巴古籍文献遗产保护工程也必须先做好保护体系的全局性设计。这个“工具”作为设计的蓝图，属于宏观范畴，也是实施一切具体保护方法的根本。根据东巴古籍文献遗产分散性、多样性的固有特点，按照“档案分类”原理的启示，结合实际条件，将“实现工具”有针对性地分为三类模式，各类模式均有各自不同的适用性。

“保护过程控制”主要基于实现工具中各个层面的关系来思考，为了实现各层面关系的来往运转，也为了确保实现工具这个框架平台可以在实际保护工作中真正发挥出应有的效用。为了确保动态化保护过程中各项实践的可控性，笔者认为，借鉴档案学基础原理“文件生命周期理论”的寓意，将动态化过程控制工作根据实践性质作出必要的阶段划分，抓住最为灵活的变量才是实现控制的关键。

“保护方法技术”是以“档案管理”原理为依据，将保存于档案馆的东巴古籍文献遗产视为研究对象，通过一套规范的档案管理工作步骤来实现保护目标的实践。“保护方法技术”着眼于保护工程中的微观处，因此，在经由递进式顺序为划分实践步骤的前提下，“保护方法技术”内容集中于从通过“建档”完善档案至借助开发利用方法传承以及创新性开发与利用东巴古籍文献遗产。

第三章

东巴古籍文献遗产保护实现工具

东巴古籍文献遗产保护实现工具的内涵，可以表述为实现对象保护需要依靠的手段、方法、途径、思路或平台。由于东巴古籍文献遗产特殊的多元属性以及收藏呈现出的分散性等特点，而开展东巴古籍文献遗产保护的区域及场所又表现出不同程度的客观局限性，相对于当下东巴古籍文献遗产保护实践工作效能偏低的现状，松散失缺的保护体系与具有珍贵文化价值的保护对象严重不符。

第一节　东巴古籍文献遗产保护实现工具的范围

东巴古籍文献遗产的保护需要首先构建一个科学的理论框架，这个框架内不仅应该含有宏观的保护策略，还应该包括微观的保护实践。然而，宏观保护策略的实施由谁来承担，宏观与微观的保护策略之间如何贯穿，这些问题都是搭建框架之前就必须考虑的。遗产保护的推进，需要结合遗产地的实际条件，而对于东巴古籍文献遗产而言，收藏地区分散，实际条件较为复杂。但是，无论实际条件怎样，遗产保护的实践都需要至少两个方面的同步运作，一是与遗产保护相关人员及机构的参与；二是这些参与方之间运作关系的协调。基于此，笔者通过划分保护事业“参与各方”，并勾勒保护事业中“各方关系”两个因子的方法，对保护实现工具的构成进行分析。

因子之一：参与各方。东巴古籍文献遗产保护事业的参与者在笔者看来，应该由至少七个部分组成。依次是政府主管部门、遗产收藏单位、遗产保护科研院所、文化传承教育机构、遗产保护民间组织、媒体方以及社会公众。

政府主管部门主要是指在东巴古籍文献遗产保护过程中起着决策、指导、资金投入、政策支持等作用的各级官方部门；遗产收藏单位主要是指各级收藏东巴古籍文献的档案馆、图书馆及博物馆等文博机构，政府主管部门是其上级行政部门。其中，东巴古籍文献的实体保护几乎都属于此类部门的职能范畴；遗产保护科研院所主要是指以研究与遗产有关的一切活动为主要范畴的科研院所，其中，不仅有以培养高层次遗产专业人才与开展遗产保护科研并重的高等院校，也有专事遗产保护科研工作的研究院所；文化传承教育机构主要是指开展各类型文化传承活动以及文化传承人培养教育等一系列与保护有关的机构。这类机构与遗产保护科研院所的区别在于培养对象的目的差异。文化传承教育机构着重于在民间培养合格的东巴传承人以及能够从事东巴文化技艺的民间艺人；遗产保护民间组织主要是指各类以东巴文化保护宣传、东巴文化交流互动、东巴文化学术研究等活动为主要任务组建的国内外民间组织。这类民间组织大多以文化保护为背景，虽然规模不大，但活动主题却很鲜明，组织内部的主办者往往都是在东巴文化学术领域享有口碑的著名人士。在参与东巴文化保护过程中，遗产保护民间组织常发挥着民间与官方沟通的桥梁之用，社会作用不容小觑；媒体方主要是指各类传播有关遗产保护信息的主流媒介方。国内媒体方虽受广电部门的管理，但信息传播渠道多元化趋势也让媒体信息对社会舆论的影响不断增强。基于此背景，媒体方一方面能准确为社会公众宣传与营造良好的遗产保护氛围与环境，另一方面也能负责任地引导社会公众树立正确的遗产保护价值观；社会公众的含义，狭义说，应该是生活在纳西族聚居区的全体民众，这其中既包括普通社会成员，也包括具有一定规模经济体的法人群体。广义说，则是全体参与各类社会活动的民众群体。遗产保护事业与每一个公民都有关，因为这些遗产本就起源于普通公民的日常活动。遗产保护实施的成功与否，社会全体相关力量共同参与是先决条件。因此，笔者提炼出与遗产保护有关的七个构成方，目的在于根据不同遗产地的客观条件，通过这七个分类不同的组合关系来构建灵活的保护平台。

东巴古籍文献遗产保护对于前六个部分而言，是日常业务工作，而对于最后一个部分，即社会公众而言，更多体现的是一种社会责任、道德情操、文化修养与传统人文保护情怀。通过七个部分的业务范畴，可见各部分业务对应的具体实践工作组成了东巴古籍文献遗产保护事业中的点点滴滴，只需对这些点滴细节实践按照所属类别归纳，系统全面的实践工作就能建构起科学的保护平台。这个平台之上的各项理论与实践能够共同界定为“保护实现工具”。

因子之二：参与各方的关系。东巴古籍文献遗产保护平台的参与者可以大致划分为七个组分，这七个组分的关系由每个部分内部的各项实践活动与各个部分之间的关系所构成。首先，任何一个组分内部的保护实践工作都是系统联系在一起的。其次，所有组分之间可以通过这种平台联动的关系，实现科研理论结合实践的目标，并形成部门间良性互动的循环工作模式，促进各部门之间的横向沟通，利于解决东巴古籍文献遗产保护工作中的横向及纵向难题。

本书所提及的三种保护实现工具，包括横向、纵向与立体三类保护平台模式。基本能涵盖现阶段东巴古籍文献遗产保护体系针对不同客观条件背景下的构建思路。对于构建三类保护平台模式的思路，最初起源于档案学基础原理之“档案分类”理论的启示，将档案有序化的整理工作，其首要任务便是对档案资料进行必要的分类。按照时间、问题（事由）、机构、保管期限等标准来划分的分类方法，可根据机构的不同类型进行灵活组合，适用性非常广泛。保护实现工具作为东巴古籍文献遗产保护事业开展的框架，也需要充分考虑遗产收藏单位的多样性、遗产存储地区的分散性等实际情况，根据客观现状，将场景预设为三种背景，基于这三种背景提出保护实现工具的方法符合严谨科学的理论研究诉求。

第二节　东巴古籍文献遗产横向保护实现工具

现代管理理论在继承传统垂直式管理体系的基础上，有更多新的发展。就遗产保护而言，新型保护体系的运作理念应该从传统“厢式电梯”理念走向“自动扶梯”理念[①]。作为理论与实践必须紧密结合的东巴古籍

① 所谓“厢式电梯”理论指的是管理体系内的各方关系如同厢式电梯那样一上一下，永不同步地垂直运作。“自动扶梯”理论指的是管理体系内的各方关系如同不同层次之间的多部扶梯那样运转灵活，不仅能够上下区分，还可实时同步。

文献遗产保护体系，也可以尝试逐渐由传统单一化部门主导嬗变为多元化组织参与的模式，即横向保护平台模式（如图 3 – 1 所示）。

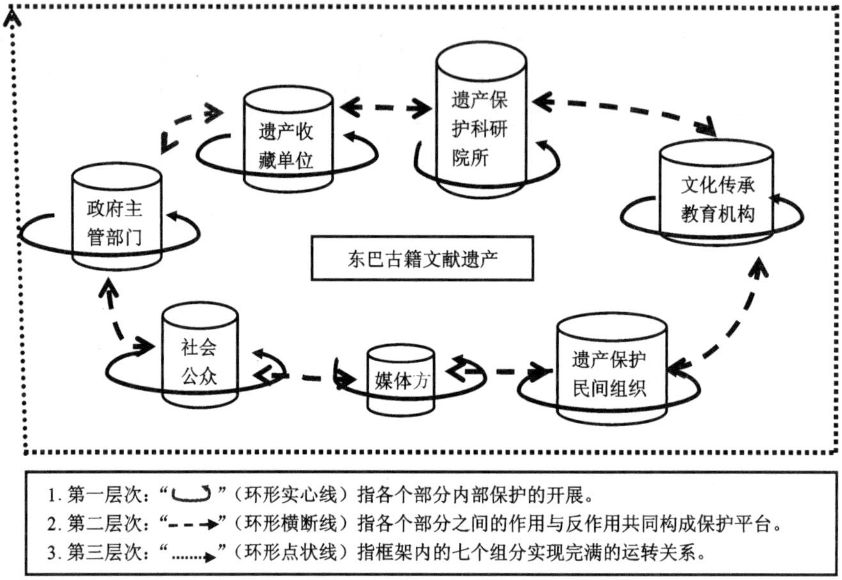

图 3 – 1　横向"扁平化"式保护平台模式

一　横向"扁平化"式保护平台结构分析

对于东巴古籍文献遗产保护而言，保护实现工具就好比为保护事业各方参与者如何在统一的平台上联动实践作出了清晰的分类。东巴古籍文献遗产保护事业的实践依赖于全体参与者的共同配合，这些参与者在横向"扁平化"式平台上的地位是平等的。在此平台上，有两个显性及一个隐形的层次保护关系可以开展，在此，笔者先谈谈显性的层次保护。第一个层次是基于每一个独立参与方内部的保护活动，根据各个参与方的业务背景，开展不同性质与内容的保护行为；在第二个层次中，就各个参与方之间作用与反作用关系的配合与协调，共同构成了统一的保护平台。这便是横向"扁平化"式保护体系的基本构建理念。

所谓"扁平化"，是指在保护事业决策与执行平台上，各参与方的参与地位、权利义务、法律责任都是平等的。其中，各个参与方在处理东巴古籍文献遗产保护实践具体活动时，可以在各自内部轨道上推进；当遇到业务交叉或矛盾冲突等情况时，基于平行关系的各方，可以通过合作或共享等机制实现问题的化解。各个参与方在面临东巴古籍文献遗产保护事业重大策略制定之前，构建在平行关系之上的平台将再次发挥意见征询、互相约束等作用，督促各方必须相互论证可行性并充分征求社会公众方意见，方能最终制定、出台一致认同的方案、实施新的保护政策。

“扁平化”式决策平台以平行、共享、约束的方式来设置参与各方的关系，将原来习惯大包大揽的政府管理职责往横向作出更科学的调整。不仅转变了行政效率低下的传统形象，还能配合日益成熟的政府行政职能改革浪潮的推进，使其他与遗产保护相关的参与方充分发挥主观能动性，鼓励与促进全社会形成遗产保护人人有责的新风气。将原来习惯被动接受、有想法又找不到正确途径的理论结合于实践的组织、部门的工作风格进行系统的改善，以便作出更创新与民主的决策，不仅弘扬了社会各方参与遗产保护的热情与信心，还能促进遗产地企业科学开发利用遗产资源，号召越来越多的民众参与并切实保护好身边的遗产。

二　横向“扁平化”式保护平台运作原理

七个参与方构架于“扁平化”式保护体系平台之上，是为了更全面、系统、深入、畅通地开展各项东巴古籍文献遗产保护实践工作任务。在实际的保护工作过程中，针对出现的问题所需作出的措施往往以涉及多个遗产保护部门交叉职能的形式表现出来。基于此，在传统情况下，部门与部门之间、部门与社会公众之间的行政壁垒很多，容易导致各方沟通不畅，引发政令不行等问题，而涉及多部门职责范畴的保护实践又很难打破这种固有的层层障碍，因此，保护效果微弱的结局也在意料之中。然而，在“扁平化”式保护平台基础上，这些主客观壁垒能够多有破除，多部门在职责交集范围之内可广泛建立共享联动机制，根据实际保护对象的需求，及时作出灵活的措施整合，不仅大大提高实际解决困难的工作效率，还能够让东巴古籍文献遗产保护事业始终在良好的轨道上运行。

“扁平整合化”式的保护平台有三层关系的整合，前两层显性的保护关系通过平台的构建得以看见，而最后一层隐形的实施必须以前两层为基础。这就意味着第三层的开展与否取决于前部分工作的落实，若前两层工作未做到位，则最后一层就发挥不出作用。

第一层，七个保护参与方各自的内部保护工作开展。政府主管部门职责范围内的东巴古籍文献遗产保护政策制定、社会认同意识加强、东巴文化传承人生活补助、东巴古籍文献遗产保护法律法规标准化建设、东巴古籍文献遗产内涵价值宣传与利用、关注身边的东巴文化保护等具体实践任务，看似都以单一独立形式存在，然而，在实际开展的过程中，上述任何一个具体保护实践任务又或多或少牵扯到不止一个参与方的介入。因此，东巴古籍文献遗产保护需要多方面的整合，即知识技能、保护理念、工作态度、管理方式以及社会意识等要素的整合。然而，保护步入整合化轨道的前提是明确各个参与方内部所承担的具体保护实践职责。例如，对于“媒体方”而言，其工作职责是向社会大众宣传针对某类信息的主流价值观。对于现阶段我国力求实现“文化强国”目标而言，媒体方的工作要务之一，便是结合当地文化优势资源，寻找、采纳与展示丰富的文化产品；宣传正确的保护价值观，指引主流的文化保护工作导向，营造和谐的文化保护社会氛围。在这些属于媒体范围的保护实践活动开展前，媒体方需要首先对内部的知识技能、工作态度、工作方式等进行确认，规范了相关的软硬件准备后，才能确保上述各项保护工作的过程实施顺利。在某种程度上说，实施顺利是个相对的概念，由于每个参与方内部的复杂性影响，故东巴古籍文献遗产保护实施过程中有可能出现一些不可控性事件，因此，在每个参与方内部引入过程控制的做法非常必要。

第二层，七个东巴古籍文献遗产保护参与方之间的作用与反作用关系。待各个参与方内部的保护实践顺利运行之际，“扁平化”式保护平台上还有另一层关系也一直在发挥着作用，即第二层作用与反作用关系。各个参与方互为作用与反作用的关系是由各自的遗产保护职责、工作范围、保护权利与义务等内容促成的。例如，政府主管部门对于东巴古籍文献遗产保护事业开展方针政策的制定，需要提前与遗产保护科研院所内长期从事此项保护研究的专业学者进行反复的分析与论证，从而将遗产保护科研院所对遗产保护事业的研究成果信息转化为发挥实效的保护行动指南，以此体现出科研信息成果运用、服务于实际管理工作的典范；而遗产保护科研院所从事的保护学术研究工作除了承担着作为政府主管部门遗产保护制定政策的“智囊团”角色以及构建广阔的遗产保护学科理论平台之外，还为社会公众学习遗产保护知识提供着丰富的编研素材，也为媒体使用与宣传遗产保护积累了庞大的知识库。因此，东巴古籍文献遗产保护“扁平化”式平台上的各方作用与反作用关系是由内在的工作任务与工作目标所决定的，又通过“扁平化”式平台得以最大限度的释放。在保护参与各方作用与反作用的过程中，两者释放出的作用大小不可能通过完全的量化形式实现对等，当政府主管部门就制定东巴古籍文献遗产保护事业实践方针广泛征求意见时，遗产保护科研院所是其中一个重要的意见提供方，但绝不是唯一的提供方。基于此，其余各参与方的平衡关系也可以据此思路推断。

第三层，七个参与方之间信息共享机制的整合。正如上文中笔者强调的那样，第三层在一开始时是看不见的，它可以理解为东巴古籍文献遗产“扁平化”式保护平台最理想的实践模式。但是，这最后一层整合能否实现，完全有赖于前两层显性实践活动能否顺利开展。理论模式的探讨应源于现实而又稍高于现实，笔者通过多次实地调研所得收获的分析，认为第三层功能的实现将是未来东巴古籍文献遗产保护平台努力构建的目标。基于实际客观条件所限，“扁平化”式保护平台上的保护实践活动不可能一蹴而就、立竿见影，但却是一个推广科学保护值得深入研究的方向。第三层整合展现的是，政府主管部门在完成东巴古籍文献遗产保护意见征询的过程中，除了采纳“智囊团”遗产保护科研院所的意见外，与遗产收藏单位、文化传承教育机构、遗产保护民间组织、媒体方以及社会公众的沟通也是必不可少的，各个参与方在东巴古籍文献遗产保护体系平台上拥有平行的地位，这源于每个参与方背后都代表着全社会关注保护事业的不同阶层、不同背景、不同诉求的人群。如果在制定与全社会都有关的东巴古籍文献遗产保护方针政策时，只站在一个角度、仅通过一个群体的利益去决策，那么，在此基础上酝酿出来的政策，大有出生就带着先天缺陷的风险。然而，作为不可再生品的东巴古籍文献，本就生存处境艰难，如果因为政策等人为的原因而造成保护实践的偏差，那么，当作保护政策“试验品”的遗产就此毁坏，如此巨大的代价又该由谁来负责任。因此，第三层的各参与方之间，必须构建紧密的整合关系，才能在每一个保护实践推行之前，将人为破坏因素降至最低。

三　横向“扁平化”式保护平台实施思路

横向“扁平化”式平台强调一切与东巴古籍文献遗产保护有关的因素将全部平等地置于保护体系之上。这与我国目前的传统保护实践有较大的区别，因此，实现这一平台之前，必须转变相关因素的常规工作理念。

（一）必须认清静态东巴古籍文献与动态东巴文化融合保护的理念

我国的档案遗产种类多样，但是大多数保护对象都是以单一形式出现的。或是一座山、一个建筑、一个村庄小镇，或是一部古籍丛书、一套珍贵的档案、一本古代智慧的著作，或是一部民间传说、一种古典乐器、一首传统民谣。实践证明，如果保护过程中只关注遗产本身而忽略与遗产有关的其他因素，那么，遗产保护至多能维持“形似”而绝非“有神”。

国外已然在总结实践经验的基础上，提出了遗产保护“整体性”的观点。其实，此处的“整体性”也是保持遗产及其相关因素高度完整且一致的一种表现。因此，为了避免东巴古籍文献遗产保护空壳化、僵硬化，在总结以往保护经验的同时，还应从深层次来思考未来东巴古籍文献遗产的保护之路，从根本上树立保护对象理念，将东巴文化融合于东巴古籍文献遗产保护体系中。而“扁平化”式保护平台中的七个参与方正是静态东巴古籍文献与动态东巴文化融合保护的体现，政府主管部门通过这个体系重新树立全面的遗产保护理念、遗产收藏单位通过这个体系深入认识系统的遗产保管任务、遗产保护科研院所通过这个体系审视拓宽原有的遗产保护研究方向、文化传承教育机构通过这个体系提升增加传统的文化传承范围、遗产保护民间组织通过这个体系拓展文化保护交流的对象范畴、媒体方通过这个体系选取更丰富的文化传播素材、社会公众通过上述六个参与方共同营造的保护氛围，培养自身对档案遗产保护事业由被动转为主动的广泛认同，甚至可以通过创新思维开展广阔的东巴文化创意产业。因此，在保护体系范畴内，基于尊重社会公众的前提下，正确的舆论引导与科学的遗产价值观培养是帮助社会公众确立遗产保护事业“主人翁”认同与意识过程中非常关键的环节。与其说社会公众在这场保护事业中需要主动改变，不如说其余各方需要首先创造环境以激发公众适应改变。

（二）政府主管部门的意识与工作要务转变

“扁平化”式保护平台的实施，关键在于传统习惯大包大揽的政府主管部门率先转变工作理念。在政府主管部门的任务转变中，第一要务便是完善保护意识。“文化保护”与“经济建设”并不是一对矛盾，而是可以实现“双平衡”的社会发展二重唱。“文化保护”不是只能依靠投入而不会见效的面子工程，“文化”既可以搭台，也能够唱戏。文化保护并不会影响或妨碍经济建设，文化保护做到位，国家文化安全才能保全；文化保护推行广泛，民众精神生活更加丰富，国家发展也能更和谐；文化保护能促进我国市场经济产业结构多元发展，文化创新保护能促进并服务于经济建设；文化保护与社会生活应是联系在一起的，与社会每一分子都有关系。当决策层的文化保护意识完善了，更有保障的社会保护氛围才有机会构建起来，我们探讨的所有遗产保护对策也才有可能实施。

我国在很长一段时期内，各级政府都习惯于以权力高度集中的方式执行所有的行政职能。造成这种行为倾向的原因有很多，本书不做列举。但是，这种行为倾向带来的害处也是非常巨大的。随着政府行政职能改变的稳步推进，原来影响及危害深远的权力高度集中现象会逐渐被新兴的服务意识溶解。对于这种趋势，政府主管部门内的工作人员并不可能一致持主动欢迎的态度。因此，需要由上而下在政府主管部门内部层层推进服务思想转变的步伐，以法律形式制约与明确自己的职责范围，最终以摆正职能角色的位置，甘当遗产保护事业的“管家”为最佳状态。当然，政府主管部门意识的转变并不完全就是剥夺政府对于遗产保护应有的全部职责。彻底实现所谓的“权力均等”是不现实、也不可取的。政府遗产保护职能的转变是以政府作为遗产保护事业主导者姿态开展的。此外，应积极吸取经验教训，切忌在多个政府部门中对遗产保护事业再度实施多头管理。鉴于我国遗产数量全球排名第二的事实，可以参考国外经验，重视目前国内的遗产重复管理现象，整合重复管理的部门或单位，为遗产保护设置专管局所。具体到东巴古籍文献遗产保护事业，则可以在目前丽江古城保护管理局的基础上，将职责范围扩展至对东巴古籍文献遗产的保护，并拓展、明确该专管局的工作权限与职责义务，对本书的研究对象保护实行更有效的政、事、企三级统筹管理。

（三）遗产保护科研院所的工作转变

我国很多高校、研究院都承担着遗产保护事业的教学与科研任务，然而，现今遗产保护事业科研工作开展呈现出一种“遍地开花不结果”的态势。这显然与我国遗产大国的身份极其不符。究其原因，主要在于以下几个方面：1. 我国从事遗产保护科研的院所过于分散，且信息高度不共享，零散式的科研不可能成就高品质的成果。因此，从事遗产保护科研的院所应该积极打破行业、院校间的壁垒而努力构建东巴古籍文献遗产保护研究共享平台。由科研院所的专家学者组成的保护研究协会，不仅可以构建为高质量的文化保护民间组织，还完全有能力在今后的保护事业中成长为政府主管部门得力的“智囊团”，并且还能发展为向社会公众提供专业权威知识资讯及开展规模化遗产保护培训的知识团体。2. 遗产保护科研院所在当下还应该重新审视科研工作开展的目的。科研院所中一部分群体做科研工作的目的固然是解决遗产保护过程中实际遇到的问题，通过解决问题而积累理论，并逐渐构建遗产保护学科群，以便服务于遗产保护教育，但还有很大部分人群从事科研工作的目的是采取满足量化科研指标的方法应付职称评定，基于这种背景下的科研成果别说是解决问题，就连起码的借鉴性都很低。因此，对于科研人员的科研素质教育与科研人员职称评定标准的选取也是需要不断完善与提升的。3. 遗产保护科研院所对外界其他机构或组织前来合作的态度应该更开放外向。不应将自己封闭起来，与除了政府主管部门之外的其他机构或组织隔绝，不仅无法通过交流合作提高自己的业务水平，还有可能破坏遗产保护体系的内部平衡。因此，应通过相应的规范，建立定期举办交流会议的机制，以便疏通与各方的合作关系。4. 应该进一步明确科研院所在遗产保护事业中的作用，为遗产保护事业学科构建提供更多的学术理论基础；为遗产保护事业专业人才的培养提供更多的学术土壤与更适宜的培养环境。东巴古籍文献遗产的专业保护人才队伍不仅需要熟谙东巴文化及东巴古籍文献内容的乡土传承人才，还需要从事保护实践与保护研究的技术型与学术型人才。可以通过设立完备的本科、硕士、博士学历体系来分层次培养人才。同时，办学机构还应摆正自己的位置，放低传统意义上以学术研究基地自居的傲人姿态，重新审视、建立与那些致力于为遗产奔走的民族学者及遗产保护体系中各类教育组织间的通力合作。

（四）遗产收藏单位的服务转变

遗产收藏单位作为文化公益性事业单位，应该将馆藏珍品通过科学的方式展示给公众，开阔公众的遗产保护视野，提高公众文化情操。然而，我国大部分馆藏部门的文化推介工作做得并不到位，对于遗产的保护工作也仅限于将之安全地锁在库房内。殊不知，在保证遗产实体安全的前提下，还有很多工作，例如数字化展出、举办专题展览、编写各类知识读物等方式都等待着馆藏单位去开拓。为了转变并走稳新型馆藏单位的发展道路，对馆藏单位的工作人员应作出各尽其能的选拔，让熟悉业务的人到适合的岗位上，才能发挥出大家的特长与优势。现代新型的馆藏单位需要熟悉市场运作、掌握市场营销、多媒体运用本领的文化推介人才，以便更好地与市场接轨，与公众接触；更需要掌握能够从事数据处理、东巴古籍文献扫描、东巴文化转录、东巴古籍文献信息开发的数字化专业人才，以便更好地保护馆藏遗产，并推出更多的编研成果让全社会提升认同。

由于大部分东巴古籍文献都保存于文博部门，因此，馆藏单位的工作人员对于日常维护工作有大量的心得体会，对于馆藏信息有充分的认识，并有可能在工作过程中遇到很多难以解决的遗产保护难题。这些其他机构、组织接触不到、感受不到的经验恰恰带给了馆藏单位自身不断完善与更新的机会。一是通过引进专业人才攻关难题而使馆藏部门的业务水平实现优质飞跃的机会；二是通过与其他机构、组织合作寻求帮助而共建遗产保护专业人才培训计划以积累经验。馆藏单位的遗产保护潜力很大，但是需要充分去挖掘。明确馆藏单位作为文化公益性事业单位的工作任务是实现馆藏单位遗产保护潜力的直接动因。

（五）文化传承教育机构的运营转变

目前，从事东巴文化传承教育工作的机构数量不少，但是都以零散形式错落分布在城市与乡村之间。由于政府对于东巴文化传承教育工作准入资质并未有过明确的标准化说明，因此，这类机构的建置非常丰富，有的挂靠在企业名下，有的单独为学者所创立，有的由热心人士组建，还有的则依靠政府主办。这些教育机构对于东巴文化的教学开展也多有不同，内部尚未制定出一个统一的行业标准。这种处于零散状态的教育机构虽然为东巴文化传承作出了很大的奉献，但由于形不成合力，因此，在整个东巴文化保护事业中发挥的作用不如预期。根据现状，为零散的东巴文化传承教育机构制定一个相对统一的内部评审机制是非常必要的。这个评审机制必须由从事传承教育多年的权威组织或人员牵头，在零散的各个传承教育机构内部选取合适的对象，构建一个非政府性质的民间社团或协会，专门负责内部评审、行业规范制定、合作联络、监督评估等事宜。由此，可以减少传承教育过程中的盲目性，规范传承教育的组织，并能够确保传承教育的长效质量。通过这类社团或协会的参与，各个东巴文化传承教育机构也能逐渐健全传承机制，明确传承人的任务、传承学员的要求、传承目标的树立、传承任务的实现等重要内容。在实现内部完善的基础上，传承教育机构还应积极与其他遗产保护事业参与方共建合作渠道。传承教育机构可以派驻文化传承人为馆藏单位提供东巴古籍文献释读工作，也能为政府资助传承工作的细则制定提供最实际的意见反馈，并能为政府认定合格的传承人梯队以及对传承人生活补助的确认提供有效准确的信息参考，还能与科研院所共建培训机会，将优秀的传承学员输送至更高一级的院所，接受全面系统的遗产保护理论学习，为东巴文化保护的全方位开展提供专业人才支持。

（六）媒体方的工作转变

媒体方在东巴古籍文献遗产保护体系中的作用其实很大，这与媒体具备传播遗产保护政策、反馈遗产保护效能、宣传遗产保护对象、营造遗产保护氛围等活动的能力有直接关系。结合东巴古籍文献遗产保护而言，现阶段保护活动的实践过程中，媒体几乎都是缺位的。这与两个方面的因素有关：1. 媒体方对于社会生活的关注点，更多聚焦于上至国家政策方针、下至百姓喜闻乐见之市井新闻，在每每为新闻素材缺失而苦恼之余，却恰恰对本地拥有的文化优势资源充耳不闻。这体现了媒体方内部的工作价值取向偏离于文化保护领域的不争事实。2. 与遗产保护有关的其他组织还未形成和媒体方之间良好的合作机制。社会公众对优秀的本土文化遗产认同感低的原因，当然与媒体方的宣传不力有关，但是，保护平台上其他组织对外宣传意识不足的事实也直接加剧了保护对象处于尴尬境地比例。

因此，媒体方的转变，不仅止于工作方式的转变，还在于工作意识、价值取向、工作责任感等方面的转变。有人曾说，社会公众是盲目的，因为他们总是偏听则信。笔者认为，我国社会公众的整体文化素质不可能在短期内发生翻天覆地般的更改，然而，媒体方却能够发挥兼听则明的优势，肩负起传播正确遗产价值观之功能，将是媒体方在东巴古籍文献遗产“扁平化”式保护平台上需要转变的最根本内容。

（七）社会公众的思想转变

社会公众相对于其余六个保护平台上的参与方而言，其内部人员数量最多，但内部复杂性也最大。广大群众接受文化教育的水平不一，导致文化素养高低不一，因此，对于东巴古籍文献及东巴文化资源的认同也难以统一。在这群民众之中，有自发主动关注遗产生存的热心人士，亦有对遗产保护充耳不闻的消极冷漠人士，还有不知所从的中间派。热心人士能够对遗产保护起促进作用，而消极人士却常常会起到破坏作用。于是，遗产保护其他参与方，尤其是联结民众生活最近的媒体方，很有必要广泛开展正面引导，确保热心人士的榜样力量，带动周围的中间派群体一同投入遗产保护事业之中。而对于消极人士，则除了正确引导外，更应该借助法律法规的措施来防范或约束其行为。

社会公众中还有具备经济体法人资格的群体，这部分群体与其他普通民众相比，应该对本地的遗产保护事业承担起更多的责任和义务。由于经济体能发挥的效能具有一定的辐射范围，因此，正如“能力有多大，责任就有多大”说的那样，这部分群体肩负的责任自然不能忽视。针对这部分群体的意识转变，除了媒体方正面宣传教育之外，还应该联合政府主管部门一起为法人群体做适当的“加减法”，以便激励并扩大东巴古籍文献遗产保护事业的范畴，即增加法人群体开展遗产保护的奖励政策，减少导致法人群体负担过重的不必要的税收政策。比如，对主动通过创新理念开展文化遗产创意产业并取得良好市场反响的经济体，应当对其保护遗产的行为作出嘉奖；而针对致力于遗产保护事业的经济体，则应当对容易造成其盈亏失衡的一些税收项目作出减免优惠的政策。笔者在实地调研期间，的确了解到一些新成立的东巴文化传承学校在保护事业还未走上正轨的前提下，就“遭到”很多不同名目税收光顾的尴尬。由此，不但严重制约了这类法人体的业务周转，还可能会造成法人的抵触。既然遗产保护本身就具有很多特殊性，何不让与遗产保护有关的工作实践也能实事求是地勿步入政策“一刀切”的困惑处境。

四 横向“扁平化”式保护平台优势体现

现代“扁平化”式保护平台是以参与东巴古籍文献遗产保护事业的政府主管部门、遗产收藏单位、遗产保护科研院所、文化传承教育机构、遗产保护民间组织、媒体方以及社会公众为核心，七个部分共同构建起来的合作互助保护平台。在此平台之上，七个部分以平行的关系，通过三个层次间的循环运作构成。每一个层次的循环以上一个层次工作的顺利开展为基础。东巴古籍文献遗产保护的各项实践工作，可以在此保护平台下打破传统的界限而重新组构，不论关系到人、财还是物的资源都可以高效地集中起来，从政府部门一方定目标、掌舵并划船的旧模式，嬗变为经各方论证目标明确后由政府机构掌舵、其他各方一起划船的全新模式。这种新体系最大限度地提升了各方参与东巴古籍文献遗产保护的热情与信心。为东巴古籍文献遗产保护事业整合各类知识、各方力量、各种实践经验，这是横向“扁平化”式保护模式的优势所在。

第三节 东巴古籍文献遗产纵向保护实现工具

东巴古籍文献遗产纵向保护实现工具在结合国内遗产保护现状等客观背景基础上，强调了保护平台的框架应基于由上至下管理与指导关系的传统方向构建，如图 3－2 纵向“金字塔”式保护平台模式。在这种“金字塔”式保护平台之上，政府主管部门的位置应高于其他六个组分。这种构想理念与目前的工作实践基本一致，“金字塔”式保护平台上的各方若配合顺利，则东巴古籍文献遗产保护体系将能长效稳固。

一 纵向“金字塔”式保护平台结构分析

东巴古籍文献遗产纵向保护平台是以政府主管部门为主导方，遗产收藏单位、遗产保护科研院所、遗产保护民间组织、文化传承教育机构、媒体方及社会公众为协作方构建起来的体系。该保护平台上的宏观构成者由三类群体组成，即政府主管部门、官方保护部门以及民间保护部门。实践

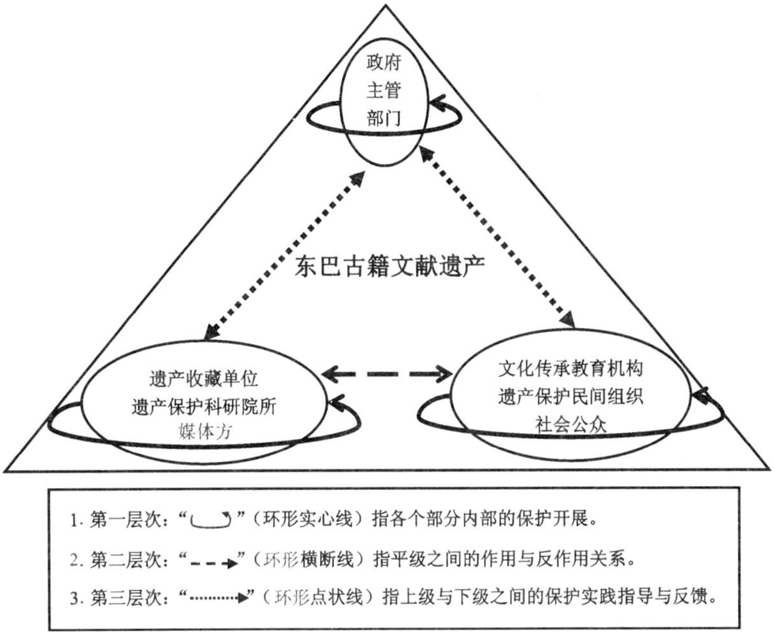

图 3－2　纵向“金字塔”式保护平台模式

活动一共可划分为三个层次，第一个层次是基于七个组分内部独立的各项保护实践开展，第二个层次是作为协作者范围内的六个组分之间日常的保护作用与反作用关系，第三个层次是遗产保护事业主导者与遗产保护实践协作者之间指导与反馈的关系。

“金字塔”式东巴古籍文献遗产保护平台充分尊重目前国内保护事业由政府主导的现状。长期以来，我国遗产保护事业都基于垂直领导各个相关组织以参加保护事业的典型模式。此外，东巴古籍文献遗产保护的开展也需要有条理的组织、有主题的规划、有步骤的统筹才能实现，为了避免在保护过程中耗费不必要的资源，构建纵向的保护平台较符合当前基层的保护实践发展水平。

二　纵向“金字塔”式保护平台运作原理

东巴古籍文献遗产保护平台有三个层次的实践运作模式。三者处于并列平行的关系，其中，起最关键作用的是第三个层次的实践活动。

第一层，七个组分内部独立的保护实践活动。位于纵向“金字塔”式保护平台底部的六个组分以一定标准划分为两个大类，即官方性质的遗产保护部门以及民间性质的社会关注组织。鉴于各大类创建之始，便会对性质一致的同类机构带有强烈认同感，遗产保护合作工作也会相对易于开展。因此，当上级政府主管部门在面对过多保护对象时，为了减少指导保护实践活动中容易造成的信息滞后、政令不通、思路传递失误等潜在风险的发生，有必要对涉及保护事业的参与方进行适当的职责合并。而依据工作性质标准划分后的两个大类，可充分实现类别内部业务工作的高度整合，便于第一层次内保护实践活动效率增高。在此，笔者还需额外强调一点，由于纵向平台已按业务性质对七个组分进行了必要的合并，因此，考虑到过多划分过程层次会引起混乱，故此处对于七个组分单独存在的内部实践便不再进行标示，但实际的实践工作仍是正常进行的。

第二层，协作者范围内六个组分之间的日常保护合作关系。协作者虽然在第一层次已被抽象性地按照工作性质标准划分为两个大类，但是，六个组分在与同类型机构合作提升了保护实践效率之后，其原本的保护工作职责仍然没有改变。通过协作者之间保持的保护合作关系，政府主管部门下达的很多具体保护活动可以在较小范围内得以顺利实施。

第三层，遗产保护主导者与协作者之间指导与反馈的关系。在此，未将作为遗产保护事业主导者的政府主管部门与其余组分放在平行位置的原因有二：（1）政府主管部门的保护业务虽然与其他组分常有交集，但是，考虑到东巴古籍文献遗产保护事业是由其率先牵头组织实施，故需按照工作重要性的大小来为七个组分划分不同位置的层级；（2）处于“金字塔”底端平级的六个组分就任何一种保护实践的尝试，都必须通过与政府主管部门的沟通与反馈之后方能上升为政策，因此，政府主管部门在整个保护平台中所发挥的效用也是最大的。鉴于现阶段我国基层遗产保护部门的工作重心仍局限于对馆藏遗产实体的安全保管等单一目标上，笔者认为，在今后至少 5 年的日子里，遗产地基层保护部门被动等待接受上级安排指示遗产保护任务的现状不会得到根本性的转变。因此，纵向“金字塔”式保护平台对参与各方的布局正契合了当前的东巴古籍文献遗产保护管理体制。在此工作背景下，保护实践的开展不会遇上太大的现实阻力。

三　纵向“金字塔”式保护平台实施思路

健全而科学的体系在东巴古籍文献遗产保护事业中发挥着重要作用，世界记忆遗产与东巴文化的复杂性决定了其保护工作必须基于严密构建的体系之上。如果此保护平台得不到良好的搭建，则整个保护实践工作就会陷入混乱的局面。

纵向“金字塔”式保护平台基于传统意义上保护体系注重上下级层之间垂直式管理的范式理念，但又增加了必要的改进与创新。过去，由于政府部门的责权集中，致使任何保护政策有关活动的推行都需要亲力亲为，但在管理权限增长的前提下，保护义务的承担范围却让政府主管部门职责长期处在过于饱和状态中。因此，这样的负担已令政府部门的行政效率变得愈加低下。而现阶段的纵向平台，政府虽然仍处于金字塔上端，但却能够通过保护体系内各个层次的运转而将原先手中拿不下的部分职权转移给平稳运转的其他组分。犹如一个肩负着国家级重大科研项目的课题小组，身为主持人的政府将科研内容进行重新再分配，并将经过再分配的子课题交由相关专业人员经办的过程，这不仅提高了完成课题的效率，而且能够培养起整个团队的协作精神与科研能力，最终才能按质按量完成整体性的任务。东巴古籍文献遗产保护事业与其他类型的社会事业一样，需要政府主管部门在完善遗产保护意识的基础上，适当进行分权，并重新摆好自己在该项事业中的位置。

在新的时代背景下，政府在社会活动中承担的角色正在转变，由政府主导的社会活动逐渐需要多方参与才能达到最佳效果。尤其是东巴古籍文献遗产保护的复杂性与特殊性又不同于其他遗产保护，面对复杂的保护对象，政府主管部门不可能凭借一己之力成为保护事业中“万能的灵药”。于是，传统的保护体系需要作出调整与改变，需要吸纳更多的组织与理念进入保护体系，共同配合才能确保东巴古籍文献遗产保护事业的顺利开展。这样一来，虽然本书研究对象是单一独立的个体，然而，笔者所倡导多层次组合式的保护体系构建理念却能为其他类型的遗产保护带来启发与借鉴。

基于纵向“金字塔”式保护平台，政府主管部门对东巴古籍文献遗产保护事业主要负有规划的职责，即进行比较全面的、长远的发展计划，对未来整体性、长期性、基本性问题进行思考、考量，以便设计未来整套行动方案①。我国对于遗产保护事业的开展，一直都做着系统的全局性规划，然而，国内遗产种类及数量的众多，导致遗产全局性保护规划过于笼统。具有个性的东巴古籍文献遗产，可以重新构建具体化的规划内容。但是，目前在制定具体化遗产保护规划时，呈现着极不平衡的现状。例如，同为世界级遗产的丽江古城与东巴古籍文献，丽江古城保护规划非常全面，而东巴古籍文献的保护规划却长期得不到制定和实施，这种滞后也影响了东巴古籍文献遗产发挥内在文化优势提高社会认同与扩大利用范围的保护目标。《世界文化遗产丽江古城保护规划》于 2013 年 6 月 16 日在柬埔寨金边举行的第 37 届世界遗产大会上得以审议通过，并对丽江古城保护管理工作给予了充分肯定②。鉴于此，对于包括东巴古籍文献在内的东巴古籍文献遗产而言，以时间轴为发展脉络，制定纵向的保护规划应该注意以下几个方面的内容。

（一）政府主管部门应安排体系内特定机构摸清东巴古籍文献遗产保护状况

遗产保护规划的制定应该秉承“知己知彼”的态度，“知己”就是指政府主管部门对于纵向保护平台内的各个协作者工作职责了然于心；“知彼”是指对于需要保护的对象现状情况做到心中有数。国外遗产保护发达国家的保护事业开展顺利，并能取得很大的成就，实则与它们早期开展、长期有序推进的“遗产摸底”工作分不开。根据《国务院办公厅关于进一步加强古籍保护工作的意见》（国办发［2007］6 号）的要求，从 2007 年开始，在全国范围内组织开展古籍普查登记工作，以了解我国现存古籍保护的现状，加强对古籍的保护和管理。这是新中国成立以来在全国范围内第一次全面深入的古籍普查，意义深远。本次古籍普查的主要内容是对登记的古籍进行详细清点和编目整理，建立中华古籍综合信息数据库。而普查的重点则是包括国家图书馆、各公共图书馆、高校图书馆、科研单位图书馆、文博单位图书馆、个人或私人收藏机构在内的古籍基本信

---

① 规划，百度百科（http：//baike. baidu. com/view/126021. htm）。

② 《世界文化遗产丽江古城保护规划》顺利通过世界遗产委员会会议审议，丽江古城新闻（http：//www. myljgc. com/News_ content. aspx？ id =97）。

息、古籍破损信息和古籍保存状况信息等。[①] 据此，虽然少数民族文字古籍也囊括其中，然而，面对浩瀚如烟的汉文古籍文献，东巴古籍文献的数量只是沧海一粟。结合东巴古籍文献损毁的速度与全国范围内逐级普查的进度，笔者认为遗产保护研究的进度不能等着逐级普查开展的速度。调查东巴古籍文献国内外保存数量一类的问题，单凭笔者一人之力实属渺小。如果政府主管部门不善于发动纵向保护平台上的其他协作者合作的话，也无法在短期内掌握东巴古籍文献遗产的保护现状等关键信息。因此，关于东巴古籍文献分布、东巴古籍文献保管政策及保护技术开展等"家底"情况最真实的信息掌握，必须由政府主管部门主导，将这项整体任务分派给保护体系内的多个协作机构，组织各家配合共同完成。鉴于此，东巴古籍文献遗产地的政府主管部门应在积极响应国家古籍文献普查的标准先行安排开展摸底工作的前提下，合理组织各协作方合作统计，以便掌握研究对象特点并有效实施保护实践。

（二）政府主管部门可在保护体系内广泛征求规划意见并遴选优质方案

通过普查工作，可以确定东巴古籍文献遗产保护事业如何进行全局性规划与实施。基于此，政府主管部门可就研究对象制定出相应的保护实践工作细则。在这些保护统筹方案出台以及今后保护目标制定之前，可以在纵向保护平台内先行广泛征求各方意见。参与各方来自不同的专业领域，知识背景高低不一，遗产保护视角远近难辨，实际的复杂性远远超出政府内部的差别。但是，为了东巴古籍文献遗产长远保护，为了全社会共同参与遗产保护的构建，由政府主管部门主导的意见征求工作必须勇于破除暂时的困难。基于遗产保护"金字塔"式体系第一层内部的合作关系，东巴古籍文献遗产保护事业的参与各方可以更畅通地分享各方意见。在沟通并征询意见的过程中，涉及东巴古籍文献遗产保护的各参与方之间还能就行政职责联系、交叉、重叠的工作细节提出及时的反馈。因此，征求意见的过程中，政府主管部门还可掌握易发工作冲突的背景，以便为东巴古籍文献遗产保护的实施扫清行政障碍。在广泛汇总各方意见之后，将东巴古籍文献遗产保护规划实施的圈子划定后，即刻就可为保护规划制定可行性

---

① 中国国家古籍保护中心：《古籍普查培训讲义（试用本）》，2007 年 6 月，第 4 页。

的草案，通过政府主管部门内部会议讨论等方式提交的草案，在联合参与各方最终优选后所定下的最佳方案，能够充分汇合社会各界的意见，确保东巴古籍文献遗产保护不偏不倚，确保规划在实际保护过程中更加顺利得以执行。

（三）政府主管部门应做好保护规划执行过程中的各方控制

东巴古籍文献遗产保护规划执行的好坏除了规划本身的内容外，还需要兼顾执行过程的质量控制。规划执行过程中，最易出错的便是人员与资金保障方面的问题，人员保障控制难，在于发挥主观能动性的程度难以控制；资金保障控制难，在于无法确保每笔款项是否拨以致用的控制。再者，东巴古籍文献遗产保护实践过程以动态流动化形式出现，因此，每当现实中有任何事件突发时，政府主管部门都应针对遗产保护规划的执行过程作出适时微调。这些动态化问题一般需要辅以法制化、标准化进行控制，而法制化、标准化的实施有赖于纵向保护平台上科研院所的努力。鉴于保护过程的复杂性与动态性，为了确保规划执行能够按质按量完成，政府主管部门必须在事先掌握好保护体系内各参与方职责的前提下，尽可能地引导各参与方做好一切能够确保保护规划方案顺利推行的法规、监督与评估机制。

四　纵向“金字塔”式保护平台优势体现

在“金字塔”式保护平台上，东巴古籍文献遗产保护实践过程中易发生的一些诸如参与各方不明确、参与遗产保护事业随意性较大、参与各方合作不畅、参与各方职权不清致使保护效率较低、参与各方各行其是造成资源浪费等风险，可以较好地得以规避。而为了防止东巴古籍文献遗产保护事业中表现动态的“人”为因素实践过激造成失控，也可通过“金字塔”式平台，先将人的主观能动性从政府主管部门内部规范及调动起来。当垂范作用树立之后，再行纵深推广的做法较为安全有效。

第四节　东巴古籍文献遗产立体保护实现工具

东巴古籍文献遗产立体保护平台是以纵向基本框架为结构，强调政府主管部门为保护体系中的统筹组分，是调动东巴古籍文献遗产事业推进的关键力量。而社会公众由于基数庞大，且政府主管部门就东巴古籍文献遗产保护事业与社会公众直接对话的渠道并不丰富，因此，应当置于体系最下方。而媒体作为独立一方，肩负着宣传遗产保护政策、传达上级规划精神以及反映群众意见与建议等事项之职责，它与保护体系中的任何一方都有着某种程度上的联系，而且客观公正地报道有关东巴古籍文献遗产保护实践乃是媒体方所需秉承的重要精神，因此，可将其独立于保护体系外围，注重保护事业整体性进展，以便全局性培育全民参与遗产保护的人文关怀环境（如图 3 - 3 所示）。

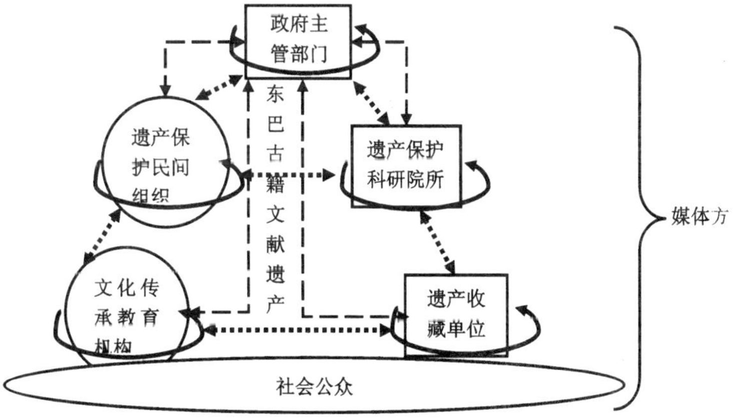

1. 第一层次：“ ”（环形实心线）指各组分内部的保护实践工作。
2. 第二层次：“ ”（横断线）指以政府主管部门为主导，与其他组分之间的保护指导与反馈。
3. 第三层次：“ ”（点状线）指政府主管部门与不同组分之间构建的内部微循环。

图 3 - 3　立体保护平台模式

一 立体保护平台结构分析

东巴古籍文献遗产立体保护平台的构建基于七个与上述两类模式相同的组分，在此体系内，七个组分以立体层次构建的多个内部循环关系得到呈现。笔者通过三个层次将所有内部关系进行了划分，第一层次即各组分内部的保护实践工作，第二层次即政府主管部门与除媒体、社会公众之外的其他四个组分之间的保护指导与反馈关系，第三层次即政府主管部门与不同组分之间构建的内部微循环。对于第一、第二层次的保护关系，大致与前两类保护模式一致，故笔者在此不做赘述，第三层次内部微循环是立体保护平台理论分析的一个创新。

东巴古籍文献遗产立体保护平台强调了政府主管部门与其他组分之间，关于理论研究与实践保护工作的关系。通过此保护体系的梳理，不仅可使参与遗产保护的各组分方内部关系变得更加清晰，还能通过这些关系找到保护工作开展过程中存在的固有层次，在尊重这些层次的前提下，确保保护工作实施有章可循，逐渐深入。

二 立体保护平台运作原理

东巴古籍文献遗产立体保护平台之上也与上述两种模式一样，包括了三个层次的关系。这三类关系互不影响且处于平衡状态。

第一层，立体保护平台上各项组分内部存在的保护具体实践活动，均围绕着各自的工作主题而运转。然而，社会公众作为人民群众的泛称，在立体保护平台上未对其内部保护实践活动进行特别标记。考虑到社会公众范围包含了不同文化背景的群众，他们对于东巴古籍文献遗产保护事业开展的认识也不一致，遗产保护在他们生活中仅是很微小的一个关注点，因此，标记这个组分的保护实践现实意义不大；对于媒体方而言，其面对的社会生活千姿百态，遗产保护事业的宣传与弘扬可以作为一个系列进行播报，然而，却不可能永远局限于此。对于遗产保护的参与，媒体需广泛与各个组成部分共同合作，积极拓展新闻素材报道思路，才能全面贯通保护事业的规划方向。因此，站在全局性角度，媒体应被放于外围的位置。

第二层，政府作为东巴古籍文献遗产保护事业主导部门，与保护平台上其他组分之间存在着指导与反馈的关系。政府主管部门与除了社会公众、媒体之外的其余四个组分都存在着直接的业务来往关系。作为处于保护体系顶端的政府主管部门而言，肩负着对东巴古籍文献遗产保护的全局性统筹，而四个组分便是作为保护具体实践活动的执行者。在实际执行过程中，如果临时状况突发，那么，政府主管部门需要帮助扫除；在实际执行结束后，对于实践经验与教训的总结，各个组分又需要及时反馈给上级，以便在总结经验与启示基础上，确保今后保护工作开展更圆满。

第三层，政府主管部门与不同组分之间构建保护东巴古籍文献遗产的内部微循环。在此立体保护平台上，至少存在四类内部微循环。第一类是理论微循环：由政府主管部门、遗产保护民间组织和遗产保护科研院所组成。民间组织中的很多遗产保护专家学者本身都来自于各个科研院所，两方共同组成了遗产保护政策“智囊团”，为东巴古籍文献遗产保护理论研究作出贡献；第二类是实践微循环：由政府主管部门、文化传承教育机构和遗产收藏单位组成。借助上一个理论微循环分析论证得出的结论，指导从事实际保护工作的组分，正确开展保护实践活动；第三类是基层合作微循环：由遗产保护民间组织、遗产保护科研院所、文化传承教育机构和遗产收藏单位所组成。它们理论与实践的合作，构建促进保护开展的平台。例如，民间组织与科研院所合作得出的理论经验可知道教育机构开展传承工作、民间组织与教育机构合作培育的传承人才可以帮助收藏单位进行馆藏遗产的释读；第四类是全局性循环：由除媒体之外的其余五方组成的内部循环可以将东巴古籍文献遗产保护事业相关的理论与实践，通过媒体方的编辑，以最易懂的形式呈现给广大社会公众，以此达到全社会共同参与遗产保护事业的目标。

三　立体保护平台实施思路

目前，东巴古籍文献遗产保护的各个参与方存在着工作职能条块分割、保护实践各自为政等问题。立体保护平台在有多个组分参与管理的前提下，涉及多个机构间工作纠纷的风险也会相应增大①，如果无法统筹现

① 水木中华：《都江堰建坝之争使“世界遗产管理局”胎动?》，景观中国网（http：//www.landscape.cn/news/events/industry/2003/0813/8293.html）。

有零散的东巴古籍文献遗产保护工作，整体保护事业成败就会直接受到影响。东巴古籍文献遗产保护涉及多个政府管理部门与基层保管单位，甚至还与遗产保护科研院所、遗产保护民间组织及社会公众有千丝万缕的联系。而且东巴古籍文献遗产又是具有鲜明地域特色的民族遗产，其内在东巴文化传承也是目前社会所热议的一个话题，地方政府很在意与之相关的政策制定与统筹。长期存在的多头管理体制，易使保护政策主体不清、相互制衡、相互抵消。因此，如何平衡统筹保护体系内各组分之间的利益是保护政策能不能坚持开展的关键。

针对目前包含东巴古籍文献遗产在内的很多文化遗产，几乎都处于多头管理、重叠管理的事实，遗产保护效率一直低迷，各地重申报遗产轻保护管理遗产，以保护为借口、行破坏性保护拆迁之事时有发生。一部分政府决策者对本地遗产保护的认识与理解总是与经济发展挂钩，将不可再生的遗产狭隘地看作开发旅游经济的“摇钱树”，将保护工作简单、粗浅地理解为开发，人为地将东巴古籍文献遗产与各式花样的经济体捆绑在一起，变相地将东巴文化与现代商业文化交织在一起，打着世界记忆遗产的名号，歪曲遗产的内涵，并借机赚钱牟利。结合我国 2013 年 6 月通过的另外两项世界级遗产，我国的遗产总量超越西班牙而仅次于意大利，但是，随之而来的保护工作难保不再一次落入之前实践之“俗套”。因此，鉴于我国遗产保护现状，以及上述遗产保护相关部门的职能转变分析，针对东巴古籍文献遗产整体保护的开展，有必要首先将“政府主管部门”的工作权限与范畴明确下来。

早在 2005 年，北京大学世界遗产中心主任谢凝高教授在北京举行的“中外著名风景园林专家学术报告会”上强烈呼吁：改革目前风景区遗产管理机制，建议成立国家遗产管理局，直接管理世界遗产和国家遗产①。谢教授当时提出倡议的背景是基于建筑类文化遗产，考虑到遗产保护的共性，笔者认为东巴古籍文献遗产这一保护对象同样适用于此类倡议。然而，鉴于东巴古籍文献代表的是地区性民族记忆遗产，而东巴文化又属于非物质文化遗产范畴，因此，在相对于“世界遗产”这个宏观对象而言，笔者将针对东巴古籍文献遗产设置遗产管理局的想法姑且分为两个层次来

① 《有必要成立“国家遗产管理局”吗?》，网易（http：//news. 163. com/05/0428/17/1IENTH0O00011215. html）。

论述，第一个层次建立于中央级，面向整个国家，负责我国各类世界遗产的统筹管理与保护实践。借鉴国外经验，专设的国家遗产管理局应分为中央级与地方级两类，并进行内部垂直化管理。第二个层次建立于地方级，面向东巴古籍文献最集中的丽江地区，负责地区内东巴古籍文献及东巴文化的统筹管理与保护实践。鉴于第一个层次的实现从理论上、实践上论证，在现阶段推行都较为困难。基于丽江地区对于世界文化遗产丽江古城的管理与保护经验，笔者认为第二个层次的实现较为可行。考虑到东巴古籍文献遗产立体保护平台上各组分内部微循环的关系，可以落实到构建遗产保护部门的层面，可以吸纳遗产科研院所、遗产保护民间组织内部优秀的专家进入遗产保护部门以补充现有的不足，而已有的丽江古城保护管理局在进行适当职能扩展的前提下，便可形成新的遗产保护部门。有了全新的保护对象范畴、专业的保护与管理人才，加上运作多年的硬件条件，可以确保东巴古籍文献遗产专管专护政策稳妥行驶在遗产保护事业的快车道上。

（一）构建统筹的政府主管部门

针对现阶段政府机构队伍庞大，行政效率低下等现状，重新专设一个全新的东巴古籍文献遗产保护管理局没有必要。结合东巴古籍文献与东巴文化、纳西族社会生活分不开的事实，以及丽江古城保护管理局前期实施遗产保护的工作职责。笔者认为，将此保护管理局的工作职责范围作出全新的调整，使之扩展到包含东巴古籍文献及东巴文化的内容，这在政策上、技术上都是能够做到的。此外，再将立体保护平台上其余组分中的部分优秀人员吸纳进来。这样一来，只需再根据新的工作职责重新划岗定职即能开展工作。

在此，笔者有必要强调两个方面的要素：一是人的要素。在现有遗产保护管理局人员的基础上，由于工作范围扩宽，增加岗位是确保工作质量的必要保障。长期以来，单以政府发挥行政职责为基础的东巴古籍文献遗产保护差强人意的现状是因为政出多门、相互削弱等原因造成的。在设置了以古城保护管理局为基础的遗产保护管理局之际，也应该将其他涉及遗产管理权限部门的职责进行统筹，取消不能发挥作用的处室，整合相关职责重叠或冲突处室的行政职能，化整为零地将厘清关系的保护职能归入遗产保护管理局，并将这类机构的人才带编纳入遗产保护管理局；对相关职责交叉的机构处室，则应通过统筹工作，明确划定各自的权限，突出遗产保护管理局优先权。二是体制的要素。遗产保护管理局的建制应沿用现有丽江古城保护管理局的做法，即由政府主管领导、有关部门领导、学者与社区代表组成，委员会下设办公室，全权管理世界文化遗产丽江古城以及包含世界记忆遗产、非物质文化遗产的东巴古籍文献遗产；遗产保护管理局可下设古城管理有限责任公司，专门负责遗产的保护、管理、维修资金的融资工作。[①] 遗产保护管理局既然是以古城保护管理局为前身建立的新机构，建制应该承袭前制而由地方政府主导，并与其他涉及遗产事宜的机构平行办公。在东巴古籍文献遗产保护过程中，若出现职权冲突时，遗产保护管理局负有引导、协调各方政策的义务，并拥有遗产保护优先权。在遗产保护管理局机关的统筹之下，沿用之前的建制设立文化遗产保护咨询机构与具有执法权的遗产保护队伍。此处的咨询机构可以通过隶属于遗产保护管理局的形式出现，也可通过第三方合作形式出现。

（二）实施统筹的保护管理政策

遗产保护管理局在执行遗产保护实践期间，需要依靠两个要素来维护职权并确保依法行使职权。一是立体保护平台上合作机制的要素。通过立体保护平台的基础，依靠规范的合作机制，与涉及遗产事宜的政府其他各部门形成联动关系，并与平台上的遗产保护参与各方构建通力合作的关系。体系中的各方，尤其是除政府管理机构和社会公众以外的五方，通过平衡合作机制的基础，也能时时监督遗产保护管理局是否依法实施遗产保护统筹工作，并评价遗产保护实践的成绩，以便及时做好信息反馈从而提高遗产保护管理局的业务水平。二是法律的要素。当东巴古籍文献遗产立体保护平台中的各方，在保护具体实践过程中发生利益冲突时，除了通过人性化机制解决之外，还需要强硬而规范的法律作保障。因此，法律将贯穿于东巴古籍文献遗产保护事业始末，确保着遗产保护事业得以科学地推进，关于法律法规的构建，笔者也将在后续部分中具体论述。法律还能在解决保护实践纷争之余，武装具有执法权的遗产保护队伍。鉴于东巴古籍文献黑市倒卖的猖獗、海外流失的严重以及民间收藏的分散等现状，遗产

① 丽江古城保护管理委员会成立，《中国建设报》（http：//www.chinajsb.cn/gb/content/2000－07/18/content_80652.htm）。

保护管理局应该参照古城保护管理局之前设立的综合执法监察支队建立一支维护遗产安全的执法队伍①。在确保综合执法监察支队原有的工作职责之内，按照东巴古籍文献与东巴文化的保护事宜，对执法工作范围进一步拓展。为了确保从事执法的人员懂法、了解东巴古籍文献遗产的内涵外延、能识别东巴古籍文献的真伪、明确东巴文化的范畴等执法过程中面临的问题，必须整合保护体系平台上的遗产保护民间组织、遗产保护科研院所、文化传承教育机构、遗产收藏单位以及媒体方，对执法队伍进行系统的专业培训。在上岗前强制性参加专业学习，通过严格考核并经由培训方推荐后方可正式成为执法队伍一员。

四　立体保护平台优势体现

东巴古籍文献遗产立体保护平台上的参与各方较之前两类保护模式而言，针对政府主管部门工作职责范围、各参与方之间关系的协调以及社会公众参与遗产保护的方式等内容都有了更加明确的界定与规范。

第一，东巴古籍文献遗产政府主管部门内部经过整合，使遗产保护事业政策制定更清晰，政策指向更明确。

第二，政府主管部门与立体保护平台上其他各参与方之间的关系也因划分了合理的层次而变得更为系统，便于解决保护实践过程中可能会遇到的各种执行困难。

第三，居于立体保护平台下端的社会公众可以借助媒体方编辑过的多种形式宣传资料，读懂遗产保护政策的走向，降低社会公众对于东巴古籍文献遗产保护政策的误解，确保社会公众通过自己的方式切实从身边做起，共同保护遗产。

① 丽江古城官方旅游宣传平台（http：//www. ljgc. gov. cn/）。

第四章

东巴古籍文献遗产保护过程控制

结合上一章对东巴古籍文献遗产保护实现工具架构于保护平台之上的理论，笔者将涉及研究对象的整个保护工作看作一个系统工程，而过程控制就是基于这个工程内的动态管控。由于过程控制工作延展性大，且工作类型多元，对这些灵活的保护过程善加管理是确保保护实现工具构建成功与否的关键。三种保护实现工具伴随的实践层次能够衍生出多种保护实践关系，这些关系构架起来便形成一个个保护过程，借助于档案学原理等理论的指导，笔者在本章中，将通过对保护过程的分析，提出相应的过程控制对策，以便确保实现工具的开展能更为顺利与高效。

第一节 “文件生命周期理论”诠释东巴古籍文献遗产保护过程控制

“文件生命周期理论”（The theory of Records’ Life Cycle）是在20世纪文件数量急剧增长的专业背景下提出的。它从对文件中心的理论解释起源，一直扩大到对文件与档案这个生命周期运动过程管理的解释。它不仅扩展了档案学的研究对象，即从“历史档案”到“现代文档一体化”，而且还改进了档案学的研究方法，即从简单、静止的方法转变为系统、动态的方法，从而试图使文件演变到档案的整个生命过程都变成一个有机体，将这个整体置于全面控制之内，从而实现文档一体化管理的规范化、效能化。[①]

① 冯惠玲、张辑哲：《档案学概论》，中国人民大学出版社2005年版，第258页。

纵然国内外对于“文件生命周期理论”的特点论述颇多，但是，围绕着该理论的核心思想却是大致相同的。即从文件形成直到转变为档案后的销毁或永久保存，是一个完整的运动过程；文件或是档案在这个完整运动过程内，又可按照价值形态而划分为若干个阶段；文件或是档案在各个不同的阶段内，由于价值形态的不同而造成其服务对象、保存场所及管理形式方面都会存在一定的内部规律性对应关系。

基于此，东巴古籍文献遗产保护过程控制根据“文件生命周期理论”的启示，可视为一个完整的运动过程，可结合保护实现工具的三种模式进行过程控制分析。通过分析即可得出保护实现工具三个层次实践，即遗产保护各参与方的内部层次实践、遗产保护各参与方之间的作用与反作用层次实践以及遗产保护主从关系参与方之间的指导与反馈层次实践，属于东巴古籍文献遗产保护框架内一个保护实践活动的完整运动过程的事实。

从“文件生命周期理论”将研究对象置于一条时间轴上，全面系统而不孤立地看待对象运动状态的启示中，笔者认为，东巴古籍文献遗产的保护实现工具就是保护事业横轴上的“中端”；而保护事业的开展，是由规划而来的，因此，保护规划作为保护事业横轴上的“前端”，与保护实现工具中的各类实践前后相呼应；规划和实践的可行与否有待社会进行检阅与评判，故保护事业横轴上的“后端”应为保护反馈（如图4－1所示）。由此，东巴古籍文献遗产保护事业完整运动过程才能“活”起来。

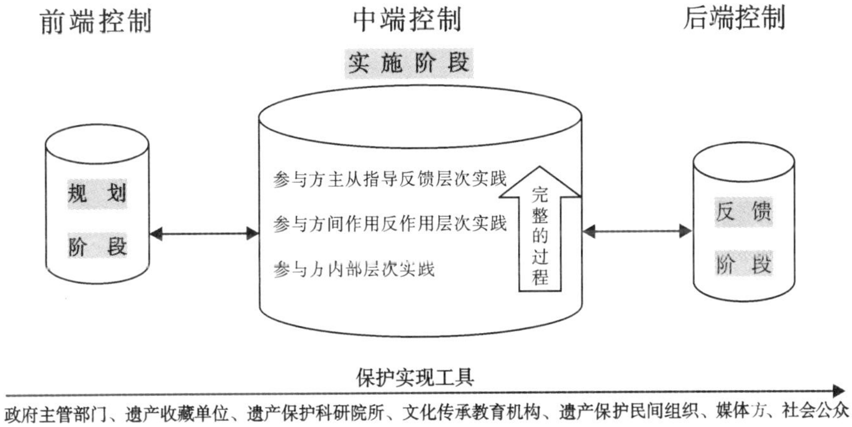

图4－1　保护过程控制之上的三个阶段及其层次实践

从图4－1保护过程控制之上的三个阶段及其层次实践可知，保护实现工具是东巴古籍文献遗产保护事业开展的框架平台，它支撑起保护事业内其余关键任务的定位与布局。保护过程控制是东巴古籍文献遗产保护事业顺利推进的动态阀门，它控制着保护事业框架内各项实践任务运转的范围与顺序。东巴古籍文献遗产的过程控制工作不仅在于通过七个组分各自的业务特点，指挥保护实现工具中三个层次实践完整的运转与过渡；还在于站在遗产保护整体事业的基石上，关注实施过程的同时全面地看待保护事业的整体性。

第二节　保护过程控制中“人”为因素的表现及作用

东巴古籍文献遗产保护过程控制按照上文的分析，可以划分为三个阶段，即规划阶段、实施阶段及反馈阶段，而涉及这三个阶段实践的七个组分均由人发挥主观能动性，因此，笔者认为，在系统分析三个阶段的具体控制任务之前，对人参与东巴古籍文献遗产保护的主观能动性作出分析，对于全面深入地开展保护实践有重要意义。

一　“人”为因素在规划阶段的表现及作用

根据东巴古籍文献遗产“立体式”保护实现工具中七个组分的业务性质，可以将保护规划阶段参与方划分为三个类别，即东巴古籍文献遗产保护官方机构，其中包括政府主管部门、遗产收藏单位、遗产保护科研院所；东巴古籍文献遗产保护民间组织，其中包括文化保护民间组织以及遗产教育传承机构；东巴古籍文献遗产保护社会参与单位，其中包括媒体方以及社会公众。

第一，对于东巴古籍文献遗产保护官方机构而言，保护规划阶段中，“人”的实践工作至少包括了对保护事业体系的构建、保护规划的制定、保护政策的统筹、应急保护机制的出台、保护实施之软硬件的更新、保护专业人才培养及遗产保护科研水平的提升、遗产对象保护等级的划分等方面内容。这些具体的保护规划实践呈分散性涉及在官方机构范围内的三类具体部门业务工作中，但如果从“人”为因素来分析，则可以用几个关键字来归纳官方机构的保护规划工作表现为："高度"、"态度"、"能力"。

1. "高度"是指作为东巴古籍文献遗产保护规划活动主导者的官方机构，其内部决策者应该对东巴古籍文献遗产保护事业运筹帷幄，站在高于普通社会公众的平台上，充当好保护事业的总规划师。

2. "态度"是指作为保护事业总规划师的官方机构内部人员，对于东巴古籍文献遗产保护的开展背景、实践方向、开展目标等内容，应具备完整而客观的认识，并树立起坚定的保护信念以及严谨踏实的工作态度。

3. "能力"是指作为保护事业总指挥官的官方机构内部人员，对于东巴古籍文献遗产保护整体实践之开展、分层次保护工作之推进以及机构内部保护规划之实施等内容，应表现出熟悉业务、注重细节、善始善终的业务能力。

第二，对于东巴古籍文献遗产保护民间组织而言，保护规划阶段中，"人"的实践工作至少包括了对东巴文化传承与教育过程中软硬件的提升、文化保护民间组织社会影响力的扩大增强等方面的内容。这些具体的保护规划实践中，有部分工作内容会涉及与官方机构范围内三类具体部门业务工作的交叉，但如果从"人"为因素来分析，则可以用几个关键字来归纳民间组织的保护规划工作表现为："视野""规范""知识"。

1. "视野"是指作为东巴古籍文献遗产保护规划活动参与者的文化保护民间组织，其内部主办者必须发挥自己作为遗产保护业界资深学者专家的优势，借助丰富的专业知识背景，基于比普通社会公众更广阔的保护视野，规划东巴古籍文献遗产保护发展蓝图，充当好保护事业总设计师。

2. "规范"是指作为保护事业总设计师的民间组织发起者，对于组织的构建与管理应重视规范的运作、以组织名义对外开展的保护业务活动应遵循规范化要求。由于民间组织的保护传承过程涉及很多人，其中有主办者、教育者、传承者以及学习者等对象，因此，涉及以上人员、与保护实践有关的活动都需要规范化。

3. "知识"是指作为保护事业总设计师的民间组织发起者、教育者、传承者，需要掌握过硬的保护传承知识。不仅关注于文化遗产传承实践活动内的知识更新，还应该重视文化遗产保护外部相关知识的共享。

第三，对于东巴古籍文献遗产保护社会参与单位而言，保护规划阶段中，"人"的实践工作至少包括了文化遗产保护的广泛宣传、文化遗产创意产业的开展、社会认同的培养等方面内容。这些具体的保护规划实践与遗产保护平台上的其他机构、组织之间也存在或多或少的业务交叉，但如果从“人”为因素来分析，则可以用几个关键字来归纳社会参与单位的保护规划工作表现为：“职业化”“敏感”“责任”。

1. “职业化”主要针对的是作为东巴古籍文献遗产保护社会参与方之一的媒体方。之所以未将媒体方放入其他两个部分，是基于媒体方面向大众服务，报道对象丰富的特点，这个特点使媒体方得以区别于其他业务专职遗产保护事业的机构与组织。媒体方工作人员职业化程度越高，面向公众报道的实事内容就越广泛，而单项报道内容的深度也就越精准。东巴古籍文献遗产保护事业需要媒体方广泛参与并积极宣传，而现阶段，遗产地社会公众对于本地所产优势文化资源的认知度很低，这与当地媒体从业者职业化程度偏低不无关系。

2. “敏感”是指作为东巴古籍文献遗产保护事业直接参与方的媒体以及间接参与方社会公众之中的经济体法人群体，参与遗产保护事业的手段通常都是基于对身处环境中一切活动多加关注的反应。媒体“敏感”便可探寻到很多保护事业规划中遗漏的关键，社会公众之经济体法人群体的“敏感”既能衍生出很多文化创意产品，丰富市场并形成健康的遗产产业环境，也能阻止很多私自破坏保护对象的行为。

3. “责任”是指作为遗产保护事业参与者的媒体与社会公众，在面对遗产保护实践开展时，需要具备的主人翁意识。媒体方的“责任”在于将真实的遗产保护实践活动还原给公众，唤起公众的共鸣与意识；社会公众的“责任”在于将文化荣辱观植入内心，树立遗产保护主人翁意识与文化价值认同，关注遗产存亡状况，发挥“文化保护、人人有责”的保护精神，促进东巴古籍文献遗产保护基层实践队伍的壮大。

二 “人”为因素在实施阶段的表现及作用

“人”为因素参与保护实施阶段最重要的体现便在于，人能积极发挥主观能动性，结合实际保护实践过程中遇到的问题，通过理论指导实际的方法，完成保护实现工具内三个层次的运转。对于东巴古籍文献遗产保护实施阶段中的工作而言，可以依据实现工具三个层次实践的运作标准，对“人”为因素提出具体的要求。

第一，“专业”是必须具备的关键品格。“专业”是指实现工具内的七个组分都应该发挥各自的专业性，比如，遗产收藏单位的工作人员须掌握专业技能保管好东巴古籍文献、遗产保护科研院所的工作人员须拥有扎实的专业知识背景以研究东巴古籍文献遗产保护的规律。有了专业的工作作风，才能树立端正的保护态度，也才能将各自内部的业务工作水平做到极致。

第二，“系统全面”的作风不仅能监督七个组分的人员完成好各自内部的保护实践任务，还能通盘作出遗产保护全局性设想，以此促进七个组分之间的作用与反作用实践，最终完成组分之间保护业务主从关系的指导与反馈实践。“系统全面”的意识需要进行不断培养才能获得，而遗产保护事业的很多具体实践都为培养提供了机会。

第三，“配合”是指实现工具中七个组分内部的工作配合以及七个组分之间对于遗产保护实践的配合。围绕东巴古籍文献遗产保护事业的很多工作活动均存在一定程度上的业务交融，如，遗产保护法律的制定，便需要至少政府主管部门、遗产收藏单位及遗产科研院所等机构之间反复的论证。这些保护业务上的交融在现实中很常见，一个工程的完成有赖于一次次的配合。七个组分的人员术业有专攻，不同业务部门的人员应积极发挥互相配合的工作作风，以便共同完成保护工作。

第四，“标准”是指七个组分的人员应对各自所在机构的业务范围、工作职责、工作要求及工作规范等内容有非常清晰地了解。诸如，遗产保护科研院所的人员需要明确工作的标准，即科研的对象、科研成果的标准、科研实践的准则等。按照这样的标准，遗产保护科研院所才能为遗产保护事业完成更多创新性成果，真正能够指导实践的成果。

第五，“创新自信”是七个组分中的人员在执行内部层次运作过程中应具备的重要素质。“创新”是指东巴古籍文献遗产保护体系内的官方机构、民间组织、媒体以及社会公众都从各自可控的角度贯彻与执行创新工作实践精神。这其中包括官方机构政策等方面的创新、民间组织与保护体系内其他组分之间关系构建的创新、媒体及社会公众从文化遗产宣传方式至文化产品的创新。“自信”是指七个组分对于内部开展创新保护实践时，所应具备的信心及坚定的态度。这其中包括了官方机构在遵守国家大政方针总体方向的基础上，对于文化遗产地具体保护政策的灵活运用，民间组织对于东巴文化能够在遗产地既搭台又唱戏的市场发展潜力的信心，媒体及社会公众对于创新打造文化遗产创意产业及产品的信心。

三 “人”为因素在反馈阶段的表现及作用

反馈阶段虽处于保护过程控制的后端，但却能控制整个过程实现顺利开展。东巴古籍文献遗产保护事业的实践不是一蹴而就的，而需要分阶段实行，前一个阶段的完成也是为下一个阶段的开展奠定基础。正是反馈的介入，让双向式的过程控制比单向式更能提升业务水平。反馈通过“约束”在保护过程控制中发挥作用。“约束”能够确保反馈工作依靠制度的构建而变得有理有据，也能规范有问题的组分进行标准化的整改。完备的制度可以对传统较为随意的保护活动起到限制作用，确保一切关于东巴古籍文献遗产保护的活动都能合法化、科学化，以此降低人为损害遗产保护利益的潜在风险。反馈也让人更加关注“尊重”与“整体和谐”。“尊重”强调要站在保护整体性的高度去分析七个组分所处立场不同而引起的所有矛盾与纠葛，反馈的实施让人们打开了解保护平台上其他组分所思所想的途径，增加了沟通交流的各个组分，本着互相尊重的基础，方能实现东巴古籍文献遗产保护的“整体和谐”。

鉴于东巴古籍文献遗产保护事业内很多具体保护实践工作对于实现工具七个组分而言，均存在一定程度的业务交融。为避免论述分析拖沓冗长重复，笔者在此将七个组分按照业务性质而划分为三个类别，依次为东巴古籍文献遗产保护官方机构，包括政府主管部门、遗产收藏单位、遗产保护科研院所；东巴古籍文献遗产保护民间组织，包括文化保护民间组织以及遗产教育传承机构；东巴古籍文献遗产保护社会参与单位，包括媒体方以及社会公众。以下，笔者将以这三类保护实践方为保护策略实施者，通过对规划、实施及反馈阶段保护策略的分析来构建东巴古籍文献遗产保护过程控制。

本章对于保护过程控制策略的论述是基于第二章对于遗产保护现状分析所得结论而做的，其内容不可能涵盖其他类型遗产对象，在此仅对东巴古籍文献遗产具有特指性与适用性。

第三节　保护过程控制之规划阶段策略

一　官方机构应划分遗产的保护等级

静态东巴古籍文献内容丰富、版本多样、来源各异，加之动态东巴文化形式表现生动等特点，使得对待此保护对象的态度与方式应该更为包容和开放。参照中华人民共和国文化部2001年第19号令发布的《文物藏品定级标准》和《一级文物定级标准举例》记述善本古籍藏品定级的有关精神，依据编纂《中国古籍善本书目》时提出的鉴别善本古籍的“三性原则”① 以及2006年8月5日，中华人民共和国文化部发布并于同年10月1日正式实施的《古籍定级标准》之内容。在本文以东巴古籍文献遗产为研究对象的基础上，保护等级划分的内涵应该基于遗产外在实体与内在文化的统一。不同于《古籍定级标准》中对于汉文古籍先按照价值大小分四个等级的做法，东巴古籍文献作为世界记忆遗产，其价值具有整体性、全面性的一致表现。因此，在划分保护等级的标准时，应该通过外在实体损毁程度与内在文化信息完整程度双重评判标准来实现（如图4－2所示）。

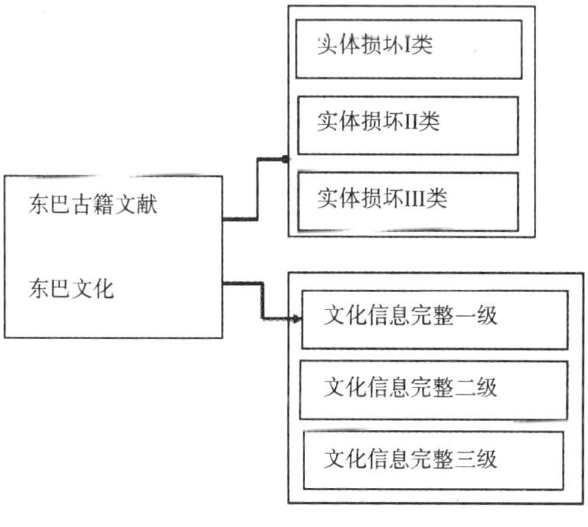

图4－2　实体东巴古籍文献保护等级划分的双重标准图

① 三性原则：指认定古籍所具有历史文物性、学术资料性和艺术代表性价值的准则。分别是“不唯时限原则”“等次上靠原则”以及“等次下调原则”。

换言之，在评判东巴古籍文献遗产等级时，不仅要观察其实体损坏的情况，还应该考虑实体内部文化信息完整的程度。通过这两个标准分析得出的结果才是最终可以采纳的等级标准。由于东巴古籍文献遗产的分散性保护现状，就国内收藏而言，大部分遗产都保存于官方馆藏部门中。鉴于馆藏部门的客观条件以及已有的藏品保管规章制度，在馆藏部门间全面推进保护等级划分较为可行及必要。通过以馆藏部门带头的形式开展东巴古籍文献遗产等级划分，不仅可以在各个馆藏机构全系统实施等级划分，还能在遗产保护体系平台的其他参与各方之间较通畅地使等级划分理念与实践得以推进。更重要的是，根据遗产等级划分标准的实施，可提升文博机构在执行应急保护期间的工作针对性及其保护效率。在此基础上，以馆藏部门指导民间散存东巴古籍文献的形式，分步骤地继续在民间实施保护等级划分，以便完整地、系统地确定遗产保护对象。

现阶段，研究保护等级划分的学者大部分都是从较为宏观的对象出发，如档案学界以历史档案、馆藏档案，图书馆学界以特藏图书等为研究对象。由于保护等级划分是一项牵动很多部门、工作环节的整合性保护实践，因此，以较大的宏观对象为范围进行等级划分，研究取得的成果能普遍具备广泛的社会影响力。相较于这些内涵外延均比东巴古籍文献更宽泛的宏观对象，即历史档案、馆藏档案或特藏图书而言，东巴古籍文献虽然更具体，但却是非常珍贵的世界记忆遗产。普鲁士国家机密档案馆馆长迈斯奈尔曾说过“高龄文件应该受到尊重”。东巴古籍文献形成时间的久远程度和其珍贵稀有程度成正比。[①] 作为纸张载体材料，东巴手工纸的理化性能比后期的机制纸耐久，但是，相对于其他一些非纸质材料，如金属、石刻，则寿命仍旧很短。同时，东巴古籍文献还经历了祭祀仪式举行期间的焚烧、近代大规模的倒卖、“文革”时期的摧毁等浩劫。因此，越是形成时间久远的东巴古籍文献，其完整存世的可能性就越小，其内在信息及其文化价值的珍稀程度也就越大。更何况它的遗产属性表现为多个学科之间的交叉。

---

① 马翀：《历史档案分级保护体系构建初探》，《档案学研究》2007 年第 3 期，第 63 页。

（一）划分东巴古籍文献遗产保护等级是必要的

1. 东巴古籍文献作为世界记忆遗产，其内在的价值、外在的形式、蕴含的文化、衬托的物质兼具了文物、档案等多种属性。因此，博物馆、图书馆、档案馆等文博机构一直以来都是收藏这类记忆遗产的传统馆藏部门。而早在 1999 年 6 月 7 日，国家档案局第 5 号令重新发布的《中华人民共和国档案法实施办法》第三条就已经明确规定："各级国家档案馆馆藏的永久保管档案分一、二、三级管理，分级的具体标准和管理办法由国家档案局制定。"① 作为世界记忆遗产的东巴古籍文献显然包含于《办法》所指的档案馆馆藏永久保管档案之中，这为东巴古籍文献实行保护等级划分提供了法规依据。

2. 东巴古籍文献具有的文物属性能够确保文物领域的保护等级划分同样具有高度借鉴性。《中华人民共和国文物保护法》于 1982 年颁布以来不断完善修补，于 2013 年 6 月 29 日第十二届全国人民代表大会常务委员会第三次会议修订通过。其中"总则"第三条明确规定："历史上各时代重要实物、艺术品、文献、手稿、图书资料、代表性实物等可移动文物，分为珍贵文物和一般文物；珍贵文物分为一级文物、二级文物、三级文物。"②《保护法》在第四章"馆藏文物"中亦规定："馆藏文物是指博物馆、图书馆和其他文物收藏单位收藏的具有文化价值的物品、物件等。博物馆、图书馆和其他文物收藏单位对收藏的文物，必须区分文物等级，设置藏品档案，建立严格的管理制度，并报主管的文物行政部门备案。"③ 可见，文物等级划分始于很早，且已修订完善增补并使用了多年，既然东巴古籍文献遗产能够划归在文物保护的体系中，那么，东巴古籍文献遗产应该尽快建立保护等级制度以便适应文物保护体系的全局发展。

3. 东巴古籍文献遗产保护需要实行等级划分。我国整体的遗产保护已走过很多个春秋，基于遗产数量众多但保护开展不力的现状，构建遗产保护学科的呼声越来越大。除了高效先进的保护技术实践之外，遗产保护

① 吴绪成、刘晓春：《馆藏档案分级管理的若干思考》，《河北档案》2006 年第 11 期，第 19 页。

② 《中华人民共和国文物保护法》，百度百科（http://baike.baidu.com/view/45407.htm?fromId=1233960）。

③ 馆藏文物，百度百科（http://baike.baidu.com/view/2207922.htm）。

学更需要成熟完备的理论基础用以指导实践的开展，而东巴古籍文献遗产保护等级划分的实施，不仅可以弥补遗产保护学理论的不足，还能整合等级划分实施过程中与其他相关学科、相连工作任务的关系以达到丰富遗产保护学理论内容的目的。此外，从实践方面讲，保护等级划分可以方便馆藏东巴古籍文献的有效保护并且关注残缺的那部分遗产，便于重点修复，实施更有针对性的保护策略以提高效率。

（二）东巴古籍文献遗产保护等级划分可通过以下三个步骤得以实现

1. 制定详细的实施标准及细则。东巴古籍文献遗产的保护等级可以借鉴两个层次来划分：（1）应参考与记忆遗产相关领域的保护等级划分标准。由于档案学、图书馆学等学科都尚未建立系统的保护等级体系，而我国普遍实行属地管理原则，遗产地行政级别制约着遗产管理水平，从而使遗产管理水平与遗产品位脱节。[①] 因此，围绕遗产保护相关的领域中，唯有文物的保护等级划分能够提供有益的借鉴。按照《古籍定级标准》的规定，文物藏品分为善本和普本，其中善本又分为一级、二级、三级，一般价值的普本则为四级。为方便操作，善本的三个级别中，每一个级别又划分为甲、乙、丙三个层次；而四级则不分层次。但因《古籍定级标准》目前尚未针对汉文古籍制定出操作细则，而全国现存的其他特种古代文献，如甲骨、简策、帛书、敦煌遗书、金石拓本、舆图、书札、鱼鳞册、契约、文告、少数民族语文图书，以及域外翻刻、抄写的中国古籍，如和刻本、高丽本等，不在定级范围内，故导致各级古籍收藏单位对古籍定级划分做法不一。[②]（2）根据东巴古籍文献遗产保护现状及特色确定保护等级划分标准。东巴古籍文献遗产中的东巴古籍文献分散保存于国内外各种馆藏机构与民间，针对国内的保存部分，也并未开展过相关的系统全面普查活动，因此，在对东巴古籍文献遗产粗浅认识基础上无法构建完备的保护等级划分体系。东巴古籍文献遗产内容多反映纳西族民族特色，从普遍意义上看，不论载体、内容将东巴古籍文献遗产区分为怎样的价值档次，整体均符合这项记忆遗产范畴，抛开价值大小不说，均应受到保护。

① 中国文化遗产所面临的问题，百度知道（http://zhidao.baidu.com/question/116319669.html）。

② 古籍文物等级划分，百度百科（http://baike.baidu.com/view/1086449.htm）。

东巴古籍文献遗产保护的开展有赖于与遗产保护体系中各参与方广泛合作，然而，针对现阶段较为薄弱的遗产保护体系基础，以及各参与方尚处尝试层面的遗产保护接触与合作氛围，东巴古籍文献遗产保护的等级划分不宜过于复杂，而应该通过一些更简易且直接的划分方法加以构建。

2. 整合实施等级划分的思路。东巴古籍文献遗产保护等级划分标准需要遗产保护体系中各参与方的合作共同订立，此处的整合工作基于三个方面考虑：(1) 东巴古籍文献馆藏机构的三个优势使其成为开展保护等级划分的主导方，分别是：馆藏机构已有的藏品保护规章制度、馆藏机构掌握藏品情况的客观事实、馆藏机构保护等级划分实施的人员保障。东巴古籍文献遗产保护等级划分标准的制定可以建立于馆藏机构现在执行的藏品保护规章制度之上，一方面免去了重新订立新制度所花费的时间、精力、人力耗费，另一方面在老制度基础上更新完善后的新标准具有较高可操作性。(2) 文博系统中其他机构的有益经验值得借鉴。正如文物界对于各类文物的保护可以遵照已颁布的《中华人民共和国文物保护法》执行，根据这部基本法，发达地区的文博机构可以针对馆藏情况，对本馆的文物保护等级划分标准进行必要的扩展与完善，这些有益的经验都值得保存有东巴古籍文献的馆藏机构在制定这项记忆遗产保护等级划分标准之前认真地学习与借鉴。(3) 兼顾与整合遗产保护体系中各参与方的优势。馆藏机构在遗产保护体系中与其他各参与方共同为保护事业而努力，东巴古籍文献遗产保护等级划分的执行并不局限于馆藏机构之内，也同样在其他各参与方内部存在。因此，在划分标准时，应该全盘性考虑等级划分标准在整个遗产保护体系中的实施。此外，各参与方内部的遗产保护专业人才也应该整合起来，为标准的制定发挥各自的优势能力。

3. 东巴古籍文献遗产保护等级的实施。东巴古籍文献遗产保护等级可以首先按照遗产实体损坏程度而简单地划分为三个类别，依次是：Ⅰ类、Ⅱ类和Ⅲ类，Ⅰ类对应着完整的东巴古籍文献、Ⅱ类代表着较为完整的东巴古籍文献、Ⅲ类代表着不太完整的东巴古籍文献。接着，可再根据东巴文化内容信息完整多寡程度在三个等级的遗产中依次划分为一、二、三级，即一级为东巴文化内容信息完整，二级为东巴文化内容信息较为完整，三级为东巴文化内容信息不完整。结合东巴古籍文献遗产保护事业的开展现状及主客观条件，可以将其中的Ⅰ类一级、二级、三级，Ⅱ类一级、二级以及Ⅲ类一级归入日常预防性保护的对象范畴，Ⅱ类三级以及Ⅲ

类二级、三级可归入实施应急抢救性保护的对象范畴。基于保护等级的划分范畴基础，东巴古籍文献遗产的保护实施需要做好几个环节的控制与保障。(1) 人力的控制。东巴古籍文献分散于很多馆藏机构，各馆对馆藏遗产的保护等级划分与实施不可能实现全面的同步化进程，因此，需要通过人力来对全体馆藏机构的等级划分工作开展进行控制。东巴古籍文献遗产还散存于民间，对于这批遗产的去留问题，笔者认为不应该机械地统一收归至馆藏机构，而应该通过普查工作得到的结论，对散存于民间的遗产进行登记建档管理，馆藏机构作为主要收藏部门，对民间登记户负有指导工作、监督保护等级划分等帮护性的工作义务。为了配合东巴古籍文献遗产保护事业的整体发展水平，保护等级标准的制定也随之从简，但是，伴随着保护事业的进步与完善，保护等级标准工作也将不断更新，而更新的工作内容需要通过学者的理论研究来实现。(2) 软硬件的保障。东巴古籍文献遗产保护等级划分后的对象对应着不同的保护实践要求，因此，馆藏机构硬件设施的应变性和可塑性是实现不同保护要求的基础。而数字化技术作为实现东巴古籍文献遗产等级对象保护最佳化的软件保障，其技术要求在不同的对象范畴内也存在着很大的差异性，对此，笔者将在之后的内容中具体论证。

（三）根据东巴古籍文献遗产实体损坏程度，对保护对象等级划分示例

1. 东巴古籍文献实体损坏程度等级划分的说明。可从东巴古籍文献实体的内部、外部两个方面来分析，内部理化性能的改变是经年累月式发酵的，不易为人觉察；而外部损坏的特征却非常明显，表现为撕裂、缺损、烧毁、线断、老化卷曲、霉蚀、粘连、虫蛀、鼠啮、絮化等。因此，在判定实体损坏等级时，可将损坏程度按照损坏类别、损坏部位、损坏面积三个方面结合在一起共同加以考虑与分析。

Ⅰ类完整东巴古籍文献的判定：

凡具有下列情况之一的，定为一级损坏：

——书叶轻微老化，有明显斑痕。

书叶颜色变化不大，但颜色略有暗沉；书中出现可明显识别但数量不多的斑痕。

——书叶有轻度霉蚀、虫蛀、鼠啮、烧毁、絮化、断线等现象之

一者。

书叶发生以上任一现象所致损坏的部位均处古籍边角处，不影响释读；损坏面积占古籍总面积低于 10%。

——书叶由于内外因所致字迹洇散，页面不清。

书叶由于温湿度、光照等引起酸化、氧化等反应，致使古籍内书叶上的字迹出现扩散失灭，无法识别的损坏部位并不影响整体释读。

Ⅱ类较为完整东巴古籍文献的判定：

凡具有下列情况之一的，定为二级损坏：

——书叶纸张酸化，纸张酸碱值（pH）小于 5。

由内外因引起的书叶纸张酸化，且整书酸碱度失衡；全书的酸化速度呈线性方向发展。

——书叶纸张老化，纸张机械强度降低，书叶四周变色。

由内外因引起的书叶纸张老化，致使手工纸张易于撕裂损坏，书叶边角处因老化而卷曲并泛白或泛黄。损坏范围多分布于纸张四周，翻动时需谨慎。

——书叶粘连、虫蛀、霉蚀、鼠啮、烧毁、絮化面积达到全书 20% 及以上。

与Ⅰ类完整东巴古籍文献相比，此处若明显损坏面积占全书 20% 及以上，则可定为Ⅱ类损坏。

——书叶内字迹有所失灭，且书面、书脊、书口、书脑各部位均存在着局部缺损。

与Ⅰ类完整东巴古籍文献相比，若字迹失灭较为严重，影响了古籍整体释读度，且古籍各部位均有缺损，则可定为Ⅱ类损坏。

Ⅲ类不太完整东巴古籍文献的判定：

凡具有下列情况之一的，定为三级损坏：

——酸化特别严重，纸张酸碱值（pH）小于 4。

由内外因引起的书叶纸张酸化，整书呈现出易于碎化的现象；依赖于一般性的保护修复手段较难取得有效的逆转。

——书叶纸张老化严重，纸张机械强度严重降低，书叶翻动时出现掉渣、裂口、破碎的现象。

古籍纸张机械强度降低，以至于不能轻易去利用或释读，全书呈现的掉渣、损坏现象布满于整书内外。

——书叶粘连、虫蛀、霉蚀、鼠啮、烧毁、絮化面积达到全书的50%及以上。

与Ⅱ类较为完整东巴古籍文献相比，此处损坏面积占全书的50%及以上，则可定为Ⅲ类损坏。

——书叶内字迹完全失灭，且叶面、书脊、书口、书脑各部位严重缺损，需整册揭裱修复。

与Ⅱ类较为完整东巴古籍文献相比，若字迹完全失灭，导致古籍无法释读，且古籍各部位均有严重的缺损，则可定为Ⅲ类损坏。

基于此，在东巴古籍文献实体损坏等级划分的基础上，再按照文化内容信息的完整程度作进一步地细分，依次以一级、二级和三级来对应完整内容信息、较为完整内容信息以及不完整内容信息。

2. 东巴古籍文献遗产保护等级划分的示例

由于篇幅所限，笔者在此仅以Ⅰ类东巴古籍文献一、二、三级定级标准为例。

Ⅰ类东巴古籍文献定级标准

具有特别较高哲学思想、语言文字、宗教民俗、文学艺术、天文历法、医学药理、数字化开发研究、技艺传承等价值的代表性东巴古籍文献。其实体表现为书叶轻微老化，有明显斑痕；书叶有轻度霉蚀、虫蛀、鼠啮、烧毁、絮化、断线等现象之一者；书叶由于内外因所致字迹洇散，页面稍显不清。

Ⅰ类一级完整东巴古籍文献：能够明确记录祈福延寿、消灾禳解、丧葬超度、占卜等事宜；清晰表达舞蹈、绘画、杂言、字典、医学知识、家谱志略、土地交易、财务记账等；绵延讲述神话传说、民间英雄、史诗歌谣等；深刻反映东巴文化表演艺术、纳西族民俗礼仪、东巴传统文化对自然界认知实践、东巴手工纸抄造手艺等多方面的内容。

Ⅰ类二级较为完整东巴古籍文献：能够较为明确记录祈福延寿、消灾禳解、丧葬超度、占卜等事宜；并能表达舞蹈、绘画、杂言、字典、医学知识、家谱志略、土地交易、财务记账等；简单讲述神话传说、民间英雄、史诗歌谣等；一定程度上反映东巴文化表演艺术、纳西族民俗礼仪、东巴传统文化对自然界认知实践、东巴手工纸抄造手艺等多方面的内容。

Ⅰ类三级不完整东巴古籍文献：能够片段式记录祈福延寿、消灾禳解、丧葬超度、占卜等事宜；粗略表达舞蹈、绘画、杂言、字典、医学知识、家谱志略、土地交易、财务记账等；零散讲述神话传说、民间英雄、史诗歌谣等；略微反映东巴文化表演艺术、纳西族民俗礼仪、东巴传统文化对自然界认知实践、东巴手工纸抄造手艺等多方面的内容。

二　官方机构应出台遗产灾害应急保护机制

以 2013 年为例，截至 7 月，全省各类自然灾害或公共事件造成的 20 人以上伤亡事件共有 19 次。其中，还不包括因为极端天气导致的夏季城市内涝以及秋冬季城市干旱。2014 年 1 月 11 日迪庆州香格里拉县大火让独克宗这座集民族风情、传统文化、特色建筑于一体的历史古城毁于一旦。火灾前，古城正在申请全国历史文化名城，然而在这场火灾的“考验”下，无疑暴露出了古城日常安全维护的诸多不足，我们该意识到，遗产的保护不该等到事件发生后才开始反思。[①] 每年全球各地大大小小灾害的发生，不断警示着人们关注危机意识以及应急保护构建的问题。作为反映纳西族社会发展最真实、最全面记录的东巴古籍文献遗产，在无法预计的灾难来临时，也极有可能遭受不同程度的摧残，时刻都有被灭失的危机存在。当前，全国范围内，与遗产保护相关部门尚未建立灾害应急保护机制的现象很普遍。[②] 笔者在云南省内昆明市及丽江地区走访调查收藏有东巴古籍文献的文博馆藏部门，了解情况后发现无一例外地未曾建立过灾害应急保护机制。灾害应急保护机制在诸如海外领事保护、食品卫生安全监督以及环境保护等其他领域开展的较早，并已经形成了一套相对成熟的体系，能够为日常任务的安全实施保驾护航。但是，文化遗产保护在国家层面上至今未推出一套明确系统的应急保护机制，仅部分省份，如湖南、黑龙江等省根据实际情况，对文化遗产保护作出过相关工作安排与部署。然而，这些应急保护机制由于无法与省辖区范围内的各州、市建立联动关系，因此，可操作性并不强。根据现状，东巴古籍文献遗产应该积极因地制宜地制定相应的应急机制。

关于东巴古籍文献遗产的灾害应急保护机制，其构建涉及多个环节，

① 《由香格里拉独克宗大火呼吁“未雨绸缪”》，华夏收藏网（http：//news. cang. com/infos/201403/305082. html）。

② 向立文：《论档案馆应急预案体系的构建》，《档案学通讯》2010 年第 3 期，第 60 页。

其实施也需要考虑多个因素。笔者在此就其中三个主要因素，即灾害应急保护机制对象范畴、灾害应急保护层次与等级划分、灾害应急保护实施设想分别进行分析论证。

第一，灾害应急保护机制对象范畴。在构建东巴古籍文献遗产应急保护机制之前，先要对潜在影响东巴古籍文献遗产的因子作全面分析。明确应急保护涉及的灾害类型以及参与联动的部门是遗产应急保护得以顺利开展的关键所在。东巴古籍文献遗产与其他文化遗产相比，有很多独特性。考量这些独特性之后，可以将潜在损毁因子归纳为自然因素、人为因素以及人为—自然因素三个方面。[①]

表 4－1　　潜在损毁东巴古籍文献遗产的因素表

	自然因素	人为因素			自然—人为因素
		保护性损毁（由管理方造成）	使用性损毁（由使用方造成）	预料外公共事件	
骤然性损毁	地震、洪灾、暴风雨、雷电、冰雹、森林火灾、山体崩塌、滑坡、泥石流、水库溃坝	保管失误、管理失当、操作失误、偷盗贩卖	不正确的使用（磨损、涂写）	战争、暴乱	地陷、乱采滥伐
积累性损毁	病虫害、大气污染、自然或粉尘腐蚀、不正常温湿度、微生物破坏、啮齿动物啃咬	保管不规范、使用不当	不恰当的使用（磨损、涂写）	旅游业的影响	酸雨、排放污染

“自然因素”与“自然—人为因素”中的损毁内容需要在具体操作过程中加以界定，两者常表现为互相作用、互相转化的可能。

根据表 4－1 所示内容，影响东巴古籍文献遗产保护的潜在因素表现多样，这些表现背后对应的责任部门涉及气象部门、地质部门、城市管理部门、建筑部门、遗产馆藏部门、政府管理部门、科研院所部门、遗产教育传承部门、旅游管理部门等，其中相关的学科分属多个专业知识门类。

① 吴晓红：《档案灾害学研究探索》，首都经济贸易大学出版社 2013 年版，第 40 页。

很显然，东巴古籍文献遗产保护平台体系中的各个具体部门参与方从广义程度可理解为涵盖上述所有部门。鉴于此，根据遗产保护体系的联动、共享机制，涉及东巴古籍文献遗产灾害应急保护的全体部门也可以被整合，并遵照此法列入应急保护机制的内容中，明确各方的责任与义务，共同协作抗击潜在损毁因素的影响与破坏。

第二，灾害应急保护层次与等级划分。东巴古籍文献遗产灾害应急保护层次的划分是开展具体工作的起始，可以按照灾害发生时，相关部门的抢救处理顺序，将层次分为“抵御”环节、“抢救”环节与“恢复”环节。进而根据应急保护预警机制的发展模式，针对影响因素的归类，对东巴古籍文献遗产的灾害应急保护进行等级划分，以便为“抵御”环节的具体工作部署提供借鉴与依据作用。恶劣天气包括台风、暴雨、高温、大雾、雷雨大风及冰雹，预警级别大多由三至四级构成，用不同的颜色加以表示。即以蓝色、黄色、橙色到红色分别代表轻重缓急程度的递进。东巴古籍文献遗产灾害应急保护机制也应该为不同的损坏程度配以不同的保护标准，结合保护对象的实际情况与潜在的损毁因素，按灾害损毁程度强弱可将遗产应急保护预警作出高低不等的划分（如表4－2所示）。

表4－2　　　　东巴文档案应急保护预警等级划分

缓急	骤然性损毁			积累性损毁		
因素	自然因素	人为因素	自然—人为因素	自然因素	人为因素	自然—人为因素
红色	非		常		大	下　由
橙色				大　上	至	
黄色		大	程　的			
蓝色	一般	度				

而东巴古籍文献遗产灾害应急保护层次划分后的工作部署，可以如图4－3所示得以开展。

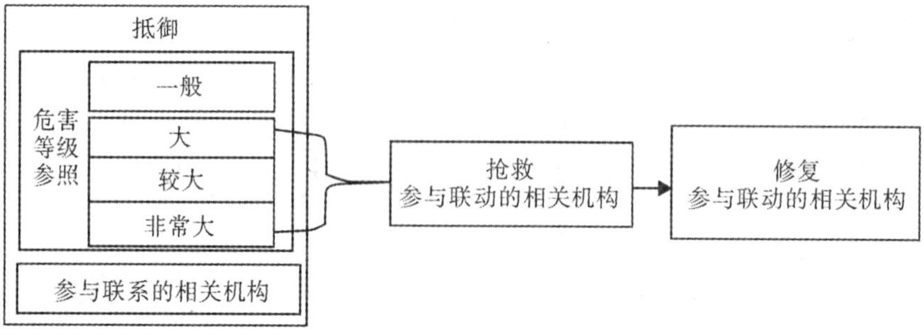

图 4－3　遗产应急保护层次划分阶段

第三，灾害应急保护实施设想。根据保护实施过程中客观存在的分步骤完成习惯，可以整合气象部门，将东巴古籍文献遗产灾害应急保护机制建立于气候应急预警平台之上，分三个阶段，即前端抵御预警实施、中端抢救保护实施、后端修复评估实施，如图 4－4 的进行过程控制式保护。

东巴古籍文献遗产应急保护机制的实施设想图

预警等级	遗产价值划分	应急低御预警任务			应急抢救保护任务			应急修复评估任务			整合机制：联动与协调关系
		物资准备	行动方案	定期演练	立刻报告	组织抢救	保护现场	善后修复	奖惩机制	建档管理	
红	Ⅰ(高)										
	Ⅱ(中)										
	Ⅲ(低)										
橙	Ⅰ(高)										
	Ⅱ(中)										
	Ⅲ(低)										
黄	Ⅰ(高)										
	Ⅱ(中)										
	Ⅲ(低)										
蓝	Ⅰ(高)										
	Ⅱ(中)										
	Ⅲ(低)										
全面系统、简捷易行、灵活机动的指导思想											
前端抵御预警实施					中端抢救保护实施			后端修复评估实施			
整合机制：作用与反作用关系											

图 4－4　东巴文档案应急保护机制实施设想

1. 前端抵御预警实施。根据不同颜色的保护等级及每一个等级中的不同价值遗产，确定面向保护的主导实施方范畴。在本着全面系统、简捷易行、灵活机动的指导思路基础上[①]，确定应急保护物资准备、行动方案，并在遗产保护主管机构的组织下，整合涉及应急保护的有关各部门实施定期的演练活动。[②]

2. 中端抢救保护实施。根据每个保护等级中的不同价值遗产保护对象，本着各涉及部门配合协调原则，实施立刻报告、组织抢救、保护现场的工作。[③]

3. 后端修复评估实施。针对不同保护等级中的各个价值遗产保护对象应急保护结果，实施善后修复、奖惩有关部门及个人、对应急保护过程中形成并反映应急保护工作的文档实行建档管理。遗产应急保护实施的三个步骤应通过整合机制得以实现相互之间的作用与反作用的关系。

第四节 保护过程控制之实施阶段策略

一 官方机构应更新馆藏单位的软硬件

官方机构应通过对馆藏单位的软硬件进行必要的提升，以便实现官方机构各组分内部层次保护实践以及相关组分之间作用与反作用层次的实践。系统而充分地兼顾东巴古籍文献遗产保护事业的整体性有赖于打造集中化理念指导并兼顾公平的遗产保护体系平台，这个平台必须围绕遗产来建立，因此，馆藏单位的软硬件更新是官方机构整体进行保护实践的基础。以馆藏单位为圆心，能够发挥辐射功能，在官方机构中的多个领域软硬件保护实践中建立相互合作的机制，确保整合性保护切实发挥效用。

根据现阶段的保护进展，馆藏单位作为官方保存东巴古籍文献数量最多的场所，其保护实践中需要完善的任务还有很多。在此，笔者不打算将

① 江涛：《档案馆如何制定防灾应急预案》，《山西档案》2006年第4期，第29页。

② 李金海：《档案馆建立突发事件应急机制的思考》，《浙江档案》2004年第9期，第14页。

③ 同上书，第15页。

全部需要改善的内容都逐次进行论证，而只从软、硬件两个方面对最紧迫、最薄弱的保护环节进行分析。

（一）软件要素

“软件”在馆藏单位保护实践中，意思并不是指与计算机系统操作有关的计算机程序、规程、规则，以及可能有的文件、文档及数据①。而是指除了设备、建筑物等客观存在的实体之外，那些能发挥主观能动性的一切物质或精神要素。馆藏单位保护工作薄弱的软件环节主要包括三个方面，即保管思路、工作人员以及保护操作软件。

1. 保管思路。馆藏单位大多属于文博单位，而与笔者专业相关的图书馆、博物馆及档案馆均在其列。我国的文博单位发挥社会文化教育的功能远不及国外同类机构丰富多样，再者，国内文博单位也因为地域区别引起差别巨大的业务体现。在东巴古籍文献保存数量最多的丽江地区，也同样存在着诸如图书馆、博物馆针对东巴古籍文献的馆藏开展多元化的保护实践工作，而档案馆则对馆藏遗产资源不善利用的局面。结合当地文博单位多年未对馆藏遗产资源编研的保管现状，笔者认为至少有三个保护思路需要完善，即保存、开发与科研。馆藏单位比遗产保护体系中的其他任何一方都更拥有数量丰富的馆藏资源，应该转变传统落后的保存思路，革新“求稳怕变”的保管思想为“推陈出新”的信息开发趋势。熟悉馆藏资源内容、善于思考基于馆藏资源的编纂方式，在把握社会公众渴求遗产文化资源类型的基础上，整合遗产保护体系参与各方的优势，积极利用馆藏资源提供科研的素材。

2. 工作人员。馆藏机构的工作人员应按照各岗位配备合适的人才。具有丰富知识结构的专业性人才应安排从事保护实践工作，如遗产保管修复工作、遗产数字化管理工作、遗产资源编纂工作；具有优秀外联技能的综合性人才应安排从事保护管理工作，如馆藏部门综合管理工作、遗产对外合作联络工作、遗产社会推介工作。鉴于馆藏机构工作人员对遗产日常保管最有发言权的事实，馆藏单位还应配合遗产保护体系上的各参与方，广泛建立保护研究团队合作的渠道。

3. 保护操作软件。馆藏单位为了实现遗产资源数字化保护的目标，

---

① 软件，百度百科（http：//baike. baidu. com/view/37. htm）。

即需要对馆藏资源进行数字化录入管理。现阶段，条件较优异的东巴古籍文献馆藏部门大多使用扫描仪来支持录入，由于扫描仪录入的遗产信息资源格式所限，东巴古籍文献数字化信息进行再利用或修改时，便遇到很多现实难题。鉴于蒙文、藏文、维吾尔文等民族文字数字化输入法平台的建立与使用[①]，馆藏单位应以馆藏遗产资源为素材，会同专业软件开发公司共同研发东巴象形文字的输入法，也可以与科研院所联合，一同研制东巴象形文字的文档输入平台。

（二）硬件要素

馆藏单位迫切需要改进的硬件条件至少有两个方面，即保护设备、保管场所。

1. 保护设备。馆藏单位的保护设备最主要的是库房内、维护遗产日常保管所需环境的各类控制设备。如空气调节装置、档案保存装具、防火防盗装置等最基本的设备[②]。由于基层东巴古籍文献馆藏部门业务运转经费有限，且馆藏单位所处的地理位置自然气象条件较好。因此，主客观条件都限制了保护设备的更新。然而，保护设备也并非越多越好、越先进越佳，更新后的保护设备也会增添不少维护成本及人员开支。就基层馆藏单位的简陋保管条件而言，笔者认为可以分阶段地按批次更新老旧设备，确保新老两代设备顺利度过共同磨合期，安全稳定地发挥各自保管遗产资源的能力。

2. 保管场所。据笔者走访调查所知，基层馆藏单位除丽江市档案馆的办公场所系临时租用、东巴文化博物馆馆址较老旧之外，其余文博机构的办公保管场所都属于年代较新的专门建筑。尤其是新建成投入使用的东巴文化研究院，位于文化氛围浓厚的古城旅游圈，使得游客不仅能在游览古城时看到历史，还能感受到纳西族文化的深厚；而东巴文化博物馆则利用区位优势，在展览纳西族历史与东巴文化的基础上，对馆藏遗产进行必要的整理保护，其计划修建的新址保管场所也配备了较先进的保护设备。

---

① 《中国几个少数民族文字文档可自动识别输入计算机》，新华网（http：//news. xinhuanet. com/society/2007 －01/29/content_ 5670518. htm）。

② 仝艳峰：《云南少数民族档案文献遗产保护研究》，博士学位论文，云南大学公共管理学院，2011 年，第 146 页。

然而，从总体来看，东巴古籍文献收藏部门中绝大多数新建的遗产保护场所并未充分考虑存放世界记忆遗产的库房设计。于是，很容易造成“新瓶装老酒”的尴尬，即新建的房屋未考虑遗产保护所需的防火、防盗、防光、防尘、防水、防虫等要素，致使新房与保护设备完全不配套的情况随处可见。保管场所建盖过程中，并不是不能做得再人性化一些，只不过这些“事在人为”的设计和施工都需要得到有关部门以及全社会的支持、指导与关心。

二　官方机构应提升遗产保护专业人才教育及遗产保护科研水平

我国目前迫切需要大量合格的遗产保护专业人才及科学的遗产保护理论以便指导遗产保护实践工作的开展。东巴古籍文献遗产保护事业的专业人才、科研发展与遗产保护事业之间的关系可以囊括为两个表现：数量成反比与质量成正比。数量成反比指的是现今存于世并为人们所统计的东巴古籍文献遗产数量为五位数，而能够从事东巴古籍文献遗产保护的合格人才数量仅为三位数。质量成正比指的是国内所存东巴古籍文献遗产的保护实践工作质量一直低迷，而国内从事与东巴古籍文献遗产保护研究的各类学术成果可借鉴性却不高。

面对的保护对象均是东巴古籍文献遗产，而保护人才水平与科研质量却不约而同存在着差强人意的表现。人才教育与科研水平之间的关系表现在以下两个方面，从广义上说，遗产保护事业的实现依靠的是优秀的人才基石与高水准的科研成果。换言之，高水准的科研成果能够为培养更多从事遗产保护事业的人才提供源源不断的教材。从狭义上说，人才教育与科学研究都属于科研院所常规性开展的两个本职要务，它们之间密不可分。

（一）人才教育的提升

东巴古籍文献遗产保护人才教育的常抓不懈主要与三个方面的内容有关。

1. 人才教育的受众方。就文化遗产保护事业而言，其保护人才的队伍培养可以参照其他专业人才培养的方案。即通过主流考试将优秀毕业生纳入全日制教育体制中，进行常规化教育培养。例如，我国的考古学专业人士培养即是通过部分高校开展的考古学专业进行集中式教授的。但是，考虑到东巴古籍文献遗产是实体东巴古籍文献与东巴文化整合于一体的文化遗产，它必须根植于民间乡土文化氛围下才能得以长远的生存和发展，因此，仅通过学校式教育不足以培养出完全适应东巴古籍文献遗产保护环境的人才。鉴于此，其他类型的教育应该积极引入此人才教育体系中，丰富和完善传统主流教育中所欠缺的部分。笔者认为，与馆藏机构合作建立短期遗产保护培训、与教育组织协同输送东巴文化传承学员并采取合作定向培养等两种方式可以作为主流教育体制的有力补充。

2. 人才教育的施教方。配合主流教育体制下的施教方一般应由高校的专职教师担任，但是，由于我国大部分高校对于遗产保护学科的理论研究都并未形成可供教学之用的系统知识。因此，可以开展国际合作，聘请国外遗产保护研究的著名学者及从事遗产保护一线工作的民族学者作为重要课程的授课教师。高校教师的工作主要在于教学与科研，但由于或多或少脱离了实践的基础，因此，科研成果的可行性不强。遗产保护人才必须能理论结合实际，由此，可以发挥遗产保护体系中各参与方整合协同的优势，邀请馆藏单位实践人员、教育机构东巴文化传承人参与到科研院所人才培养的工作中来。

3. 人才教育的理念与方式。东巴古籍文献遗产保护人才培养理念是具备宽口径知识素养，掌握专业保护技能的管理型学员。针对这个明确的理念，在实施办学实践中，应该特别重视整合遗产保护体系中的各参与方之业务优势，促进理论与实践的结合。至于实现教学的形式，笔者认为可基于传统文物管理及考古学等领域的专业设置，采取两种形式来推进教学。一方面，可在云南省高水平的高校中，诸如历史学、文献学、档案学等传统专业的教学基础上，通过增加开设遗产保护必修专业课程来实现人才教育；另一方面，可在云南省高水平的高校中，选取试点学院，通过新设立遗产保护系的方式来开展人才教育。在此，有两个注意事项笔者需要强调：一是选取高水平高校的原因。高水平高校具有更多的优势资源，拥有更强的教育资源与科研力量，更易整合遗产保护体系中的各参与方，促成东巴古籍文献遗产的保护人才培养。二是人才培养学制的更改。遗产保护专业跟其他一般专业的区别在于，工作时面对的对象不可再生、实践时面对的对象形式多样、工作时所需的实践技能来自于理论的学习与经验的积累。至此，遗产保护专业教育的重要性与特殊性决定了不能采取常规化的四年制教育模式来简单的套用。笔者认为，可以采用“五二三”学制的模式来培养优秀的全日制人才。即五年本科、二年硕士、三年博士的教育模式。其中，可以选拔优秀学生，以本硕博连读方式培养；也可根据实际需要，通过考试招收学生，辅以不同阶段的教育培养遗产保护基础型人才、技师型人才与科研型人才。

（二）科研水平的提升

东巴古籍文献遗产保护科研水平的提升，除了优秀人才这一软件要素的补充与持之以恒地潜心研究之外，健康合理的科研体系构建作为另一个软件要素也是非常重要的。1. 科研体系的构建需要以行政力作为表现的合理保护意识来引导，通过行政力引导，以政策的形式下达政府管理部门的保护意识与保护规划，有利于在整个科研圈子中形成良好的研究气氛。2. 规范化地设立东巴古籍文献遗产保护科研项目可以促进、鼓励学者推出高水平成果的有效办法。遗产保护体系中的各参与方可以通过单设或合设等方式确保遗产保护科研项目实施的长效化与机制化。3. 借助项目申请与实施为平台，明确鼓励通过合作方式开展东巴古籍文献遗产保护科研工作的要求，依托完成科研项目的机会，广泛建立遗产保护体系中各参与方合作的渠道，并适时为科研成果转换为实际生产力寻找合适的途径。4. 建立东巴古籍文献遗产保护科研项目的评估记录。将科研项目置于评价体系中，严格按照项目申报管理办法追踪项目进展，并就科研项目成果的质量构建项目负责人的评估记录。就此评估不仅可以筛选东巴古籍文献遗产保护的优秀科研人员，为遗产保护人才培养输送合格的施教者，还能将成果实践化后指导实际保护工作。

三　民间组织应加强东巴文化传承的软硬件支持

与东巴古籍文献紧密相连的东巴文化大量存在于以教育机构为代表的民间组织日常传承活动中，在此，笔者针对民间组织各组分内部层次实践与组分之间相互作用层次的实践，从“软件”与“硬件”两个方面对保护实施进行论述。

（一）软件要素

从事东巴文化传承教育的组织中，最重要的软件要素分别是传承人、传承教材、反馈评估体系以及差异性教学标准化建设。

1. 传承人。东巴文化传承教育中人包括传承教师与学员，传承教师又是东巴文化传承人，应该经过相关资质认定。然而，现实情况却不太可能完全按照认定的标准来执行，东巴文化传承在乡村中日复一日、年复一年的开展，并不因为传承教师没得到资质认定便简单武断地判定传承教师不合格。但是，鉴于东巴文化传承开展尚未规范的状态，笔者认为，由遗产保护体系中各个参与方联合制定并出台规范东巴文化传承的细则非常有必要，并将每年对于传承人普查认定的工作任务落实到位。目前，对于民间传承人认定工作早已稳步地在执行中，但是认定之前的推荐机制却并不科学，常常让身处基层一线的传承人无法通过烦琐的层层推荐和选拔而得到官方实至名归的认证，如笔者调研所知，纳西族著名学者和力民先生，长年脚踏实地的致力于东巴文化学术研究与传承推广，但由于参与传承人认证较晚，至今仍停留于市一级传承人资质。事实证明，东巴文化传承需要大量基层传承人的奉献，但目前单一化的认证机制显然不能完全满足实际工作之需。而传承人认定之后，对其参与传承教育如何规范，诸如此类的工作尚未有细致的安排，为了提高传承教育的总体质量，真正培养能够独立承担东巴文化工作的继承人，需要从源头抓起，实事求是地从基层一线抓起，人性化完善传承人认定机制，真切关心基层传承人的生存现状，制定可行的方针政策。此外，健全东巴文化传承人的补贴、提高传承人的社会认同也是鼓励与促进传承人更积极地参与遗产保护的一项工作。传承教育面向的学员年龄层次各异，本着构建正确遗产价值观的前提，应该会同遗产保护体系各方认真探讨教育受众的等级划分，例如，以小学生为对象的东巴文化教育目的在于培养兴趣，为今后的深入学习打下基础，为东巴文化社会通识性意识培养做个铺垫；而以年轻人为对象的东巴文化传承目的在于为东巴传承人梯队培养后备人才，这是类似终身化的传承教育。文化的学习不同于技能的学习，并非一朝一夕便能看到效果并转换出经济效益，为了确保青年学员安心地投身于传承事业，必须帮扶其解决一部分生活的后顾之忧。借鉴国外的经验，我们可以通过鼓励热心企业设立奖学金、基金等方式来实现对于优秀学员的奖励。

2. 传承教材。目前，处于城区的东巴文化初级传承教育采用的多是以郭大烈、黄琳娜夫妇自编的识读教材，而处于乡村的东巴文化传承教育采用的多是民间散存的东巴古籍文献。为了加强并推动东巴文化传承通识性教育的标准化进程，可以整合多方专业力量，通过教育组织与遗产保护体系中各参与方合作等方式来编写适用的教材。

3. 反馈评估体系。东巴文化传承教育也是教学的一种形式，适度建立学员反馈、教师评估的体系是有益的，目的不是为了约束教师，而是为了将学员与教师放在平等的位置上，互相促进，共同做好东巴文化保护工作。

4. 差异性教学标准化建设。教学的过程、教学的从业者、教学使用的素材，都是动态化发展的。在关注通识性标准化教育的同时，还应该充分掌握东巴文化传承的土壤，即父子相承家庭式教育曾一度是东巴文化延续的基石。每一位东巴大师的知识库中都饱含着带有强烈家族烙印的民族文化口耳相传精神以及形态相异的祭祀技能。标准化教育能够规范基础教育界实施记忆遗产的通识性保护，却无法机械化地将丰富多彩的文化精髓禁锢于统一的一招一式中。因此，差异性标准化教育是必不可少的保护步骤。

（二）硬件要素

东巴文化传承教育缺乏资金与场所是两个硬件之殇。

1. 资金。教育组织的资金来源一般有二，计划内与计划外。计划内的资金主要是基于财政预算、政府拨款等形式实现的，但是教育是一项需要投入大量资金的事业，单靠计划内的资金远远不能覆盖所有开销。于是，计划外资金支持是教育组织必须突破的来源，笔者认为，可以通过企业赞助、整合政府管理机构发行“遗产彩票”形式筹集或借助遗产基金会募集。在资金使用过程中，为了规范与透明，也可以整合遗产保护体系各方的力量，设立第三方管理资金以便确保资金的合理合法使用。

2. 场所。目前，从事东巴文化传承教育的组织都普遍缺乏合适的场所。现阶段，东巴文化传承更多选择在乡村地区开展，而位于乡村的传承学校，由于条件限制，很多只能依靠民宅作为教学场所，由于私人财力有限，要维持长时间的教学运转实为不易，其生存状况甚为堪忧。其生存状况甚是堪忧。因此，遗产保护体系中的五个参与方有义务整合资源，统筹政策支持教育组织，确保其硬件场所的长久性使用需求。

四　民间组织应大力增强参与遗产保护的影响力

民间组织，特别是能发挥遗产保护咨询、监督等能力的民间组织，在我国的保有量很低。国外遗产保护的成就，其中很大一部分贡献都来自于这类组织。造成我国民间组织社会参与度低、社会影响力弱的原因主要在于两个方面：首先，我国社会客观存在着一种传统的惯性思维，认为社会一切事务都只能由政府来全权负责。归根结底，这和几千年来的封建政治体制有关，因此，社会的发展进步需要对政治体制进行改革，改革的过程中，也包括破除这种惯性思维。其次，我国遗产保护事业发展过于缓慢，当国外遗产保护早已实现了全社会共同参与的梦想，并已经就如何完善社会参与各方进行深入研究的同时，我国的遗产保护还在探索着最基本的法律健全、体系构建等问题。因此，基础研究发展的缓慢使深入研究和实践变得遥遥无期。

我国遗产申报数量的飞速增长，遗产基数的众多，迫使保护事业的发展不可能再慢慢循序渐进地逐次推进，在借鉴国外成功的经验之后，我国的遗产保护事业已经带着不太稳固、扎实的理论基础与实践技能别无选择地主动跳上了高速进步的发展列车。所以，我国遗产保护的复杂性不仅在于完善、充实理论根基，还在于建立、增添新的思路与环节，并学习、研究、转化新知识、新技能。由于我国之前不太重视民间组织参与社会事务并发挥作用，因此，遗产保护民间组织的构建与运作是保护事业发展中一项全新的实践任务。鉴于我国遗产保护民间组织的创立没有可供参考的背景知识，因此，对于此项工作开展的难度一定要有充分的心理准备与物质支持。对于遗产保护民间组织的建立，相关政府部门应给予实质性的政策支持与照顾。笔者在实地调研期间也深刻发现，很多民间热心人士在致力于创建民间保护东巴文化的组织时，都几乎遇到了大大小小的阻力，比如，如何寻找合适的办公场地，如何吸引志愿者，如何争取政策与资金支持，如何疏通与社会公众的沟通关系等。民间遗产保护组织在初创之时大多步履维艰，但基于法人单位的实情，一运转便必须依法缴纳各种税费，经济方面的困境最终将无法得到有效的化解，只会把当初满腔热情的创办者拉入生活无以为继的境遇，如此一来，将再无能人愿意奉献于东巴文化保护民间组织的创办，而遗产保护事业也将永远不可能拥有民间组织的参与。

建立遗产保护民间组织的目的在于集结有助于遗产保护的社会热心人士，为遗产保护事业的开展提供各类服务。遗产保护民间组织的遗产保护服务做得成败与否基于组织的社会影响力。遗产保护民间组织来源于社会基层公众，作为桥梁，沟通了政府管理部门、馆藏单位、科研院所及教育机构甚至媒体方以及普通社会公众对于遗产保护事业的诉求。基层公众的意见通过遗产保护民间组织向政府管理部门表达，公众的监督通过遗产保护民间组织对政府管理部门展开；政府管理部门的规划通过民间组织向普通公众传达，政府管理部门的咨询通过遗产保护民间组织与科研院所、教育机构、馆藏单位的合作而得到完成与答复。遗产保护民间组织可以隶属于遗产保护体系中的科研院所或教育机构，基于此，遗产保护民间组织可以由遗产保护专家学者构成、由遗产传承人构成、由学者与传承人共同构成，为政府管理部门提供决策咨询，并接受政府主管部门指导；遗产保护民间组织还可以独立于遗产保护体系各参与方之外而独立存在，与广大的社会公众融合于一体。基于此，遗产保护民间组织的构成人员更为多元，有更多机会与普通民众交换关于遗产保护的思想与体会，为遗产保护体系中的参与各方提供意见反馈、保护评估，并接受普通公众的监督。鉴于现阶段我国遗产保护事业的发展，笔者认为上述两种方式的遗产保护民间组织建制都是可行的，针对我国遗产保护复杂性的客观现实，将两种方式都加以实践运用才是满足多样性现实的解决之道。

遗产保护民间组织除了可以对东巴古籍文献遗产保护实施传统的前端控制提供咨询服务、中端过程辅以质量监督、后端评估加以实时的公众意见反馈之外。作为灵活的团队，遗产保护民间组织还可以大力开展在普通公众范围内从事东巴古籍文献遗产资源开发利用的工作。充分将保护业务与遗产保护体系中的各参与方整合在一起，宣传东巴文化、参与培训教育、编纂各类东巴文化出版物、对实体遗产运用数字化技术实施管理、联合政府管理部门以丰富的遗产展品推广社会认同。作为社会工作人员遗产保护实践的窗口组织，遗产保护民间组织还可以充分发挥与国内外合作共商遗产保护的机会。遗产保护民间组织通过与国内社会工作专业合作，不仅拉动了国内社会工作专业学科的人才培养，还完善了遗产保护理论与实践的学科视角；遗产保护民间组织通过与知名 NGO 组织的合作，整合遗产保护业务，不仅可以学习先进完备的 NGO 组织参与社会事务的经验，还可以借助 NGO 组织的著名国际影响力，争取到与国外遗产保护机构的合作机会，促进自己遗产保护业务的不断进步，并扩大自身的社会影响力。

五　遗产保护事业参与方应共同营造遗产保护的社会认同

社会认同是指个体认识到他属于特定的社会群体，同时也认识到作为群体成员带给他的情感和价值意义。[①] 对于东巴古籍文献遗产保护事业整个过程而言，借助社会认同所发挥的保护整体效用远远大于基于法律规范所发挥的个体保护效用。同时，建立于社会认同的遗产保护事业根基更牢固、影响力更持久。这是因为社会认同是社会成员共同拥有的信仰、价值和行动取向的集中体现，本质上是一种集体观念。与基于利益建立起来的联系相比，注重归属感的社会认同更加具有稳定性。[②] 按照目前我国实施遗产保护时遇到的困境可知，我国遗产保护事业的土壤比较贫瘠，需要很多不同种类的养分来滋润。这其中，最基本的养分便是播种社会认同的种子。只有当全社会上下都能一致认可遗产保护事业的重要性，遗产保护事业才能迎来全面发展的春天。

在培养东巴古籍文献遗产社会认同时，还应注意两个主要参与者，即社会认同实施的培养方与受众方，以及培养实施的思路。

（一）社会认同培养方。社会认同培养方是发挥东巴古籍文献遗产保护社会认同趋向的主导方。概括来说，主要是指遗产保护体系中除社会公众之外的其余两方。遗产保护体系各参与方在实施社会认同培养的过程中，需要贯彻“整合”的思路。首先，政府管理部门在社会活动中负有推广宣传的引导责任，可以说，全社会对于本地文化遗产的保护认同感需要通过政府管理部门的宣传与疏导来实现。然而，政府管理部门内部也是由个体人员组构而成的，因此，社会认同培养过程的复杂性来自于任何一个遗产保护体系的参与方，在实施社会认同培养的同时，还有一个身份，即社会认同培养的受众。这对矛盾在实施社会认同培养的过程中不能分离，而应该以内部整合的形式得以实现。除了政府管理部门之外，其余保护事业具体部门作为遗产保护体系的参与方也是遵循一样的内部整合规律来推动认同感的培养，当然，媒体方兼顾的职责应该与它能发挥的效能范

① 社会认同，百度百科（http：//baike. baidu. com/view/1146065. htm）。

② 同上。

围、宽度呈现正比。其次，政府管理部门不可能借助一己之力来开展全社会广泛接受本地记忆遗产保护的社会认同，还必须整合其余五个参与方的综合力量来推动，以便共同打造代表社会从事东巴古籍文献遗产保护典型部门的意识形态与文化价值观。当东巴古籍文献遗产原生地区的整个社会中，与遗产保护有关的人群和部门都在全力以赴、众志成城地为着遗产保护事业努力付出时，浓厚的遗产保护价值观将逐渐形成稳固的文化氛围磁场，并潜移默化地吸引更多的社会人及组织加入遗产保护团队中。

（二）社会认同受众方。遗产保护的社会认同培养目标人群主要是广大的社会公众。对于普通民众而言，在国家管理整体纵轴中，他们是遗产保护信息及政策的被动接受者。实际上，社会公众内部对于遗产保护的认同也客观存在着高低之分，这和个体社会人的文化背景、知识结构、生活经历等都有密切的关系。因此，在社会公众内部，有的人群在政府管理部门还未倡导遗产保护认同之前便能自觉实施遗产保护工作，这部分人群即是笔者在东巴古籍文献遗产保护体系中论述的“社会公众”带头人。他们在遗产保护认同培养的过程中，能发挥磁场作用从而带动和影响身边的其他人群。因此，对于社会认同培养方而言，必须明白这个潜在的事实，并能够整合“社会公众”方一起发挥联动效应。此外，鉴于任何人群的遗产保护价值观形成都需要一定时间过程的事实，在面向社会公众培养遗产社会认同感的同时，还不能忽视对培养方这个实施对立面人群的分析。于是，培养方的内部人员在某种程度上，也在向受众方转换。因此，社会认同受众方内部时常会处于一种教育与自我教育的内部平衡状态中，通过鼓励典范宣传效应，整合正确的遗产保护价值观，按照不同的受众层次，以多种方式加以传播，东巴古籍文献遗产保护认同感才能够在全社会得以构筑。

（三）社会认同培养实施的思路。社会认同培养的实施需要政府联合其他遗产保护参与各方通过系统的规划，以具体东巴古籍文献遗产保护政策为表现形式分步骤来引导。笔者在此不对具体引导的内容进行说明，而要对贯穿引导过程中的社会认同培养思路作分析。具体引导内容以多样化形式出现，甚至在实施过程中可以根据实际情况加以微调，但是都必须基于四个思路①。

① 社会认同，百度百科（http：//baike. baidu. com/view/1146065. htm）。

1. 受众方与遗产的关系。受众方接受遗产保护的认同感源于兴趣与好感，构建兴趣与好感的基础在于梳理受众方与遗产之间的关系。东巴古籍文献遗产是纳西族得以屹立于世界遗产之林的名片，通过这张名片，纳西族内部增强了凝聚力、提升了民族自豪感自信心、获得了丰厚的精神与物质回报。鉴于此，每一个生长于、居住于这份记忆遗产原生地的社会公众都能切实体会到自己与遗产建立良好健康关系能带来的回馈，对于这份遗产的认同感油然而生。

2. 受众方应遵守的遗产保护规范。不同的人群，对于遗产的保护标准都存在着不同的理解。作为培养方，无法规范人群的主观意识倾向，但是能够规范遗产保护准则。遗产保护规范可以整合官方颁布的法律准则以及民间热心人士信奉的习惯，借助多种媒体的力量，通过各种方式加以宣传。

3. 受众方的遗产保护理念与价值观应该为公众熟知。社会生活中公众的普遍价值观一般是通过上行下效的方式得以普及的，对于遗产保护的社会认同感与价值观的开展也同样可以沿用此法。在推行普及式认同感培养期间，还可以借助树立遗产保护先锋人物及事件等方式实现示范效用。

4. 应根据受众方的不同背景而选用不同的培养方案。受众方是由全社会形形色色的不同人群所组成的复杂体，推行同一种社会认同培养方案无疑会犯片面地以点带面式的形式主义错误。因此，培养方必须整合多部门合作，以普查形式对受众方人群作出详细统计，在条件允许的情况下，对各式受众方人群做出多个培养备选方案。按照受众方的具体情况，选取不同的社会认同培养方案。

第五节　保护过程控制之反馈阶段策略

一　官方机构应构建遗产保护的法律与标准化体系

我国关于遗产保护方面的法律建设起步较晚，时至今日，针对东巴古籍文献遗产这个对象还尚未颁布具体的保护法律。与东巴文档案相关的记忆遗产类对象保护要么是被置于文物大类的保护法律框架之内，用文物保护去覆盖各类世界级遗产保护，造成遗产保护法律模糊化、非针对性化、不具操作性化；要么就是把记忆遗产保护内容人为切割地包含于其他类型的法律框架内，造成遗产保护法律片段化、零散化、非系统化。因此，构建针对各类遗产更具体的保护法律呼声越来越迫切。我国遗产类保护法律的建设发展并不平顺，文化遗产类的保护法律主要是以《中华人民共和国文物保护法》为基础法律框架、具体的文物保护实施条例为行政法规、文博单位管理的库房规章及文博单位管理标准化规定的规范性文件所组成；自然遗产类的保护法律至今尚为一片空白。[①] 与国外的遗产保护法律体系相比，有三个方面的区别值得我们注意：

首先，国内外遗产保护法律建设侧重点不同。中国的遗产保护法律是以文物为基础范围构建的，而文物是指“历史遗留下来的在文化发展史上有价值的东西，如建筑、碑刻、工具、武器、生活器皿和各种艺术品”。它是人类社会活动中遗留下来的具有历史、艺术、科学价值的遗物和遗迹。各类文物从不同侧面反映了各个历史时期人类的社会活动、社会关系、意识形态以及利用自然、改造自然和当时生态环境的状况，是人类宝贵的历史文化遗产。[②] 由此可知，文物已经把文化遗产包含其中。因此，在这个基础上建立的保护法律表现为范围宽泛、概念模糊、执行性差、内容笼统等缺点。国外的保护法律是以历史建筑为主体建立的，历史建筑是文化遗产中的一小部分，这个遗产范围认知的过程就是保护法律内容扩展的过程。因此，在这个逐渐变得丰富的认知理念过程上建立的保护法律表现出范围全面、概念清楚、可操作性强、内容具体等优点。

其次，国内外遗产保护法律建设发展历程不同。中国遗产保护法律发展走的是“由大及小”的路线，容易造成概念上的混乱，以至于法律内容相冲突；国外的遗产保护法律发展走的是“由点及面”的路线，容易使概念更全面，并形成互相配合的法律体系。

最后，国内外遗产保护法律体系不同。中国的遗产保护法律尚未形成真正的体系，而只是基于文物保护法的平台，为适应遗产保护的发展要求，不断增补一些具体的行政法规及规范性文件来配合文化遗产保护工作

① 《全国人大代表马元祝建议立法保护自然遗产》，四川新闻网（http：//scnews. newssc. org/system/2012/02/15/013446773. shtml）。

② 文物（历史文化遗产），百度百科（http：//baike. baidu. com/view/5164. htm）。

的开展；国外的遗产保护体系已经发展日臻完善，不但包含了文化遗产、自然遗产、非物质文化遗产保护的综合法，还有针对名胜古迹、历史建筑、小型文物类的多种专门法，保护法律体系的内容几乎涵盖了全部文物与遗产。基于国内遗产保护法律的建设现状，借助《中华人民共和国文物保护法》来管理与规范东巴古籍文献保护事业显然不会取得令人满意的结果，因此，为了确保东巴古籍文献遗产保护事业的规范发展，维护各项保护任务的顺利推进，构建东巴古籍文献遗产保护法律与标准化体系的工作显得非常重要与紧迫。

鉴于笔者非法律专业的知识背景，为了避免在论述东巴古籍文献遗产保护法律与标准化体系构建的过程中班门弄斧，笔者仅对法律与标准化在遗产保护体系中的运用、东巴古籍文献遗产保护法律构建的要点、东巴古籍文献遗产保护过程中知识产权的考量及东巴古籍文献遗产保护实践考核制度纳入法制化管理四个方面进行论述。

（一）法律与标准化在遗产保护体系中的运用

法律与标准化规范在东巴古籍文献遗产保护体系中是以动态形式出现的，保护法律贯穿于东巴古籍文献遗产保护体系全过程中，对各项具体工作都发挥着法律作用；而标准化建设基于法律体系之上，主要在遗产保护体系的具体实践任务阶段中发挥规范作用。遗产保护体系上的每一个参与方自身也是一个标准化工作的执行单位，标准化的建设与确定可以对各参与方的具体工作实施产生指导与参照作用；之前论述过的遗产保护对象等级划分的开展同样需要标准化工作进行规范与指导。标准化工作对于保护实施阶段的微观工作作用主要体现在规范具体保护实践工作执行的过程中。标准化工作的建设也需要自身不断修改完善，但是，标准化在各项保护工作环节中的内容并不相同，对于某些涉及客观因素的保护环节而言，如在数字化参与遗产保护事业的过程中，标准化是一条必须参照的“质量生命线”，是开展数字化技术的前提[①]。而对于某些涉及主观因素的保护环节而言，如传承人教育与考核、培养与认证的过程中，标准化开展并不可能成为参照打分的唯一砝码，这也增加了标准化开展效率的难度与复

① 兰平、臧海佳：《历史纸质气象档案数字化技术策略初步分析》，《应用气象学报》2006年第8期，第479页。

杂性。基于此，应该实事求是地实施差异性标准化建设。遗产保护事业的管理、业务与技术层面都需要标准化的规范，但是究竟要全面按照标准化作为衡量准则，还是以标准化作为参考借鉴，则是需要具体问题具体处理的。对于诸如遗产数字化管理过程中的管理规范，包括遗产收集、移交、存储、著录等；数字化业务处理过程中的业务规范，包括遗产信息资源标识、描述、元数据等；遗产保护实践操作过程中的技术规范，包括遗产种类术语标准、描述、存储、软硬件建设、数据压缩等工作步骤，可以通过学习档案学、图书馆学、博物馆学等相关学科已有的标准，并对这些标准进行整合而实现。然而，诸如遗产保护体系中各个参与方之间的合作机制、应急保护体制、传承教育过程控制等工作步骤，则更多部分还必须重新创立。因此，东巴古籍文献遗产保护差异性标准化的建设需要全方位、系统地至少在下列几个方面得到广泛开展：档案保护工作标准化总则、国内记忆遗产保护标准化总则、云南省文化遗产（含记忆遗产）保护标准化、本地政府主管部门关于遗产保护标准化实行细则、本地记忆遗产收藏机构保护标准化实行准则、本地文化传承遗产教育组织保护标准化实行方案、以遗产保护科研院校的前沿研究成果为依托，相关学科专业遗产保护标准化规范、不同种类或载体记忆遗产保护标准化。保护差异性标准化的建设需要通过行动论证、试验、修改、推广、反馈这几个步骤来实现其可操作性，并借助遗产保护体系中各参与方构建的合作机制平台达到最佳执行力的实践目的。

此处，笔者拟根据东巴古籍文献遗产保护体系中馆藏单位库房原有的管理规范为蓝本，对馆藏库房标准化及库房登记制度作出相应的演示。遗产馆藏单位的库房建构是遗产得以安全保存的关键，执行标准化管理的库房不仅能保障遗产实体的安全，遵照登记规范管理的库房还能统计遗产信息的细节，这些工作都是开展东巴古籍文献遗产整体保护事业的基石。

1. 馆藏单位库房标准化建设。库房建筑质量、库房温湿度条件、库内空气质量条件、光照条件、库房的消防安防设施以及虫害预防等均是影响遗产寿命最主要的因素。

（1）库房建筑质量：由于旧库房需要进行改造才能符合标准化要求，而目前省内大多数保存东巴古籍文献的库房均为新建筑，有的新建筑只是按照一般性办公室标准建盖，因此，需要从库房建筑抗震等级、库房结构、库房密闭性能、保温隔热性能、防水防潮性能以及装具性能等方面加以完善。对于，尚未着手建盖的库房，则应从库房的选址、库房的设置、库房维护结构的确定等方面，对库房建筑的设计和建设提出明确的要求。

（2）库房温湿度条件：根据温湿度标准的制定原则，库房内的温度应为16℃—22℃，相对湿度为45%—60%。现阶段，丽江地区全部涉及收藏东巴古籍文献的单位，无一例外没有安装任何控制库房温湿度的设备，大多数工作人员将库房的温湿度调节能力寄托于当地较为适宜的气候条件，但是，鉴于灾害发生频率增高、潜在危害风险加剧的可能性时刻存在，若条件许可，则建议配备性能优良的恒温恒湿空调机或恒温恒湿中央空调系统，以便库内温湿度可24小时恒定。

（3）库内空气质量条件：大气环境的污染易造成库内纸张酸化加剧，为降低污染物浓度，库房需具有良好的密闭性。根据《古籍普查培训讲义》中的规定，古籍特藏书库空气质量标准如表4－3所示。

表4－3　　库房有害气体浓度限值表

污染物类别	浓度限值（mg/m^3）
可吸入颗粒物	0.15
二氧化硫	0.01
二氧化氮	0.01
总有机挥发物	0.06

注：表中各项参数要求不大于限值。

资料来源：中国国家古籍保护中心：《古籍普查培训讲义》（试用本），2007年6月。

（4）光照条件：光照时间过长，遗产载体纸张中的纤维素会发生老化断裂，直至纸张机械强度下降。且波长越短的光线，其能量也越大。控制光照强度，减少光照时间，消除或减少照明光线中的紫外线，是库藏保护的基本要求之一。对于库房内的照明和照度，《图书馆建筑设计规范》（JCJ 38—99）、《建筑照明设计标准》（GB 50034—2004）都有明确的规定。《信息与文献——档案和图书资料——文献保存要求》（ISO 11799）也规定，如果光源中紫外线含量超过75μW/lm，每个灯都应安装紫外线过滤器来减少紫外线的强度①。而对于库房内的自然光线，则可在窗玻璃

① 中国国家古籍保护中心：《古籍普查培训讲义》（试用本），2007年6月，第155页。

上涂层防紫外线或安装遮阳设备以减少光照。

（5）库房消防与安防：《建筑设计防火规范》（GBJ 16—87）、《人民防空工程设计防火规范》（GB 50098—98）、《图书馆建筑防火安全技术标准》（WH 0506—96）均对库房的防火设计作出有关要求，明确规定了库房建筑的耐火等级和防火墙的耐火极限。《图书馆建筑设计规范》（JGJ 38—99）还规定，遗产库房应设置火灾自动报警系统和气体灭火系统，并在重要部位设置安全防盗装置和电视监控系统。

（6）虫害预防：设置古籍消毒、杀虫设施，是保障遗产安全的重要措施之一。一般来说，遗产库房应在设计、建设时预留消毒用房，以备新藏品入库、定期消毒时使用。然而，相对于基层馆藏单位的条件而言，消毒用房的设置在实际操作中有一定困难。因此，可借鉴上海图书馆购置“图书杀菌机”的办法，通过安装专用的图书杀菌机来实现遗产古籍消毒、杀菌的目的。此外，还需定期对库房内藏品采用理化方法进行查毒、杀毒处理。具体的理化办法由于每个库房实际情况不同而无法作出统一的标准规定。

2. 馆藏单位库房登记制度。可用表格的形式规范库房登记，登记工作应包括书库基本信息、保管员工信息、藏品信息、编目信息等。

（1）书库基本信息：由于现阶段省内大多数馆藏单位均是将其他种类藏品与东巴文档案放置于同一个库房，针对此种做法，笔者认为并不妥当，最好将不同种类的藏品存放于不同的书库内实现分开保管。而“书库基本信息”即是对不同书库的保管情况进行记录的登记方法。其中应登记书库的面积、书库内的馆藏数量、书库内的藏品放置方式、温湿度控制情况等内容。

（2）保管员工信息：保管员工的范围可借鉴档案整理的规范，将员工分为“日常保管员”以及“定期检查员”两个类别进行登记。其中，“日常保管员”信息包括员工姓名、性别、出生年月、学历、毕业院校、从事岗位、从业时间、职称职务等内容；而“定期检查员”信息包括检查人姓名、所在单位、责任类型、检查时间、检查项目、检查及处理意见等内容。

（3）藏品信息：藏品信息应包括藏品总量、藏品等级划分情况、藏品载体类别、藏品信息内容、藏品保存状态等内容。其中，关于藏品保存状态的项目应随时伴着定期检查而更新完善，并能在下一步的保护工作中，与保护信息数据库建立联动关系以便于时时掌握遗产的理化状态。

（4）编目信息：应就收藏于库房内的东巴古籍文献作出详细全面的编目工作，不仅在于对每一份古籍编目，还应对整个馆藏古籍编目。此外，为了配合下一步遗产信息数字化录入的目标，还需要对遗产进行机读数据编目；为了方便统计馆藏遗产的编目进程，便于控制总体发展方向，还需对参与编目的人员、编目时间、编目数量及范围等内容进行详细登记；为了开展遗产信息开发利用的工作任务，也应该对馆藏遗产信息的利用、出版情况进行编目。包括出版目录题名、编者、出版单位、出版时间、再版次数等内容。

在认真完成每一份馆藏遗产的信息登记工作之后，馆藏整体遗产信息的登记不能忽视。可将以上四个部分内容进行汇总。结合数字化保护的开展，可以通过与拥有软件编程资质的公司合作，并一同开发适合东巴古籍文献遗产保护馆藏单位使用的管理软件，以软件的具体功能实现分类信息登记转化生成为库房馆藏遗产信息登记总表的工作目标。

（二）东巴古籍文献遗产保护法律构建的要点

东巴古籍文献遗产保护事业虽然置于整合式的保护体系之上，但是，实体东巴古籍文献与东巴文化在保护体系中的保护实践并非完全做到同步化，与纷繁丰富且变化灵活的东巴文化相比，实体东巴古籍文献遗产保护法律的构建更简单易行。笔者认为，在实施的过程中，需要注意几个要点：

首先，应该明确东巴古籍文献遗产保护事业的实施是以线性递进方式运作的，保护规划、保护实施及保护控制策略都处于保护体系过程的不同阶段。法律的实施力度不以保护策略的层次差异为转移，因此，东巴古籍文献遗产保护法律的实施必须以覆盖整个保护事业全过程为范围。

其次，结合我国文物保护法律法规内容较空洞、条款缺乏可行性的现实，构建东巴古籍文献遗产保护法律时需要格外关注内容的可操作性，可操作性是实现“有法可依、执法必严、违法必究”的关键。

最后，针对东巴古籍文献属于记忆遗产，而记忆遗产又属于文化遗产范畴的包含关系，东巴古籍文献遗产保护法律的制定应该是基于已有的文物保护法律体系为基础的。为了实现这项保护法律内容的可操作性，在制定过程中，应该切实加强遗产保护体系之内各参与方之间的合作协调，广泛听取身处不同保护视角的参与方关于法律规范制定的意见及建议。在制定保护法律的事前，充分了解各方对于法律规范内容的期望与疑问，在制定保护法律的事中，避免法律规范内容的重叠或冲突，在制定保护法律的事后，保持各参与方法律指导保护实践的规范作风并及时反馈实践过程中遇到的新问题以便不断完善东巴古籍文献遗产保护法律内容。

（三）东巴古籍文献遗产保护过程中知识产权的考量

东巴古籍文献遗产是实体东巴古籍文献与东巴文化的融合体现，东巴文化与生俱来的丰富性与多变性使得知识产权介入管理的身影在东巴文化开展过程中变得越来越频繁。知识产权，指“权利人对其所创作的智力劳动成果所享有的专有权利”，包括各种智力创造的发明、文学和艺术作品，以及在商业中使用的标志、名称、图像以及外观设计，都可被认为是某一人或组织所拥有的知识产权①。在东巴古籍文献遗产保护体系的各参与方中，开展与知识产权有关活动的部门以政府管理部门、文化遗产保护民间组织、科研院所和教育机构为主。因此，在政府管理部门的协调、主导下，应积极开展知识产权登记、宣传、管理等工作。一方面，通过登记知识产权配合东巴古籍文献遗产保护的普查活动，了解当下遗产保护科研与传承教育工作的开展情况；借助知识产权登记的办法保护科研人员及传承教育人员的“智力资本”，认可知识产权人的贡献，并以尊重知识产权人智力成果的方式激发其从事本工作的荣誉感与归属感。另一方面，通过宣传知识产权的活动，努力营造知识产权深入东巴古籍文献遗产保护事业的氛围。鼓励遗产保护参与各方主动自觉维护知识产权，免除由东巴文化保护活动引起的“智力冲突”，并激励知识产权人不断为东巴古籍文献遗产保护事业创新。然而，经过知识产权登记后的“智力资本”即是受法律保护的一种私有资源，这种私有资源由于和个人利益密切相关，一旦监管失衡就容易造成破坏保护体系和谐发展，阻碍保护事业创新，耗费智力资源的困局②。因此，政府管理机构还应关注知识产权登记、宣传完毕之后的后续管理工作。知识产权内容的使用范围本应由产权人全权决定并受到法律保护，然而，东巴古籍文献遗产保护中的知识产权更具特殊性，如

① 知识产权，百度百科（http：//baike. baidu. com/view/18255. htm）。

② 同上。

果一味机械地遵照知识产权法的规定，优秀的有益于遗产保护推广的智力资源将永远不能得到广泛应用，因此，遗产保护事业中的知识产权管理不应与其他普遍意义上的知识产权管理画等号。作为知识产权管理方的政府管理机构，不仅要对知识产权所有者及其智力资源进行协调，免除遗产保护事业中使用的局限性；还应对拒绝分享智力资源经验的行为加以法律疏通，切实保证知识产权智力资源在东巴古籍文献遗产保护事业中发挥优势。

（四）东巴古籍文献遗产保护实践考核制度纳入法制化管理

考核制度的建立是为了鼓励东巴古籍文献遗产保护体系各参与方积极配合实施保护事业各项工作；实现这些环节监管工作的考核制度需要借助法律的强制力来确保执行时的质量。在构建东巴古籍文献遗产保护法律与标准化体系的进程中，基于已有的法律框架作为基础，可增添的具体法律内容还有很多，遗产保护实践考核制度即是其中之一。考核制度法制化建设之前，有两个问题值得我们思考。

1. 东巴古籍文献遗产保护实践考核制度面向的对象范围。遗产保护体系中的参与各方都适用于保护实践考核制度，但是考核制度根据部门的不同，内容也需要有所区别（如图 4 – 5 所示）。

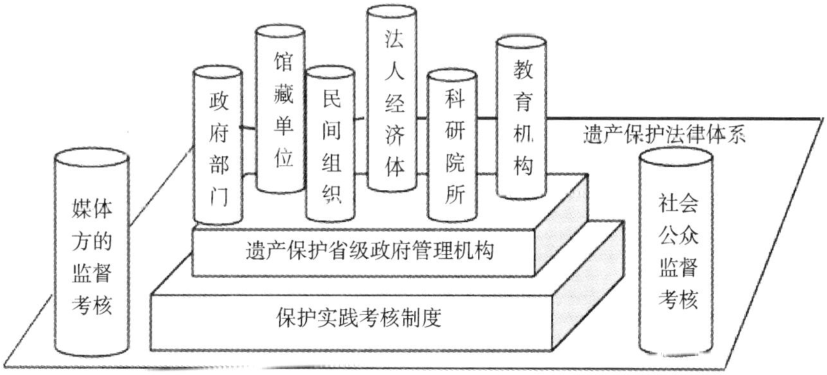

图 4 – 5　东巴古籍文献遗产保护实践考核制度对象范围

（1）政府管理部门对于东巴古籍文献遗产保护实践的行政执行力应纳入考核制度。其业务工作，例如保护法律的制定实施、遗产保护普查活动、遗产日常管理等均可参与考核。在此，有一点需要强调，政府管理部门并非是一个单独的、具体的政府部门，而是泛指主管遗产保护活动的一切政府部门。《世界文化遗产保护管理办法》的第八条明确规定："世界文化遗产保护规划由省级人民政府组织编制。"① 因此，遗产保护实践考核制度不仅适用于从事东巴古籍文献遗产具体保护事宜的基层政府管理部门，也同样适用于对东巴古籍文献遗产保护负宏观指导与管理的省级政府机构。

（2）馆藏单位开展的馆藏遗产保护实践工作质量应纳入考核制度，对于具体的实践工作而言，特别重要的环节，例如馆藏遗产等级划分保管、不同级别的遗产按照不同标准进行保管等均应配合考核制度的监督。

（3）科研院所对于东巴古籍文献遗产保护的科研工作开展应纳入考核制度，这主要是针对高校及研究院进行遗产保护研究的质量所作的考核评估。经过考核制度得到的结论不仅可以计入科研院所学者的职称评定资质，还可作用于科研院所的研究声誉。

（4）教育机构开展的东巴文化传承工作质量应纳入考核制度，教育组织对于东巴文化传承的宗旨理念执行情况、传承教师的能力、学员的社会评价、教育组织对东巴文化保护的贡献等都可参照考核制度来评价。

（5）通过媒体方的组织，民间组织及社会公众对遗产保护实施的反馈与评估应纳入考核制度。国外民间组织广泛参与遗产保护的现象相当普遍，对国内而言，由于民间组织尚未形成规模，有必要借助法律规范的方法来实现鼓励全社会参与遗产保护事业的目的。当然，东巴古籍文献遗产保护的各参与方作为遗产保护体系中的成员，还应该合作协调以便促进保护事业的发展，因此，以整个遗产保护体系为对象，这种互通有无、共同交流的机制在人为导向的指引下是否能够顺利发挥，也有赖于通过考核制度加以规范与约束。在此背景下，考核方即是遗产保护的省级政府管理机构，而受核方则为东巴古籍文献遗产保护体系中的各参与方。但是，考核方与受核方并不是固定不变的，在一定情况下，它们的角色也处于不断转换之中。

---

① 国家文物局：《中华人民共和国文化遗产保护法律文件选编》，文物出版社2007年版，第54页。

2. 东巴古籍文献遗产保护实践考核制度的内容构建。基于上一节对于遗产保护实践考核制度的对象范围分析，考核制度的内容应该充分结合这些对象的保护实践工作而定。

(1) 考核制度内容应构建于遗产保护体系各参与方原有的部门规章及规范性文件基础之上，根据之前的内容有所增改，一来较为有利于现实工作的继续开展；二来不容易造成整个机构业务工作的冲突，因此，这个内部监督考核的理论平台不应该抛弃。

(2) 考核制度内容在吸收原有理论基础之外，还应重视民间组织及社会公众的评价信息作为划分遗产保护体系各参与方保护实践奖惩的参考依据。遵照此法，一来可以提供社会公众对于遗产保护体系开展保护实践的评价渠道，从而鼓励民众参与遗产保护事业并促进社会和谐发展；二来通过对社会公众反馈信息的数据分析和筛选，可集中得到民众对于遗产保护事业最关心的一些问题，即民众的关注点，而这些关注点恰恰可能是遗产保护事业实践时的薄弱环节。因此，针对这些信息完善后的考核制度将能发挥较为成熟的东巴古籍文献遗产保护实践外部监督能力。

(3) 为了确保考核制度形成遗产保护实践评价的长效机制，考核制度的执行可借助于遗产保护法律体系作为基础保障，结合东巴古籍文献遗产保护实践的具体任务，对考核制度进行考核等级的具体划分以便辅以相应的奖惩机制来促进系统化运作。

二　遗产保护事业参与方应重视遗产保护实践与生态环境的和谐

保护实践涉及执行方方面面的具体工作，官方机构在保护实践的决策中应关注生态环境的保护，但现实中，往往东巴古籍文献遗产保护的决策执行对于生态环境的影响是以间接方式呈现，因此，鉴于反馈时滞性等因素的影响，官方机构对于决策带来的负面影响无法在第一时间内及时掌握，于是，其余两方的反馈就显得很必要。同理，对于民间组织或社会公众而言，也会有处于官方机构类似的境遇，站在各自的立场上难免看问题存在偏颇，据此，三方之间对于遗产保护实践与生态环境和谐的反馈非常重要。

生态环境“由生态关系组成”，是指与人类密切相关的，影响人类生活和生产活动的各种力量或作用的总和。这些力量包括生物因子（如植物、动物等）和非生物因子（如光、水分、大气、土壤等）。① 东巴古籍文献遗产保护实践与生态环境很早就已经建立了割舍不开的关系，这可以从四个方面得以体现：首先，东巴古籍文献遗产记载着的内容信息，反映了纳西族先民们保护生态环境的思想意识；其次，东巴古籍文献记录信息的载体——东巴手工纸，制作原料的来源与纳西族居住区的生态环境有密切关系；再次，东巴古籍文献的日常保管，不论是在馆藏部门库房内，还是在收藏者手中，日常保管涉及的内容均与所处的生态环境有着紧密联系；最后，东巴古籍文献遗产的应急免灾维护也需要关注与所处生态环境之间的互相作用关系。

（一）东巴古籍文献遗产信息的保护与生态环境的和谐

两万余册东巴古籍文献的内容涉及社会生活各个方面，其中有关于纳西族先民们与自然环境和谐相处的朴素环保意识，在当时的历史背景下，能有这样的环保意识非常值得称赞。东巴古籍文献内容所起到的教化作用也促使纳西族先民们非常重视对自己生活区域内自然环境的保护，并逐渐形成了整体性生活习惯。然而，历史上主流文化的“移风易俗”让这些传统习惯逐渐被埋没，因此，应当充分挖掘东巴古籍文献的内容信息，对与生态环境有关的内涵加以妥善地编研利用。为了使编研成果广泛走进社会公众的生活，开展编研利用的单位，诸如科研院所以及馆藏单位可以针对不同受众进行编写。可粗略地将受众按照年龄划分为成年人与未成年人两类，在成年人群中按照知识背景的区别，对编研成果的文字表述及内容表达作出相应的调整；未成年人群则可通过增加多一些趣味性及图片的方式来编写内容。这些内容调整基于遗产保护体系各参与方的合作即可实现。

时代的进步促使编研成果的形式也在发生变化，编研成果在过去很长一段时间内都是以纸质稿本的形式示人，而今，为了扩大社会影响范围，馆藏单位及科研院所可以尝试以多媒体作为途径。传统的电视、广播、杂志、报刊可以面向年长的受众，而新兴的互联网、手机等则可以借助于数

① 生态环境，百度百科（http：//baike. baidu. com/view/30803. htm）。

字化技术，通过建立网站、设计手机软件、发布手机报、创立公众微信号平台等方式面向年轻的受众。况且新兴的互联网及手机明显具有传播速度快、受众面广、互动渠道多、节能环保等优势。这样一来，不仅原住民能够延续祖辈的环保传统、新移民也可以学习居住地的传统从而融合成为一名爱护当地环境的合格市民。当然，对于丽江这个享誉世界的热门旅游前往地而言，遗产编研成果的宣传方式也可以借助飞机、火车、汽车等主要交通工具来加以大力发挥。

开展编研利用需要投入精力、物力及人力，因此，必须切实发挥东巴古籍文献遗产保护体系各参与方的优势，在发掘东巴古籍文献及东巴文化环保之内涵的同时，也关注知识的更新，与时俱进地将当代的环保理念与传统的环保意识整合于一体，以便永葆这份遗产的创新与永续。

（二）东巴古籍文献载体的保护与生态环境的和谐

东巴手工纸作为东巴古籍文献主要物质载体，其主要制作原料“荛花”和“构皮树”生长周期均比较长，生长高度较低。但是为了保证造纸的质量，造纸者需要采伐大量直径50厘米左右的树干作为制作原料。经过试验证明，砍100公斤的树干，仅可剥得3公斤左右的白色干皮，利用率很低而浪费很大[①]。实践证明，在花费干荛花皮5公斤做一锅的制作标准下，仅可得25×60厘米规格的东巴纸约60张，而制造这60张纸需要砍伐50厘米高的原料树不低于1000株，燃烧木柴200公斤左右，所以东巴纸制造成本很高，导致价格昂贵[②]。而原料的低利用率会造成大面积植被受破坏，制浆时需要烧掉大量木材，这并不利于保护森林[③]。

然而，东巴手工纸作为东巴古籍文献抄录最普遍的载体，其耐火、防潮、防蛀等特点，也是成就东巴文化经久未衰的一张名片。因此，东巴手工纸与东巴古籍文献、东巴文化是联系在一起不能偏废的。从某种程度上说，东巴手工纸也是活着的遗产，对东巴手工纸的制作过程及制作工艺应

---

① 陈登宇：《纳西族东巴纸新法探索》，《民族艺术研究》2004年第6期，第76页。

② 同上书，第77页。

③ 和虹：《浅探纳西东巴纸造纸技术》，《广西民族学院学报》2001年第5期，第124—125页。

该计入东巴文化保护范围内加以传承和教育。

以教育机构为主导的单位负有东巴文化传承的职责，对于东巴手工纸的抄造技艺也应该作为教学计划中的课程加以传承。但是，鉴于东巴手工纸制作过程对自然环境的影响，这门抄造技艺的传承教育应该采取一些更为灵活的措施，例如，借助数字化技术，对东巴手工纸的抄造过程及工艺通过纪录片的形式作为理论知识展开教学；通过制作抄造素材标本的方式，将有限的造纸素材进行改造以便应用于实践教学当中。

收集东巴手工纸抄造素材是必要的教学准备环节，然而，基于构皮树与荛花纯自然环境下生长缓慢的现状，加之民间亦有不少教育组织为开展教学，也需要不断摘取造纸原料。因此，笔者认为，当前，教育机构非常有必要结合东巴古籍文献遗产保护体系中的各参与方，共同将这一矛盾进行讨论与研究。尤其是在整合生物学、植物学、理化学等学科专业的基础上，通过实验研究等方法，设法寻找造纸原料的替代物，并且对传统东巴手工纸造纸原料进行人工培植，以便彻底解决东巴手工纸用料紧张与保护生态环境之间的平衡。

（三）东巴古籍文献的日常保管与生态环境的和谐

东巴古籍文献的日常保管主要集中在两个场所，即馆藏单位的库房以及民间收藏者的处所。馆藏单位的库房是建立东巴古籍文献保管与生态环境友好型关系的主要场所。库房内普遍设立的防光、防尘、防虫、防火、防盗、防水等原则，以及温湿度控制都或多或少与生态环境有关。基层馆藏单位限于主客观条件，精密先进的库房保管设备无法齐全配置。但工作人员可以利用本地生态环境的特点，结合本馆库房情况加以保管。例如，库房选址时，应该统筹考虑周围灰尘的影响，因为防尘工作与其他防范措施内部有着密切联系，有了灰尘，就容易滋生细菌并引发虫害，而这些防范漏洞将造成更大的安全隐患。因此，库房日常保管可以系统地看作外部生态循环与内部生态循环，外部生态循环是以整个建筑和周边生态为对象主体的循环；而内部生态循环则集中于库房内部显性与隐形的各个参与方之间。日常保管工作到位，则内外部生态循环都能平衡，若工作失误，则极易引发内外部生态循环的失衡。

民间收藏者的处所不能与馆藏部门的库房条件相比，因此，其内外部生态循环的平衡存在着很大的隐患。基于此，馆藏部门有义务对散存于民间的东巴古籍文献作普查，并对普查结果进行登记与建档保护。建档不但便于统计，更是为了对这些日常保管情况不力的遗产进行跟踪式指导。散存于民间的东巴古籍文献由于保管处所不同，其保管现状也存在着巨大的差异，建档保护也能为这些不同境遇的东巴古籍文献提供针对性的保管指导，尽力构建起民间遗产保管的内外部生态循环的长效平衡，以便于发挥自然条件优势延长遗产的保存寿命。

（四）东巴古籍文献遗产应急免灾的维护与生态环境的和谐

自然与人为灾害突发对东巴古籍文献遗产保护的影响与生态环境的维护也是有密切关系的。丽江地区历史上也曾发生过由于地质灾害引发大地震给各类遗产造成巨大损害的先例。因此，作为保管着东巴古籍文献遗产的馆藏单位，在构建东巴古籍文献遗产应急保护机制的前提下，必须对本地易发的自然灾害有深刻的了解以及熟练的防范手段。根据上一部分的论述，馆藏单位应该在掌握库房内外生态循环的基础上，开展长效性的应急免灾演练。通过演练，一方面增强灾害发生时馆藏部门的抵御风险能力；另一方面完善馆藏部门在演练发生过程中对内外部生态循环平衡的控制能力。

除了馆藏部门做好应对应急免灾保护的机动能力之外，政府管理机构还应关注本地区易发灾害的类型，针对丽江地区易发的诸如地震、洪灾、暴风雨、雷电、冰雹、森林火灾、山体崩塌、滑坡、泥石流、水库溃坝以及病虫害、大气污染、自然或粉尘腐蚀、不正常温湿度、微生物破坏、啮齿动物啃咬等灾害，积极主动从源头上阻断突发自然灾害风险的机会。当然，自然灾害的阻断并非易事，但是，相当一部分不良的生活习惯及行为是催生自然灾害发生的直接诱因。遗产保护与生态环境的和谐关系需要一代代人去努力维护，但是却可以通过一辈人的破坏而功亏一篑，因此，纳西族祖辈保护与之共存的自然环境之习惯应该在我辈身上得以延续与发展，东巴古籍文献遗产才能顺利传递给我们的子孙后代。

第五章

东巴古籍文献遗产档案化保护方法技术

关于东巴古籍文献遗产保护方法技术的论述，以遗产收藏单位为主要分析对象最为妥帖，保护方法技术关乎微观的保护实践，而收藏单位正是开展这些微观保护实践最直接的机构。通过对以档案馆为主要对象的收藏单位内部工作进行透彻分析，一方面以笔者档案学专业背景找出收藏单位保护技术的对策，另一方面参考“档案管理”原理提出遗产保护在官方机构，特别是各级收藏单位的保护方法流程。在本章内容中，笔者将引用“档案管理”“档案保护技术”等基本原理，通过对东巴古籍文献遗产建档方法、遗产数字化与全息化保护方法、遗产日常保护、应急保护及创新开发利用五个方面的分析，论述东巴古籍文献遗产保护技术参与整个保护事业的方法。

第一节　档案学基础原理运用于东巴古籍文献遗产保护方法技术

考虑到东巴古籍文献遗产多重属性及价值，结合笔者档案学专业知识背景，谈及遗产的技术保护时，笔者认为可以充分借鉴档案学基础原理“来源原则”“档案鉴定理论”“建档保护”“档案管理”及“档案保护技术”理念加以实施。

“来源原则”（Principle of Provenance）是当前世界各国公认的档案整理理论，来源原则指的是档案馆按照档案的来源进行整理和分类，要求保持同一来源的档案不可分散、不同来源的档案不能混淆的整理原则。[①] 虽然业界对"来源原则"的具体实施内容有不尽相同的解说，但是其核心思想是完全一致的，即"来源原则"基本内容核心要素是"尊重来源"、"尊重全宗的完整性"以及"尊重全宗内的原始整理体系"。针对东巴古籍文献遗产的范围及内容而言，"尊重来源"是指对于与东巴古籍文献形成者相关的信息、东巴古籍文献内容反映东巴文化相关的信息、东巴文化采集记录相关的信息等，都应该归入东巴古籍文献遗产体系中加以保护。据此，部分无法直接形成遗产的材料信息便应该通过转录建档的方式，以声像或数字为载体的形式归入遗产范畴加以保护；"尊重全宗的完整性"是指对于所有与东巴古籍文献及东巴文化相关的、能够反映整件事实发展过程的信息，应该归入东巴古籍文献遗产体系中保护；"尊重全宗内的原始整理体系"是指对于东巴古籍文献遗产保护而言，在结合业内公认的五大类[②]内容进行划分的基础上，应该充分重视遗产按照档案学基础原理指导所划分的载体形态体系。经过"来源原则"整理的东巴古籍文献遗产，不仅能体现其内容信息历史联系，还能有力地维护和保持收藏于不同地区的遗产内部统一的本质属性。

"档案鉴定理论"就是鉴别和判定档案的价值，挑选出有价值的档案交档案机构保存，剔除无保存价值档案予以销毁的理论。它直接决定着档案的存毁，是档案管理中最重要且难度最大的一项工作。[③] 由于档案鉴定环节存在于"档案管理"过程中，而"档案管理"又属于档案馆等收藏单位日常开展的工作，因此，在本章论述"建档保护"时，"档案鉴定理论"必将运用于指导实践。在此，东巴古籍文献遗产与广义"档案"的区别不仅在于载体形态的差异，更在于内容信息珍贵性以及表现价值稀缺性。因此，笔者讨论的"鉴定"并不是指本文第一章中对东巴古籍文献遗产进行价值大小划分的借鉴，而是对于遗产内容信息的保

① 冯慧玲、张辑哲：《档案学概论》，中国人民大学出版社 2005 年版，第 239 页。

② "五大类"即之前在第一章中按照 1999 年云南人民出版社出版的《纳西东巴古籍译注全集》之分类标准，将以东巴文书写、纸张为主要载体的东巴古籍文献划分为五类，依次为：祈福类、消灾禳解类、丧葬类、占卜类以及其他类。"其他类"包括东巴舞谱、东巴画册、东巴文杂言、东巴文字典、东巴文医药书籍以及东巴文地契等反映社会生活方方面面的书籍。

③ 冯慧玲、张辑哲：《档案学概论》，中国人民大学出版社 2005 年版，第 272 页。

护等级划分、是对东巴文化记录过程中形成的档案价值大小进行鉴定取舍、是对确保遗产完整而收集后期翻抄的东巴古籍文献时进行挑选的准则。

“建档保护”将各种载体形态的遗产置于档案管理科学框架内进行系统保护，“建档保护”其实不仅是对已存馆藏单位库房的东巴古籍文献进行保护，也是对记录反映东巴文化内容的信息进行归档保护。“建档保护”产生的档案统计信息数据可以发挥遗产保护事业晴雨表的参考作用，不仅可以提前对珍贵文化活动建档备份以预防遗产发生破坏性风险，能对遗产保护过程中出现的特殊问题进行建档保管以便今后作为案例指导，还可借助“建档保护”的成果搭配纸质载体遗产保护实践提高工作效率。由于“建档保护”服务于整个遗产保护事业体系，因此，可以此整体为基础，借“大数据”发展迅猛的时代背景，建立一个可以服务于整个遗产保护事业的数据资源平台，将分别存储于各个形成单位中，与“建档保护”对象有关的档案数据信息以数字化形式分享于此数据资源平台实现东巴古籍文献遗产保护信息资源共享。

“档案管理”亦称档案工作。是档案馆（室）直接对档案实体和档案信息进行管理并提供利用服务的各项业务工作的总称，也是国家档案事业最基本的组成部分。[①] 档案管理工作包括收集、整理、保管、鉴定、检索、统计、编研和提供利用的活动。这 8 项工作的划分只是相对稳定而不是绝对的，也有将上述几个工作删减合并后分为 6 个环节的，也有分为基础工作和利用工作两大部分的。档案管理理论原则对于东巴古籍文献遗产保护而言，既强调了馆藏单位作为实施日常保管工作的场所，其基本的馆藏品实体保管任务，也关注馆藏品信息的编纂以及对社会提供利用的服务功能。因此，在此原则指导下，东巴古籍文献遗产保护不仅应注重传统库房内的保管维护，更应该以创新的理念重视遗产资源的转型及寻找更多开发利用的途径。当保护理论与实践结合、库房保管与信息开发结合之时，遗产保护才能真正持续的运转下去。

“档案保护技术”是“档案管理”步骤中“保管”实践环节所对应的基础原理。“档案保护技术”从微观视野展示了档案世界里的生命体

---

① 档案管理，百度百科（http://baike.baidu.com/subview/677620/12986762.htm? fr = aladdin）。

征，并通过不同的理化方法来医治不同载体档案存在的疾病。“档案保护技术”原理下的档案可以分为多种物质载体，这正对应了东巴古籍文献遗产多个载体形态的事实。通过这个基础原理，遗产保护方法技术可以被分解为日常预防性保护及应急抢救性保护，不同的保护技术运用其中，可以解决遗产保护对象处于不同阶段的疾病。官方收藏单位中的东巴古籍文献遗产数量巨大，除了构建有效的保护框架、控制顺畅的保护过程之外，着眼于微观具体的遗产对象，落到实处的保护技术原理能为扭转遗产颓势、延长遗产生命提供可信的指导思路。

第二节　东巴古籍文献遗产的建档

一　“建档”之作用

“建档”理念的具体参与步骤，可以从整个东巴古籍文献遗产保护事业过程，诸如，遗产等级划分及登记、文化传承开展备案、民间收藏普查情况统计以及遗产应急保护案例分析指南等很多环节中找到存在的身影。东巴古籍文献遗产保护体系平台上除了媒体方及社会公众外的五个参与方实践活动代表着保护事业开展的基础，因此，“建档”成果参与遗产保护事业的方式，可以通过五个参与方之间的关系图（见图5－1）得以说明。

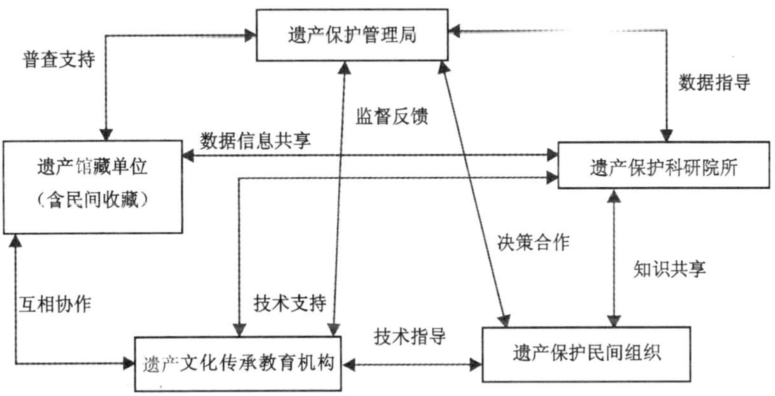

图5－1　“建档”产生的数据信息作用于遗产保护平台各参与方关系

“建档”成果能够服务于东巴古籍文献遗产保护事业的诸多环节，由于图 5 -1 中各参与方是遗产保护体系平台上的主要实践主体，因此，笔者在此仅从这五个具体方探讨建档的作用。在此，各个环节“建档”产生的档案数据信息能够直接促成保护事业平台上各个部分之间的联动效应。

鉴于图 5 -1 内容较为简单易懂，故笔者仅举例分析其中之一。基于东巴古籍文献遗产保护事业集中化、高效化所组建的遗产保护管理局从政策层面支持东巴古籍文献遗产普查工作的开展，由此产生的普查档案数据能够支持遗产馆藏单位开展包含民间在内的遗产分布统计工作，而统计档案数据的产生不仅直接为遗产文化传承教育机构的教学规划提出阶段性实现目标；还为遗产保护科研院所研究保护理论及技术实践对策提供了真实的数据支持；也有助于遗产保护管理局清楚地掌握本地遗产资源分布、遗产资源优劣、遗产资源挖掘机会、遗产资源保护潜在威胁等事项，以便出台科学永续的保护措施。

二 “建档”之体现

正如上述内容所示，“建档”能够运用于东巴古籍文献遗产保护体系中各个环节。然而，鉴于现阶段档案学学科自身也处于内部剧烈发展与变革期，因此，“建档”工作在整个遗产保护事业中的推行不可能一蹴而就，而是需要假以时日地逐步实施试行。初期，可在最易产生大量“东巴古籍文献遗产数据信息”的部门，即遗产馆藏单位、遗产文化传承教育机构内推广“建档保护”工作。基于档案管理的基本工作步骤，笔者认为遗产馆藏单位、遗产文化传承教育机构产生的数据信息可以通过图 5 -2、图 5 -3 及图 5 -4 所示方式得以建档并保护。

三 东巴古籍文献遗产“建档”准备工作之考量

针对东巴古籍文献遗产事业的建档，可以为整个保护事业潜在风险的前端预防工作储备足够可信的数据，为中端控制工作输送相当丰富的信息，为后端维护工作提供十分翔实的备份资源。鉴于建档在整个遗产事业中的优势与必要性，在开展“建档”构建工作之前，应注重以下几个方面问题的考量。

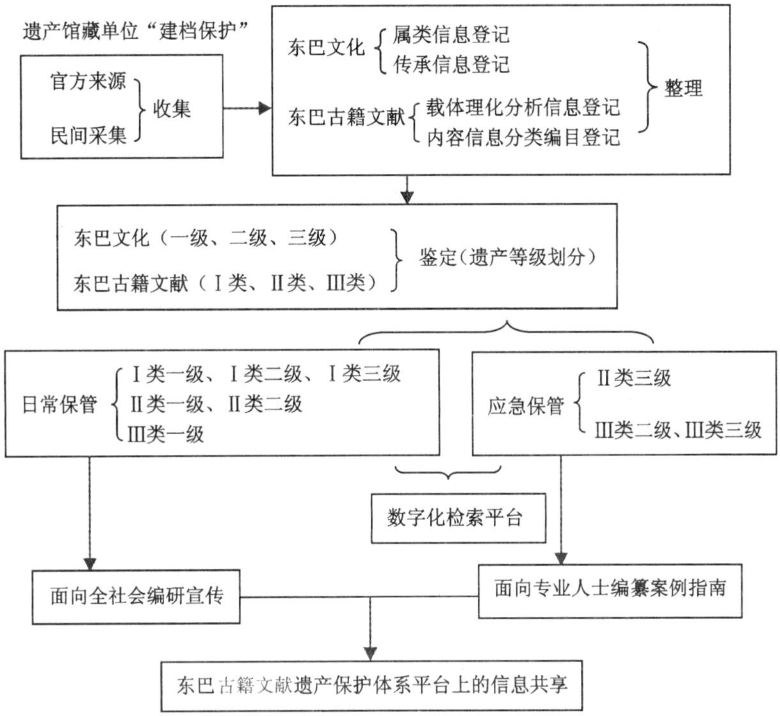

图5-2 遗产馆藏单位构建及开展“建档保护”工作示意

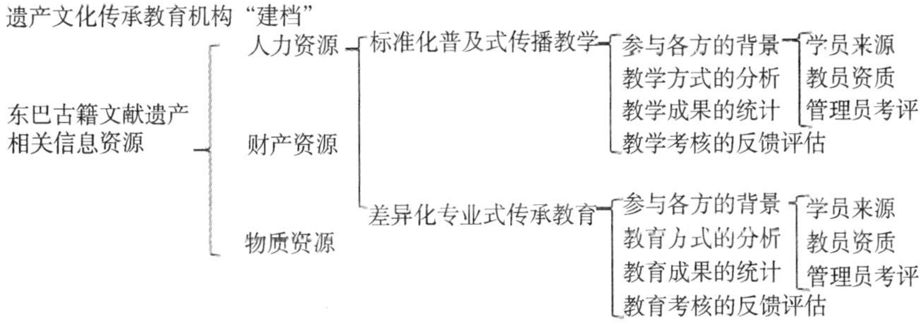

图5-3 遗产文化传承教育机构构建及开展“建档保护”工作示意

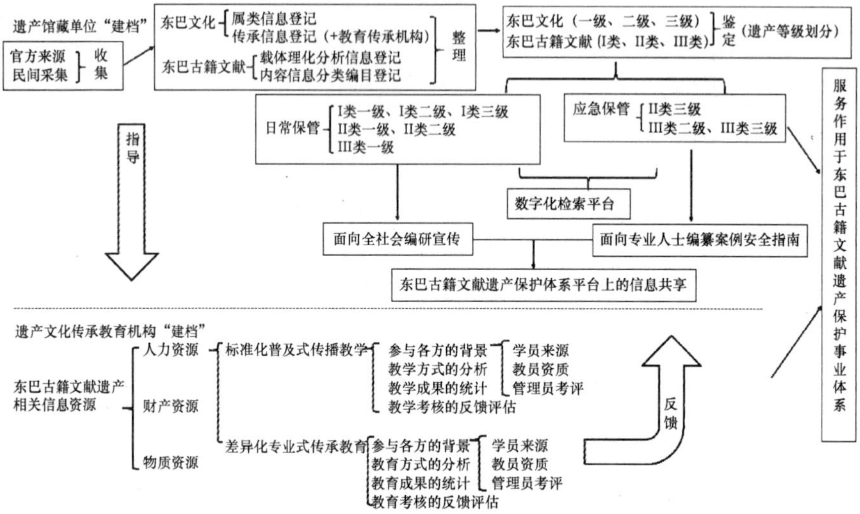

图 5-4 “遗产馆藏单位档案信息”与“遗产文化传承教育机构档案信息”关系

（1）遗产保护事业平台上几个参与方内部之间的信息共享。一般而言，普通信息共享不同于档案信息共享，基于档案保密性而言，档案信息不能够实现全社会普遍共享。因此，档案必须接受分类整理，并视密级高低而选择是否开放。然而，遗产保护事业平台上各参与方构建的东巴古籍文献遗产信息不同于它们本身作为独立立档单位而形成的文书类档案。这里强调的东巴古籍文献遗产信息更多是指为了保护遗产这个对象而形成的、各参与方能共同运用之、以服务遗产保护事业为最终目标的那些数据信息资源。显然，我们不能用传统档案管理原则去限制、约束遗产内容与价值的挖掘与开发。于是，在遗产保护事业平台范畴内的东巴古籍文献遗产信息共享将是实现“建档”工作意义的前提。

（2）东巴古籍文献遗产保护相关数据信息的时时更新。传统意义上的档案诞生轨迹几乎均是在反映某事件的相关活动过程中逐渐累积，并最终于事后整理形成。然而，东巴古籍文献遗产则与人事档案更为相似，即案卷内的遗产内容信息会随着保护发展而不断增加。因此，东巴古籍文献遗产的内容信息、质量、可信度、可用度、价值等指标实际上处于一种动态化状态中。东巴古籍文献遗产信息参与遗产保护事业发挥作用的高低，直接取决于平时与遗产保护相关的数据信息及时更新。这种更新不仅需要每个参与方内部微观工作的落实与细化，也需要各个参与方之间信息沟通交流的零障碍机制作为实现保障。

（3）东巴古籍文献遗产编研成果应坚持服务于遗产保护事业。档案管理包括八个基本工作环节，但是，在很长一段时间内，档案管理工作的开展均存在“重实体保管，轻信息开发利用”的失衡局面。笔者认为这种状态与档案缺乏全社会认同感有很大关系，由于人们不了解档案，使得档案的内在信息价值没有机会对外展示，以至于本应与人们生产生活密切相关的档案信息变得越来越脱离群众。然而，东巴古籍文献遗产除了服务于遗产保护事业各方之外，还对全社会公众就遗产保护意识与素养的提升与培养起着信息支持、知识资源补给的作用。当今时代，各种新媒体的传播速度与舆论效果都有前所未有且无可比拟的优势，如何抓住此契机，通过借鉴其他社会认同度高的学科的多元化编研成果，针对不同受众，在坚持传统遗产信息编研成果种类的基础上，创新地提出一些新类型的成果，在增强遗产信息社会认同的前提下，让编研成果实实在在为社会服务。这是需要由东巴古籍文献遗产馆藏单位牵头，遗产保护事业各参与方认真思考的问题。

（4）东巴古籍文献遗产的异地备份。针对 2008 年汶川特大地震造成的档案库房倒塌，所存档案均被掩埋，多地档案受损严重等现实，国家档案局发出通知，要求各地开展本地重要档案的电子化、数字化载体在异地备份的相关工作，以确保档案的安全和应急利用①。随后，在档案学业界，不少学者即对特别珍贵档案实行异地备份进行了研究。以电子载体形式作为异地备份的实施相较于传统意义上的档案更简便可行，鉴于涉及东巴古籍文献遗产数据信息的来源丰富性，遗产档案内容的完整性、遗产档案信息的更新性、遗产档案信息的共享性、遗产档案信息反映东巴古籍文献遗产保护事业的系统性等特点以及档案数据信息安全性等考量，遗产信息在遗产保护事业体系内的数据信息共享实际上已形成数据信息的第一层虚拟异地备份，而提前选取不同地区，并协商签订好异地备份协议，即可作为第二层现实异地备份。备份的过程以及备份后的后续数据信息维护则需通过法律以及标准化规范来确保工作落实到位。

① 重点档案异地备份，凤凰网（http：//news. ifeng. com/gundong/detail_ 2013_ 11/30/31685673_ 0. shtml）。

第三节 数字化技术运用于东巴古籍文献遗产保护的思考

东巴古籍文献遗产保护技术非常具体，需要大量的保护技术经验作为开展保护工作的支持。在保护技术推陈出新的当代，基于技术的保护任务实施需要依赖于数字化的普及利用，数字化技术与传统技术相比，有无可比拟的优越性，具体表现更不必多说。国外数字化技术运用于遗产保护具体实践并取得成功的例子很多，数字化技术的实施表现为利用范围广，运用程度深。我国遗产保护数字化技术在借鉴国外经验的基础上，其具体发挥作用的范围还可以针对东巴古籍文献遗产自身的特点而善加调整。同时，数字化技术在古籍文献遗产保护事业中活态化的运用也可以参考国内其他成功的经验。首先，国内与文献相关的学科领域需要数字化技术的介入，例如图书馆界，对于数字化技术的运用非常值得推广学习。数字化技术带来的便捷与精确在图书馆中不仅体现在借、还书系统中，还表现在图书馆所藏古籍善本的保管控制中，更不用说一个图书馆本馆内的电子资源开发利用，以及图书馆之间的资源互借联盟平台。由此技术的引导，图书信息资源实现了流动，而流动起来的文化知识通过运动，实现了生命征程的延续与传递，这就是活态化的最佳体现。其次，国内发达城市运用数字化技术实现了智慧城市的转型，广泛快捷传播的方式将文化知识播散给社会公众。这种以城市为单位的数字化信息共享平台，将全体民众都置于其中，通过决策部门包容开放的意识，在全社会形成一个以数字化技术为保障的分享氛围，从点滴中传递了文化、特别是保障了濒危文化得以继续播种文化种子的现代化途径。最后，社会公众对于遗产信息的接受程度以及需求范围会伴随着遗产信息的数字化公开渠道而变得越来越宽阔。这时候，社会公众对于遗产信息的诉求会由被动接受转为主动索求，而数字化技术恰恰是开展这种主动索求活动的最佳工具。因此，数字化技术对于社会公众而言，不但满足不同人群获取知识的目的，还能反作用于数字化技术实施方以便促进其工作不断完善与丰富。

数字化技术与缩微技术是面向档案文献信息保护的两种主要技术。缩微摄影技术起源于欧洲，继而普及到全球，至今已有 160 多年的历史。其作为存储技术在我国档案界的应用已经有 40 多年的历史。缩微技术成熟，性能稳定，成本低，记录速度快且寿命长。然而，缩微技术记录在缩微胶片上的信息（文字和图像）不能更改，存储密度及容量低于电子载体，并且缩微胶片检索速度慢，以至于其开发利用兼容性差[①]。基于此，笔者认为，东巴古籍文献遗产内容信息在转录为缩微胶片的基础上，更应大量运用数字化技术实现保护。

数字化技术是将许多复杂多变的信息转变为可以度量的数字、数据，再以这些数字、数据建立起适当的数字化模型，把它们转变为一系列二进制代码，引入计算机内部，进行统一处理，这就是数字化的基本过程[②]。数字化技术是信息技术的核心，字符、声音、语言和图像等信息媒体，无论是中文还是外文，均可以通过两个数字 0 和 1 编码的数字化实现全方位地表达、传输和处理，以便于削减/破除世界各个国家，各个民族之间的文化隔阂[③]。

将数字化技术运用于东巴古籍文献遗产保护是我国遗产保护事业发展到一定阶段的必然趋势。在东巴古籍文献遗产保护发展的当下，通过借鉴国外运用数字化保护遗产的实践经验，在结合东巴古籍文献作为世界记忆遗产的基础上，可以挑选几类易于操作且便于推广的数字化技术在遗产保护事业中分步骤投入实践，前期的实践可以结合选取的数字化技术在遗产档案信息数据库平台得以实现。此外，在对东巴古籍文献遗产，特别是东巴手工纸为载体的遗产进行数字化处理时，应根据《国家档案行业标准：纸质档案数字化技术规范》的标准来指导实践。

东巴古籍文献遗产的信息化建设不能一蹴而就地全面推行，尤其是针对东巴古籍文献收藏数量最多的云南省而言，地处边陲且经济落后，以至于遗产数字化推进缓慢的现状很大程度上制约着遗产数字化成效及价值的实现。诸如，基层馆藏部门网络基础设施（局域网、与政务内网的联通、互联网服务平台等）的建设、遗产信息资源的接收与管理、数字化遗产

---

① 朱辉：《档案缩微与档案数字化技术之比较》，《兰台世界》2004 年第 10 期，第 35 页。

② 数字化，百度百科（http：//baike. baidu. com/view/32947. htm）。

③ 数字化设计，山西长治市潞城政府信息网（http：//www. lc. gov. cn/lcgfjy/Article/ShowArticle. asp？ArticleID = 19）。

信息资源的保存和安全、相关数字化标准以及法律法规体系的逐步完善、人才的培养、遗产数字化管理模式以及相关制度体系的建立。因此，遗产馆藏单位应将遗产保护置于遗产保护事业的大系统中，从协调经济支持力度与数字化推进速度的基础，来实现遗产全面数字化[①]。

一 适用于东巴古籍文献遗产保护的数字化技术

东巴古籍文献遗产保护可以按照数字化技术的介入阶段，将步骤拆分为三个环节进行论述，具体的顺序如图 5－5 所示。

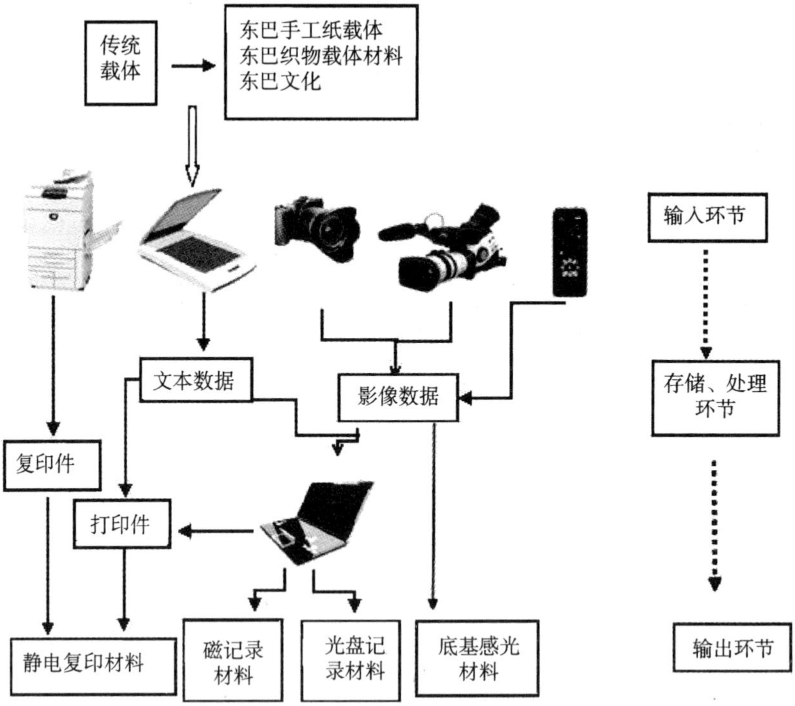

图 5－5 东巴古籍文献遗产数字化保护步骤

（一）输入技术

东巴古籍文献遗产可以借助复印机、扫描仪、数码照相机或摄像机、

① 靖广华：《综合档案馆纸质档案数字化思考》，《山西科技》2010 年第 25 期，第 124 页。

录音笔等设备，将纸质、布料载体的信息转化为数据信号并输入到计算机存储。为了确保输入数据的质量，应根据《中华人民共和国行业标准纸质档案数字化技术规范》的规定，对分辨率、色彩位数、灰度级等因素进行必要的标准化控制。通过复印技术形成的静电复印材料在数字化东巴古籍文献遗产中所占比例不高，且静电复印材料质量较其他材料载体偏低。因此，笔者在论述输入技术时，此项内容将不再作分析。遗产数字化输入环节常用的技术分别是：

1. CCD 技术。CCD，英文全称：Charge - coupled Device，中文全称：电荷耦合元件。可以称为 CCD 图像传感器。CCD 是一种半导体器件，能够把光学影像转化为数字信号。CCD 上植入的微小光敏物质称作像素(Pixel)。一块 CCD 上包含的像素数越多，其提供的画面分辨率也就越高①。CCD 在数码照相机及摄像机里是一个极其重要的部件，它起到将光线转换成电信号的作用，类似于人的眼睛，因此其性能的好坏将直接影响到照相机与摄像机的性能。

2. 色彩管理技术。所谓色彩管理就是要使扫描后的图像色彩变得饱满，画面生动逼真，达到降低色彩失真的目的。通过色彩管理技术，同一个图像的颜色在输入、显示和输出时可以保证一致②。

3. 动态色彩校正技术。这种技术的特点是扫描仪在工作时，可将扫描结果直接与标准色彩值进行动态比较，并得到该扫描图像所需要补偿的数据，从而大大提高了扫描图像的品质和扫描速度③。

4. OCR 技术。(Optical Character Recognition，光学字符识别）是指电子设备（扫描仪或数码相机）检查纸上打印的字符，通过检测暗、亮的模式确定其形状，然后用字符识别方法将形状翻译成计算机文字的过程，即对文本资料进行扫描，然后对图像文件进行分析处理，获取文字及版面信息的过程④。

（二）存储、处理技术

通过扫描仪、数码照相机与摄像机输入的信息大多以图像形式表现，

---

① CCD，百度百科（http：//baike. baidu. com/view/18579. htm）。

② 马淑桂：《照片档案数字化技术点滴》，《中国档案》2001 年第 6 期，第 47 页。

③ 同上。

④ 光学字符识别，百度百科（http：//baike. baidu. com/view/230331. htm？ fromId = 17761）。

而录音笔输入的信息都是音频形式的。为了保证图像及音频的清晰度与高质量，图像的像素以及音频的格式需要按照标准化要求设定并通过数字化技术处理。图像及音频较之文档类信息更占存储器空间，因此，可以通过数字化技术对图像音频信息进行压缩处理；为了方便遗产信息的查找利用，存储后的图像音频信息应借助数字化技术进行编辑，增加适当的说明信息以便于检索。

1. 图像音频压缩技术。图像压缩需要减少表示数字图像时需要的数据量，其实是指以较少的比特有损或无损地表示原来的像素矩阵的技术。音频压缩可通过不同的计算方式、忽略人耳不易察觉的频段或通过制造听觉上的错觉，从而大幅度降低音频数据的数量，却令音质基本不变甚至更好①。对于东巴古籍文献遗产图像应优先使用无损压缩，如借助数字化技术将图像格式存储为 TIFF 格式，而尽量控制 JPEG 格式的数量②。这是因为有损压缩方法，尤其是在低的位速条件下将会带来压缩失真③。口述类遗产音频压缩则可根据录音笔品牌所带音频处理软件来选择特定无损的格式加以保存。一般而言，. WAV、. AIFF、. MPEG、. WMA 是常用的音频保存格式④。

2. Photoshop 图像处理技术。Adobe Photoshop，简称“PS”，是由 Adobe Systems 开发和发行的一个图像处理软件。Photoshop 主要处理以像素所构成的数字图像。该软件可分为图像编辑、图像合成、校色调色及特效制作部分等。图像编辑是图像处理的基础，可以对图像做各种变换，如放大、缩小、旋转、倾斜、镜像、透视等，也可进行复制、去除斑点、修补、修饰图像的残损等。图像合成则可以将几幅图像通过图层操作、工具应用合成完整的、传达明确意义的图像。校色调色可方便快捷地对图像的颜色进行明暗、色偏的调整和校正。特效制作可以完成包括图像的特效创意和特效字的制作，如油画、浮雕、石膏画、素描等常用的传统美术技巧都可借由该软件特效完成⑤。

① 音频压缩，百度百科（http：//baike. baidu. com/view/6241246. htm？ fr = aladdin）。

② 马淑桂：《照片档案数字化技术点滴》，《中国档案》2001 年第 6 期，第 48 页。

③ 图像压缩，百度百科（http：//baike. baidu. com/view/1197608. htm）。

④ 音频格式，百度百科（http：//baike. baidu. com/link？ url = 8JljekkMRvsv3d - 5UJuQuYuzETv9oT73nIInGHzkablDupivJz93tegpUuARq9ja）。

⑤ Adobe Photoshop，百度百科（http：//baike. baidu. com/view/2929. htm）。

3. Goldwave音频处理技术。Goldwave是一个功能强大的数字音乐编辑器，是一个集声音编辑、播放、录制和转换功能于一体的音频工具，它还可以对音频内容进行转换格式等处理[①]。通过这个技术，不仅可以将口述类音频文件进行剪切、粘贴、声道选择、特效制作，还能支持多媒体格式，在遵循标准处理之际也提高工作效率。

（三）输出技术

存储于计算机等设备中的东巴古籍文献遗产信息并非走到了数字化技术保存之路的尽头，还可以根据使用者的不同诉求，以多种方式展现信息内容。信息输出的途径通常情况下被分为两大类：一类是基于屏幕的阅读，另一类是借助不同的物质载体得以展现。

1. 屏幕显示输出技术。在以计算机屏幕为检索输出方式时，根据遗产信息数据存储的实际情况，采用TIFF、JPEG格式的中、高度压缩技术后的图像进行输出。随着科技的进步，为了对遗产信息内容实施更动态化的展示，也可利用彩色柔性AMOLED显示屏放映遗产图像[②]。

2. 数码彩色扩印技术。当前市场上数码彩扩技术主要采用三种方式：数码银盐冲印、喷墨干式扩印以及热升华打印[③]。数码彩扩技术通过电子成像系统，把数码影像投射在传统的银盐感光用相纸上，通过化学冲洗过程，输出数码照片。由于彩扩染料墨水鲜艳的色彩、良好的还原性以及未使用化学药品，因此，数码冲扩的照片画面更加真实，层次丰富，呈现出立体质感，而且绿色低碳环保[④]。

3. 磁记录技术。利用磁特性和磁效应输入（写入）、记录、存储和输出（读出）声音、图像、数字等信息，从而达到存储信息和读出信息的目的[⑤]。磁记录具有记录密度高，稳定可靠，可反复使用，时间基准可变，可记录的频率范围宽，信息写入、读出速度快等特点[⑥]。目前，馆藏

---

① Goldwave，百度百科（http：//baike. baidu. com/view/91883. htm？fr = aladdin）。

② 《首块国产彩色柔性AMOLED显示屏研制成功》，中关村在线（http：//news. zol. com. cn/391/3916147. html）。

③ 数码彩色扩印机，百度百科（http：//baike. baidu. com/view/1556893. htm）。

④ 马淑桂：《照片档案数字化技术点滴》，《中国档案》2001年第6期，第49页。

⑤ 磁记录材料，百度百科（http：//baike. baidu. com/view/132267. htm）。

⑥ 磁记录，百度百科（http：//baike. baidu. com/view/1466578. htm）。

单位借助移动硬盘作为馆藏遗产信息记录载体的做法较普遍，磁盘阵列利用数组方式来作磁盘组，配合数据分散排列的设计，提升数据的安全性①。移动硬盘具有体积小、容量大、速度快、使用方便等特点②。此外，U 盘作为移动硬盘的有益补充，其体积小巧便于携带、存储容量大、价格便宜、性能可靠的特点也提升了不少实用性，况且 U 盘除了用来存储馆藏部门遗产数据资料外，还可开发出更多，诸如加密、认证启动、杀毒、测温等功能，能够满足馆藏遗产保护的各种诉求③。

4. 光盘记录技术。光盘是近代发展起来不同于完全磁性载体的光学存储介质。光盘以光信息作为存储物的载体，利用激光原理进行读、写的设备，可以存放各种文字、声音、图形、图像和动画等多媒体数字信息。分不可擦写光盘，如 CD-ROM、DVD-ROM 等；可擦写光盘，如 CD-RW、DVD-RAM 等④。光盘具有记录密度高、存储容量大、非接触式读出信息避免盘面磨损、易大量复制、使用成本低特点⑤。

（四）可逐渐推广至东巴古籍文献遗产保护的数字化技术

东巴古籍文献遗产转变为数字化并广泛流传的原因在于面向社会公众宣传以便传承与创新遗产的文化；面向教育组织推广以便提升与更新遗产的教学水平。对于教育组织而言，需要通过数字化技术制作东巴文化传承使用的教材资料，一般可以借助音频制作、视频制作以及网页制作技术来完成；此外，由于教育组织内的部分学员年龄较小，实施传承可以从培养兴趣开始，对这群特殊小学员的教学材料可以较之一般的数字化教材更具趣味性，一般可以借助 3D 动画技术来实现。由于范围是在基层教育组织推广，因此，制作遗产教育材料所需的技术不需要过于繁复，例如，音频制作技术可以选用 Goldwave，视频制作技术可以选用 Windows Movie Maker 或会声会影，网页制作技术可以选用 Windows Front page 或是 Adobe Dream weaver。3D 动画技术则需要将整体动画内

① 磁盘阵列，百度百科（http：//baike. baidu. com/link? url = fnJ5rtmy3lTgKF5ftTCDOACbw3KYCMyhS9r9FvLIln0l0fPgMEfT2mYT6L6q50l）。

② 移动硬盘，百度百科（http：//baike. baidu. com/view/21123. htm）。

③ U 盘 USB 闪存驱动器，百度百科（http：//baike. baidu. com/view/857. htm）。

④ 光盘（存储载体），百度百科（http：//baike. baidu. com/view/5103. htm）。

⑤ 罗茂斌：《档案保护技术学》，云南科技出版社 2001 年版，第 63 页。

容创立于一个鲜明的主题之上，经过前期准备与编写剧本、概念设计、分镜头脚本、3D角色模型场景道具模型创建、贴图材质设计、灯光设置、动画设置与特效、渲染配乐及合成等步骤才能形成完整的动画宣传片。[①] 对于社会公众而言，除了生动的3D动画宣传片之外，还需要拓宽宣传途径以实现遗产保护的全民意识与认知。现阶段，最为直接与便捷的推广方式应通过手机终端来实现，即借助手机媒体开辟移动阅读及移动宣传模式。手机作为"装在口袋里的媒体"，它与互联网相结合，在担当通信功能的同时融合了网络媒体的各种职能，在新闻传播领域里，手机媒介承载着信息交流的重要工作，这一过程的进行正是依托数字网络技术的发展。手机受众极其之广是其他媒体所不能企及的，并且在我国国家或地区的有关部门选择手机为发布消息的第一平台，例如：重大事件、突发事件、气象预报、自然灾害预警、区域服务等消息的传达。[②] 因此，可以通过遗产保护政府管理机构与移动运营商之间的合作，打造一份遗产保护的手机报，借助数字网络技术的平台，将有关遗产保护的知识传播于世。

（五）东巴古籍文献遗产保护发展趋势之全息化技术

东巴古籍文献遗产保护实施阶段的数字化技术主要用于对保护对象信息的全息化处理。结合上述的经验，实施数字化技术在遗产保护事业中的运用，可以至少为三大类人群服务。

1. 为保护者所用。数字化技术在东巴古籍文献遗产中的保护运用，可以将遗产信息中反映纳西族文化的内容通过数据库平台提供给遗产保护决策部门、科研专业人士以及东巴文化爱好者使用。

2. 为社会公众所知。数字化技术可以将东巴古籍文献遗产信息中反映纳西族历史故事和传说的内容通过互联网或手机阅读平台等软件传递给社会公众，也可以用数字化技术辅助开发东巴文化创意产品，从而在广泛宣传民族特色的基础上，使前往丽江地区的旅游者以及在丽江地区工作或居住的人士知晓。

---

① 王耀希：《民族文化遗产数字化》，人民出版社2009年版，第108页。

② 《手机媒体的移动阅读模式》，新华网（http：//news. xinhuanet. com/newmedia/2011－12/27/c_ 122489927. htm）。

3. 为传承人所学。数字化技术可以将东巴古籍文献遗产信息转换为多种形式的教材资料，并以其生动而鲜活的内容区别于传统书本教材而更富有活力与吸引力。当东巴文化教育机构内的学员接触这类教材后，学习东巴文化的兴趣度及接受度将较之目前有不少提高。借助于数字化技术，东巴古籍文献遗产信息可借助更生动的形式活态化地长久流淌于更广阔的天地间。

二　东巴古籍文献遗产信息共享数据库平台的解析

基于东巴古籍文献遗产保护事业体系内各参与方保护活动构建起的档案数据信息，可以组成东巴古籍文献遗产信息共享数据库平台，对于数据库的内容设计可以参考信息共享工作开展较成熟的图书馆学界经验以及国外遗产馆藏部门的做法。为了发挥数据库便捷且新鲜的信息资讯服务功能，并且做到遗产档案数据信息的安全维护，第三方软件公司的介入是必不可少的一步，软件公司可通过招投标程序，由遗产保护管理局下辖的遗产保护管理有限责任公司全权负责。为了确保数据库的顺利运作，针对东巴古籍文献遗产保护的现状，平台上的子系统不宜过多。

（一）东巴古籍文献遗产信息共享数据库平台构建的背景

1. 从东巴古籍文献遗产保护事业的内部开展情况看，由于保护对象的信息不共享，造成科研院所开展遗产保护研究时存在着重复研究、滞后研究等现象；由于行政体制、思想观念、部门利益等原因，造成各个遗产保护相关行业之间业务交流受阻；由于有关东巴古籍文献遗产珍贵内涵的信息未被及时挖掘并合理加以利用宣传，致使遗产的社会认知度低、公众保护意识淡薄。

2. 从东巴古籍文献遗产保护事业的外部开展情况看，我国拥有众多世界级遗产，但是各项遗产之间的交流合作壁障却始终存在；我国遗产保护事业从整体上呈现出“一条船上多个舵手”的局面，分散的力量无法形成一股合力，不利于遗产保护事业的整体进步与发展。基于此背景，东巴古籍文献遗产必须破除信息不共享的障碍，而档案信息共享数据库构建是目前破除此壁障最具可操作性的办法。

（二）东巴古籍文献遗产信息共享数据库平台的构成

数据库平台的构建要素会随着时间的推移而发生相应的变化，在现阶段，笔者将构建要素以图 5－6 形式表示如下：

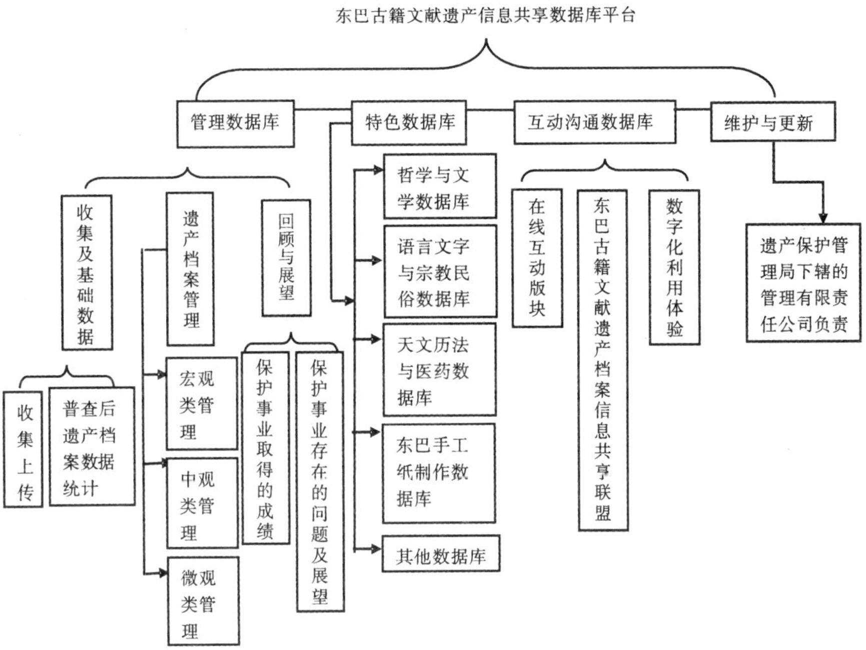

图 5－6　东巴古籍文献遗产信息共享数据库平台构建要素

（三）东巴古籍文献遗产信息共享数据库平台的运作原理

东巴古籍文献遗产信息来自于遗产保护体系中各参与方开展遗产保护活动形成的档案数据信息资源，同时，又在共享的基础上，为各参与方的保护实践提供参考和依据。考虑到在各参与方的机构内部分别构建遗产档案信息共享数据库的做法太过于烦琐且易于造成浪费。因此，应该确定数据库构建的承办方与管理方。根据上一章中关于在现有丽江古城保护管理局基础上设立包含东巴古籍文献遗产在内的遗产保护管理局设想，可以明确遗产保护管理局与遗产保护管理有限责任公司在开展数据库构建时承担的业务重点。遗产保护管理局作为开展丽江地区东巴古籍文献遗产保护实践的行政主管单位，对于数据库建设负有规划、监管的责任；遗产保护管理有限责任公司作为遗产保护管理局局机关下辖的具体遗产保护业务执行单位，对于数据库建设负有管理、维护的责任。通过遗产保护管理有限责任公司具体负责管理、维护档案信息共享数据库是基于两个考虑：其一，作为遗产保护工作的第三方，企业可以更好地从社会上集结数字化技术人员的专业力量，以换位工作的角度，企业可以设计出更人性化的平台运作方案；其二，遗产档案信息共享数据库平台的维护需要耗费大量的人力资源，以“外包”方式通过企业开展具体工作，可以做到遗产保护体系各参与方各尽其责，避免工作业务范围重复或工作量分配不均等问题的发生。

对于东巴古籍文献遗产档案信息共享数据库的内容，笔者仅就子系统中几个较为特殊部门的运作原理来作出说明。

1. 互动沟通数据库子系统中的东巴古籍文献遗产档案信息共享联盟。遗产档案信息共享联盟的构思源于图书馆学界构建的电子图书联盟。图书馆作为推广文化教育的公益性事业单位，其基于互联网技术、整合多家图书馆馆藏资源而开展的信息资源开发利用服务工作极大地提升了社会公众认识与使用图书资源的意识与习惯。遗产保护除了对于实体的保管之外，保护事业能够永续发展的秘诀很大程度上在于让更多的人群认知遗产、传承遗产、爱护敬畏遗产。因此，通过建立东巴古籍文献遗产档案信息共享联盟的方式普及遗产保护知识，不仅可以将遗产保护体系中各参与方的理论或实践保护经验整合为信息资源供用户查阅使用，同时也可以作为一个知识管理平台，为遗产保护体系中的政府管理机构制定遗产保护新规划或新任务提供决策信息参考。

2. 特色数据库子系统中的各个遗产展示模块。此子系统中的四个遗产展示模块按照东巴古籍文献遗产价值来划分，并通过数字化技术将反映东巴古籍文献遗产的东巴象形文字、东巴图画以及反映东巴文化的口述录音资料、多媒体资料等信息资源整合在一起，用四个表现东巴古籍文献遗产内涵的主题，通过互联网途径得以展示。通过对遗产内容信息的数据分析，将四个主题类型的信息资源提炼出来，并通过数字化模块以满足不同人群的诉求。考虑到东巴古籍文献遗产信息共享数据库的初创性，因此，在特色数据库的内容划分方面，笔者做得略微保守，其用意一方面是为了适应东巴古籍文献遗产保护事业的发展速度，一方面是便于反映东巴古籍文献遗产的基本内容，另一方面是基于现有的、不太精确的馆藏资源情况。在今后的发展过程中，四个遗产展示模块可根据遗产保护事业的深入而适时加以更新完善。

3. 管理数据库子系统中的数据信息收集上传端口。东巴古籍文献遗产档案信息共享数据库的构建不仅是为广大的社会用户提供可靠准确的遗产知识信息，也是为遗产保护体系中各参与方之间业务工作提供合作、交流与信息整合的知识管理平台。正如之前所析，东巴古籍文献遗产信息档案共享数据库作为一个数字化技术构建的系统，并非所有参与遗产保护事业的单位都需要安装并运行，只需要在主管单位，即遗产保护管理局构建，借助下辖企业设计操作，相关遗产保护部门安装上传软件终端、通过官网运行即可。遗产信息档案共享数据库如同遗产保护事业信息的储存库，以遗产保护管理局为中心，遗产保护资讯从遗产保护体系其他各参与方汇集而来。为了确保汇集的信息资源能够及时、迅速、便捷地传递汇总至这个遗产档案信息共享中心，在能够使用东巴古籍文献遗产信息档案共享数据库平台的相关机构系统上预设可以上传东巴古籍文献遗产信息的端口就显得非常有必要。此外，为了确保整个管理数据库子系统的信息资源安全，应以严格的授权制度来规范数字化操作，以规避可能潜在的信息资源被篡改的风险。

三　东巴古籍文献遗产信息资源基于数字化平台之外的管理

数字化处理对于东巴古籍文献遗产信息资源的保护有着传统技术无法企及的优势，转化后的遗产档案信息可以借助计算机设备以及互联网的技术得到更广阔的传播及共享，增加了社会影响力，并加速了科研的更新频率。然而，数字化档案信息资源与生俱来的局限性，诸如对外接设备及软件系统的依赖性、数字化信息内容的易修改性、信息与载体的可分离性、载体寿命对环境的依赖性等，导致数字化遗产信息内容的安全性不易得到保证。[①] 因此，在东巴古籍文献遗产信息档案共享数据库平台的管理之外，还应该借助数字化技术开展其他一系列工作以便辅助遗产信息档案共享数据库的安全运行。

① 吕榜珍、郑荃：《浅谈云南省少数民族档案数字化后的管理》，《档案学通讯》2011 年第 4 期，第 70 页。

（一）构建东巴古籍文献遗产信息的数字化目录中心

应先以各个馆藏部门为主体，对馆藏遗产进行编目，并通过规范的标准化要求，对实施标准化编目后的目录进行分别存储，一是存储于本馆内便于开展保护实践，二是汇总存储于遗产保护管理局。由此可知，遗产数字化并非只在遗产保护体系中的一个参与方推行，而应该在各参与方合理推行。经过目录的移交，最终各个馆藏部门的档案目录信息都会留下副本在遗产保护管理局保管，一来便于遗产规划及保护工作的开展；二来这种“异地备份目录”的方式也比较有利于应对各种突发的灾害造成的损失。

（二）推进东巴古籍文献遗产信息迁移、仿制技术的发展

鉴于任何一种数字化存储设备都有局限性，都不能保证百分之百安全可靠的实际，笔者认为，应该定期对东巴古籍文献遗产信息资源进行迁移及仿制技术的转换。迁移技术是指周期性地把东巴古籍文献遗产信息从一种软硬件技术环境转移复制到另一种软硬件技术环境，通常伴随着文件格式的改变或版本的升级。① 迁移技术可以由馆藏部门组织、科研院所与政府管理机构整合技术及政策予以支持、为遗产信息的完整性保护服务。仿制技术则是指将原生的东巴古籍文献遗产信息提取后，经由数字化技术及相关物质材料的介入，将提取的档案信息转录于经做旧、仿制技术处理过的物质材料载体之上，形成仿制的东巴古籍文献技术。此项技术可以由科研院所和馆藏部门组织、整合政府管理机构的政策意见、为教育组织的传承以及社会利用遗产服务。

第四节　东巴古籍文献遗产日常预防性保护技术

收藏有东巴古籍文献的基层档案馆等收藏部门应率先广泛开展完备的日常预防性保护技术，当基层档案馆的日常预防性保护技术实现了标准化建设的目标之后，可根据遗产普查活动得到的信息，以基层馆藏部门为

① 吕榜珍、郑荃：《浅谈云南省少数民族档案数字化后的管理》，《档案学通讯》2011 年第 4 期，第 72 页。

主，根据遗产保护等级划分结果，开展对馆藏遗产的日常预防性控制，并尽快组织技术力量为民间散存的东巴古籍文献提供日常保护技术指导培训，通过技术人员对民间散存的遗产进行内容信息的数字化收集工作。

由于东巴古籍文献遗产的载体形式多样，因此，日常预防性保护工作也需针对不同的载体采取一些特殊的技术照顾。简单来说，东巴古籍文献遗产的常见载体如图 5 - 7 所示。

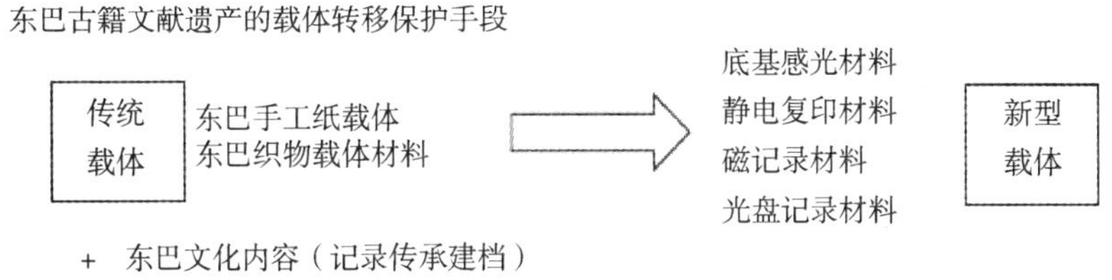

图 5 - 7 东巴古籍文献遗产的常见载体形式

传统东巴古籍文献的载体以纸质居多，也伴有部分绘画于织物材料之上的遗产素材，在调查收集期间，对于此类遗产多采用复印机、扫描仪、数码相机及摄像机等设备进行信息录入，待结束后借助冲印转为照片、复印转为拷贝件或做旧处理成仿制品、存储于磁性载体材料或光盘等方法，形成新型载体。东巴文化内容丰富、生动而多变，因此，通过数字化技术将动态变化的影像内容信息以有形化载体的方式转移到实在的物质材料中。

鉴于东巴古籍文献遗产以馆藏单位为主保存的现状，国内的丽江地区馆藏数量最多，且馆藏条件也最简陋，保护紧迫性等级最高。因此，笔者将主要针对丽江地区东巴古籍文献遗产的日常预防性保护做必要分析。

一 库房日常预防性保护应重视的潜在危害

丽江地区收藏东巴古籍文献遗产最丰富的馆藏机构有东巴文化研究院、东巴文化博物馆、丽江市玉龙县图书馆以及丽江市档案馆等单位。这些单位的遗产保管库房中除东巴文化博物馆建于 20 世纪 80 年代末之外[①]，其余均是新落成不久的建筑。新址中丽江市档案馆由于整栋办公楼

① 东巴文化博物馆，百度百科（http：//baike. baidu. com/view/497449. htm）。

以租用形式开展工作，因此，其办公条件及设施不太齐全专业，而东巴文化研究院与玉龙县图书馆的库房则是由普通房间通过购买木质及金属收藏柜后改造而成。不论是哪种形式的库房，都需要注意对库房内环境与库外环境互相影响的控制。库房在设计之初本应按照密闭、防光、防潮等标准建盖，但由于基层馆藏机构的客观条件所限，库房在投入使用时已带着一定程度的缺陷，以致库房内外污染源变得更加复杂。由于丽江地区馆藏机构的东巴古籍文献遗产多以纸质为载体出现，因此，笔者在此对潜在引起库房污染及对纸质载体有害的几个主要因素作分析：

1. 空气污染因素。空气污染对东巴古籍文献遗产的破坏是一个缓慢的、累积变化过程，库房内空气污染主要有三类：一是酸性气体，如二氧化硫、硫化氢、氯气；二是氧化性气体，如一氧化氮、二氧化氮、臭氧；三是粉尘类物质。① 其中，酸性气体主要从机动车尾气、化工厂的燃料、冶金等生产过程中产生，当空气中酸性气体达到一定量，就容易被东巴手工纸吸收并与纸中的水分作用后生成酸，从而增加了纸张的酸度。虽然东巴手工纸较之机制纸 pH 值偏碱性，但如此日积月累的酸性侵蚀，也会对遗产物质载体造成不可弥补的伤害。氧化性气体，如臭氧，可以从复印机、打印机等设备的使用中产生，臭氧能与所有有机材料产生反应，从而引起手工纸耐折度明显下降。② 此外，作为新建库房，还需警惕甲醛污染③。基于此，馆藏单位的库房需要远离人口密集的商业区、生产制造化工区，并应在库房周围种植绿色植物；可以安装中央空调设备以减少自然通风吹进的灰尘；应对入馆的遗产使用甲醇或高锰酸钾等进行消毒，并可申请专项经费安装库房空气净化系统，以便于杜绝空气污染物在库房中的生存机会。

2. 物理污染因素。物理污染因素主要来自于生产工坊产生、交通扬尘、空气流动、人员走动、入馆前污染等带入馆藏机构库房内能通过肉眼识别的灰尘。灰尘不但会附着于东巴古籍文献表面，形成不规则的颗粒污染物，从而增加手工纸的机械磨损；还会散落于遗产案卷之间，散发酸性

---

① 喻君：《档案库房的空气污染及防治》，《兰台世界》2005 年第 3 期，第 24 页。

② 冯丽伟、陶琴、刘艳莉：《档案馆常见空气污染物分析及其预防对策》，《机电兵船档案》2013 年第 3 期，第 48 页。

③ 甲醛，百度百科（http：//baike. baidu. con/view/4913. htm）。

物质加剧遗产酸碱度失衡。[①] 因此，需要对库房进行定期的清洁，扫除这些灰尘隐患；为了避免人员清洁过程中扬起的灰尘落入其他遗产内，也可通过安装库房空气净化系统的方式来实现库房内物理污染减少与控制的目的。

3. 放射性污染因素。新建成使用的馆藏单位库房不但应注意甲醛的污染，还应关注放射性物质引起的污染。如果在库房选址建盖之前，没有做足土壤检测的工作，则很有可能在选址区建盖的库房会存在镭超标的隐患；库房的建材选择也需要严格的挑选，以免库房内的地板、墙面等出现氡污染。[②] 建盖库房时，不应只关注空气污染物对遗产的损害，还应验证污染物对人体的危害。放射性污染对人体的损害不言而喻，因此，选址建设之前应注意远离带有放射源的矿藏地区，并慎重选取健康环保的建材。

4. 微生物污染因素。微生物广泛存在于各种环境及生物体内，要杜绝并不现实，库房内微生物污染主要是霉菌污染。馆藏单位内的空调过滤格栅、湿度过大环境下保存的遗产装具等物体表面都有可能分布着大量的霉菌[③]。霉菌孢子又常以飘浮于空中的形式转移至其他新的寄主身上，因此，霉菌一直都是库房内最需防范的污染之一。霉菌能分解东巴手工纸材料的纸张纤维素，使纸张抗折、抗拉伸强度损失；霉菌还会造成东巴手工纸表面的粘连，损毁纸张内的信息；霉菌对非纸质载体的破坏性也很大，诸如，底基感光材料会因霉变而造成乳剂层脱落，影像扭曲变形等后果。鉴于霉菌喜在温暖潮湿处生发及繁殖的本件[④]，必须借助空调设备对库房内的温湿度进行严格控制，并通过库房内消毒及空气净化等设备剪除霉菌能够滋生的环境。

5. 库房温湿度控制。根据我国档案保护条例，馆藏单位库房的温湿度正常标准温度为12℃—24℃，相对湿度为45%—60%。库房温湿度是直接影响档案自然寿命的关键因素，温湿度控制是否适度将直接影响遗产载体介质的耐久性。[⑤] 然而，根据笔者走访调查得知，丽江地区基层馆藏单

---

① 冯丽伟、陶琴、刘艳莉：《档案馆常见空气污染物分析及其预防对策》，《机电兵船档案》2013年第3期，第50页。

② 冯丽伟、陶琴、刘艳莉：《档案馆常见空气污染物分析及其预防对策》，《机电兵船档案》2013年第3期，第49页。

③ 同上书，第50页。

④ 霉菌，百度百科（http：//baike. baidu. com/view/36020. htm）。

⑤ 周坚：《应用档案库房温湿度控制系统的若干体会》，《浙江档案》2006年第11期，第51页。

位由于意识与技术方面的局限，在对东巴古籍文献遗产保管时普遍存在着一些工作的误区，诸如，部分馆藏单位对于库房温湿度管理的意义认识不足，总自信丽江地区气候适宜，不需要再购置温湿度管理系统监控库房①。殊不知，丽江地区一年四季的气象处于动态变化中，库房的温湿度也会因此受到影响而产生不规则的波动，每一次波动都潜藏着引发灾害的风险，而灾害爆发造成的后果又将难以预测。因此，必须端正认识，对库房温湿度进行有效的管理，包括清理库房内与遗产藏品无关的一切设备、完善工作人员管理制度以保证温湿度系统运行期间工作人员能各尽其责、收集登记与分析温湿度变化数据等。较之国内省市级档案馆等文博机构库房内几乎都使用温湿度管理自动控制系统，丽江地区基层馆藏单位跟随趋势并全面购置自动系统的办法并不科学。笔者认为应根据各馆藏机构的实际情况而选取库房温湿度管理系统的规模与价格，对于东巴文化研究院、东巴文化博物馆等集研究、教育、保存、传承于一体的单位，可以购置自动系统以参与库房日常预防性保护工作。通过软件控制的方式（如图 5-8 所示），检控库房的温湿度变化规律（运行方式如图 5-9 所示），并分析信息数据以促进对遗产的整体性保护。

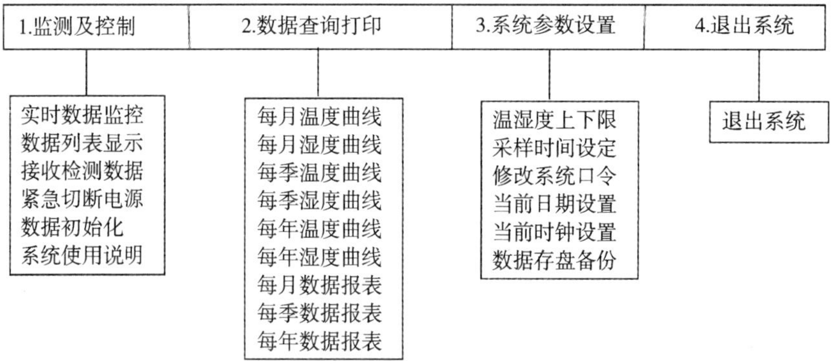

图 5-8　库房温湿度管理自动系统的设计模块

资料来源：鲁志康：《档案库房温湿度控制系统的研究》，《电脑开发与应用》2001 年第 6 期。

---

① 刘艳慧、生旭志：《浅谈档案库房温湿度管理的问题与对策》，《内蒙古科技与经济》2010 年第 5 期，第 66 页。

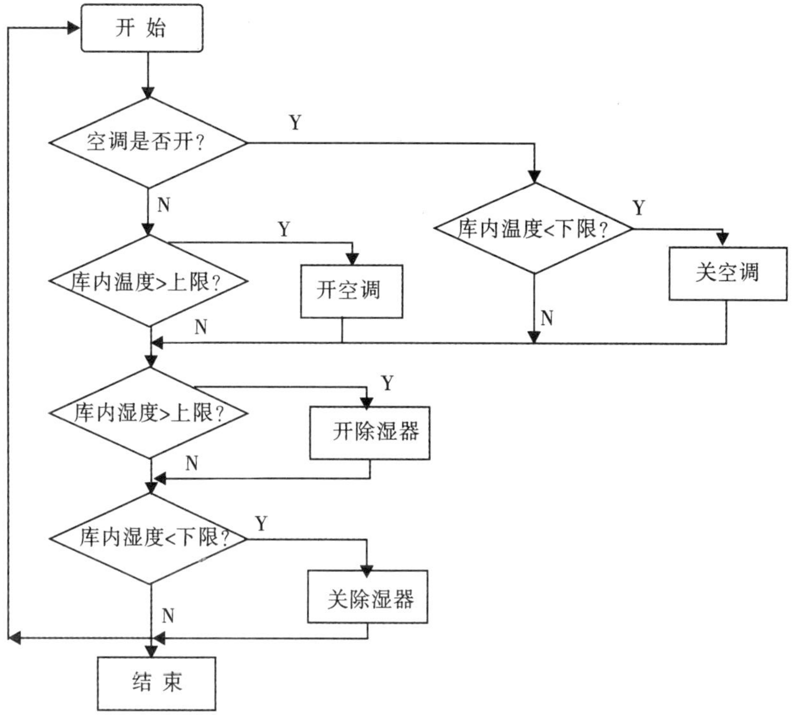

图5－9　库房温湿度管理自动系统的监控运行模拟

资料来源：鲁志康：《档案库房温湿度控制系统的研究》，《电脑开发与应用》2001年第6期。

而达不到购置条件的基层馆藏单位的库房则可以购置自动控制湿度的除湿机、加湿机与柜式或窗式空调机来监控温湿度。经过十多年实践证明：当温度高于24℃时，就应启动空调，温度在16℃—23℃之间均应该使用除湿机，16℃以下采用升温除湿进行调节，可大大减少运行费用①。

二　库房日常预防性保护控制

基层馆藏单位由于地处偏远，加之人员、设备配备都较差，致使库房

① 朱方林、黄世俊：《档案库房温湿度调控经验谈》，《中国档案》2002年第10期，第36页。

日常管理工作存在很多疏漏。除了上述保护问题需要强化之外，基本的库房保管防范措施，诸如防光线污染、防火、防盗、防水以及防虫害等工作，也应该持续按质按量地完成。

1. 库房防光控制。库房光污染是指库房内外一些可能对遗产实体及信息保护以及对工作人员的视觉环境和身体健康产生不良影响的事物。[①]丽江地区的太阳辐射很强，因此，特别要注意库房藏品的光氧老化问题。库房内光污染源主要来自于对东巴古籍文献遗产有伤害性的人工灯光源，库房外光污染则是由于库房建筑结构及其窗户设计缺陷、库房外高楼的玻璃外墙反射的自然光源造成的。因此，应避免在库房内使用碘钨灯照明，也不宜用荧光灯，使用白炽灯应尽量不超过60瓦；确保灯泡与遗产等可燃物保持50厘米以上距离，不用可燃物做灯罩[②]；可采取一些办法对外界光污染源做好过滤，以便将库房的最高照度值控制在国家相关标准推荐的50—75lx之间。例如，库房可以通过将主窗设计为北向而避免自然光线的直射，将库房窗户设计为小而少的模式并于窗玻璃上涂层或加设遮光百叶等方式滤掉光源的影响，应尽量减少藏品遗产直接复印的曝光次数而使用防止件代替使用[③]。

2. 库房防火控制。库房内保存的遗产以纸质可燃性材料居多，一旦发生火灾，损毁的遗产，其价值将无法计算，损失难以弥补。然而，据笔者走访调查所知，丽江地区的干旱在自然灾害种类中最为突出，因此，防火的意识一定要加强。国际档案理事会预防委员会撰写的《档案馆灾害预防指南》指出："火灾无论由何种原因引起，无疑是档案部门所面对的最具破坏性的危险。"[④] 收藏东巴古籍文献遗产的馆藏单位库房发生火灾最潜在的因素大致有：点燃明火造成的灾害、电气设备及电路系统管理不善引发的灾害、太阳光能辐射导致的灾害等。除了在库房建造时为预防火灾所做的专业设计，诸如库房合理布置、库房结构耐火、库房设置安全出口及防火门、火灾探测器及报警器之外，日常的消防意识及管理对于火灾

① 光污染，百度百科（http：//baike. baidu. com/view/21865. htm）。

② 曾翠沂：《档案库房防火安全工作不容忽视》，《兰台世界》2011年第5期增刊，第27页。

③ 罗茂斌：《档案保护技术学》，云南科技出版社2001年版，第149—154页。

④ 于海燕：《档案消防工作中存在的问题及对策》，《档案与建设》2009年第4期，第24页。

的预防也很重要。这些与人为因素相关的意识与管理工作需要通过培训、法律规范、标准化建设以及考核体系等加以约束得以实现。

3. 库房防洪涝控制。近年来，由于雨季期间城市内涝所造成的影响与破坏，以及2005年11月15日北京民族文化宫图书馆遭遇水灾的案例分析①，致使笔者重新反思库房防火问题的重要性。水灾的诱因有多种：夏季强对流天气引发的暴雨、连续暴雨引发的洪灾及城市内涝、库房建筑内水管未关或破裂引发的水患、库房内灭火淋水装置失灵造成的水患等。因此，收藏东巴古籍文献遗产的库房应该注意定期维护存放遗产地周围自来水管线系统以及库房所在建筑物内部的排水系统，位于地下的库房应设置防水屏障，而位于建筑物顶层的库房则应该注意检修房屋顶的防水涂层，将防水作为日常预防性保护的任务之一加以实践。此外，对于严重的水灾防治应与应急保护预警体系整合构建具体的保护内容。

4. 库房防害虫控制。东巴古籍文献遗产库房内啮齿类动物及虫害的防治也是需要在日常密切关注的保护工作，较之身材微小的库房害虫，啮齿类动物较易于被发现，但是杜绝此患便需要投入大量的时间与精力。啮齿类动物与害虫一样，繁殖快、周期短，食性广而杂，环境适应能力强。它们大都以几何级倍数由一份藏品迅速蔓延至其他藏品，通过细小的门缝、窗洞、下水道钻入库房内；而啮齿类动物又常常兼当搬运工角色将害虫带入库房。它们喜欢以库房藏品为食，在啃食遗产实体的过程中，对遗产载体造成了机械性的破坏，其排泄物遗留在遗产载体上又造成了纸张粘连和字迹的污损。对于这些虫害防治，应该从至少两个方面入手：一是做好日常卫生防治工作。清洁与消毒工作除了沿用传统办法之外，还可以借助新的研究成果，诸如利用臭氧消毒、利用高压静电净化环境等措施来辅助做库房的改造工作。二是理化防治结合实践。物理防治法较为环保，比如利用高温、低温、控制相对湿度、电离辐射、微波技术、缺氧等方法杀灭虫害，但是，受场所、遗产放置、通风、温湿度等多种因素的影响，库房内的实际条件很难精确至物理防治法理想的状态，因此，单凭一种方法很难消灭虫患；化学防治法效果较好但毒性较大，比如使用萘、溴甲烷、磷化铝、磷化锌、磷化钙、硫酰氟、环氧乙烷等化学试剂杀灭害虫能取得

---

① 赵大莹、张志清：《图书馆水灾实例分析：北京民族文化宫图书馆水灾》，《档案文献修复保护研究与探索》，教育科学出版社2007年版，第175页。

较好的效果，然而，对操作人员的要求却很高，一旦操作失误将会对相关人员生命危险。化学试剂在杀虫过程中会受到化学试剂本身性质、库房内温湿度、害虫不同发育阶段耐药性、害虫种群密度等因素的干扰，因此，必须将物理、化学防治法结合在一起，根据不同的时机选用不同的方法进行操作，才能做好预防性保护的工作任务。①

5. 库房防盗控制。由于东巴古籍文献遗产特有的记录类型以及珍贵的文化遗产价值，导致文物倒卖黑市交易行为异常猖獗。因此，作为保存着大量东巴古籍文献的基层馆藏单位库房，更不应忽视开展防盗工作。据笔者走访获悉，现阶段，在基层馆藏单位中，仅通过两个途径来维护遗产的安全：一是安装监控摄像头，二是库房双套钥匙制度，即开启库房大门的钥匙分为两把，分别保管在馆藏单位保护科室负责人以及馆藏单位主管领导的手中，必须两人同时在场才能打开大门。笔者认为，防盗工作的开展除了制度监督之外，还应借助技术来实践。一方面，应在库房内加装摄像仪器及报警器；另一方面，应对库房门锁系统尽快升级，更新防盗系数过低的 A 型锁芯，如果条件允许，还可在大门以及库房内各窗户旁设置红外线感应报警系统以防盗窃。由于东巴古籍文献遗产珍贵的遗产价值、官方征集东巴古籍文献的资金缺失、国外研究东巴文化的火热、民间收藏东巴古籍文献的投机心理以及东巴古籍文献变卖后能为乡村东巴解决生活困难等现实因素的客观存在，致使倒卖东巴古籍文献的犯罪行为从未间断。据笔者走访所知，丽江地区目前发生东巴古籍文献倒卖的活动已大大减少，然而，位于四川俄亚地区的纳西族聚居区却成了非法倒卖活动的重灾区。随着时代的发展，人们对于遗产的关注度也一再推高了东巴古籍文献在黑市倒卖中的价格，如今东巴古籍文献的倒卖价格约是 1000—2000 元/册。对于这种非法倒卖遗产的行为，一般应由文化部门的稽查大队联合公安部门负责查处。但是，鉴于东巴古籍文献遗产的多重属性，笔者认为应在遗产保护事业体系平台上，由各参与方共同签订联合执法的协议，不仅能发挥各方业务优势，确定犯罪行为的社会危害度，也能为遗产潜在的流失风险堵好孔、把好关、站好岗，还能借助联合执法，促进遗产保护事业体系各方和谐沟通机制的良好发展。

① 罗茂斌：《档案保护技术学》，云南科技出版社 2001 年版，第 193—207 页。

第五节　东巴古籍文献遗产应急抢救性保护技术

东巴古籍文献遗产的保护过程总会遭遇到一些不可预计的风险，单凭日常预防性保护的常规工作很难保证遗产长久性的安全。因此，开展遗产应急抢救性保护控制需要从多个方面入手。应急抢救性保护技术的机动性与长效性有赖于政策的支持，遗产保护体系中的各参与方不论是各自内部的保护协调制度，还是各方之间的保护合作机制，都是确保应急抢救性保护控制的根本；应急抢救性保护的顺利推进还需要标准化建设的配合，以便于通过法制监督应急抢救性保护的具体操作规范；应急抢救性保护的实施也必须按照有序的步骤进行，当灾害发生时，需要尽快确定应急抢救等级所对应的工作要求及内容，不论哪一种应急抢救保护都至少需要明确四项任务：对东巴古籍文献遗产信息进行数字化移存、对应急抢救执行活动的建档登记、对遗产实体临时库房的转移准备以及实施具体的抢救性保护技术。

由于本书保护对象中的石刻、木料载体形态遗产现存数量十分罕见，因此，笔者无从对其作出相应的保护判断，故而在下文中将只对直接形成的纸质、布质、声像、数字载体形态遗产进行必要的研究。

一　传统纸布载体形态遗产灾前抢救性保护技术

传统载体形态东巴古籍文献遗产是指以东巴手工纸为主、辅以布料记录的东巴古籍文献物质载体库房藏品。结合东巴手工纸厚实粗糙易吸附灰尘且纸张白度较低的特点，笔者认为灾害发生前的抢救性保护技术主要集中在两个方面，即去污以及加固修复。

（一）去污技术

东巴古籍文献由于形成年代久远，早期又几乎均保存并使用于民间的各类宗教祭祀或民俗活动中，因此，收集保管于馆藏单位库房内的遗产或多或少会有灰尘及污斑。据笔者观察后发现，东巴古籍文献遗产表面附着的污斑以油斑及血渍居多，如图5－10以及图5－11所示。

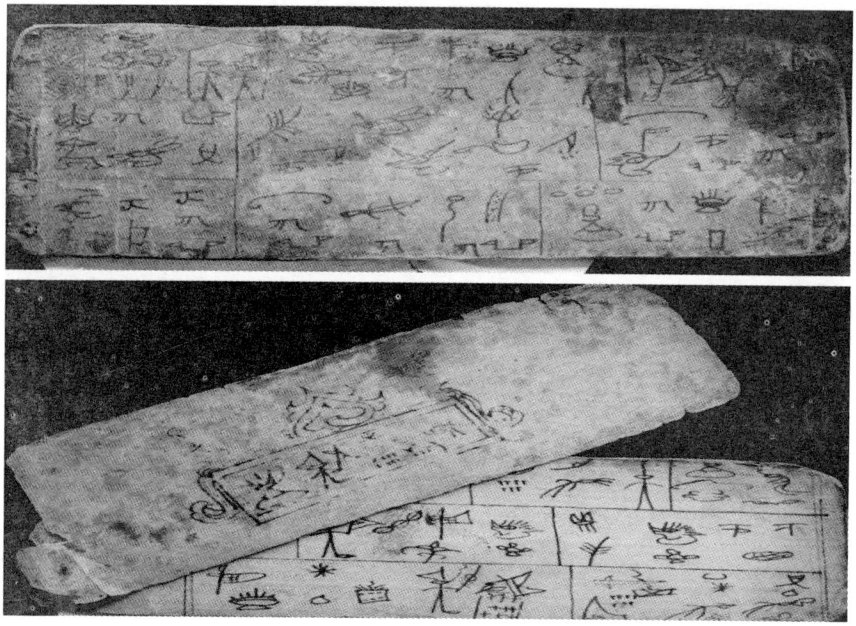

图 5－10　表面布满油斑的东巴古籍文献遗产

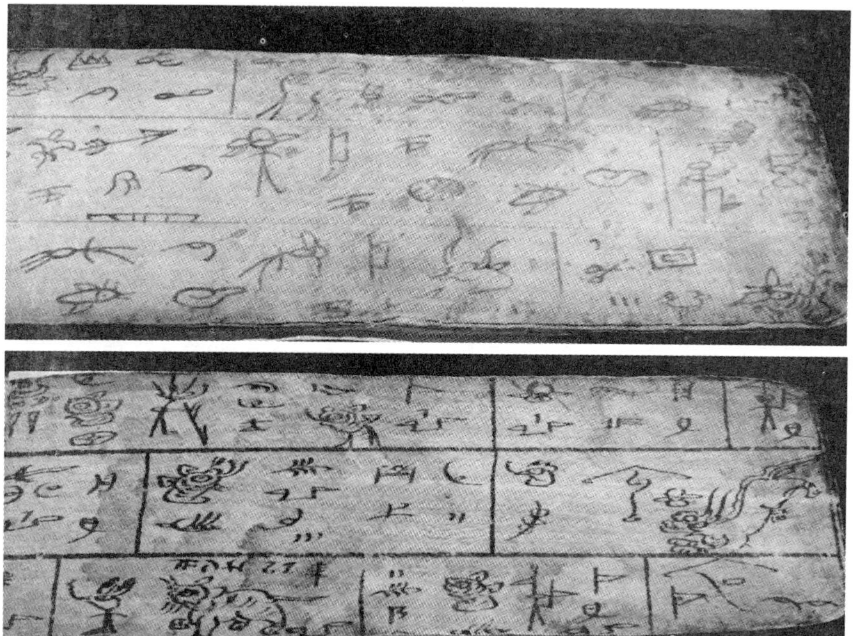

图 5－11　表面布满血渍的东巴古籍文献遗产

馆藏单位库房内保管的、有污斑存在的东巴古籍文献中，大部分都是油斑与血渍并存于一身。借鉴档案抢救与保护“最小干预原则”的精神，对于仅局部浸有油斑或溅有血渍的保护对象，可以根据遗产等级划分的结果来判断是否需要列入抢救性保护控制名单。而对于油斑及血渍已遮盖了东巴象形文字迹或污染了大面积篇幅以至于无法阅读或识别的东巴古籍文献，则应该采用应急抢救性保护技术来恢复遗产的内容信息。

1. 洗涤法。通常情况下，对于生存状态较良好的东巴古籍文献，可以在检测分析污斑的水油性质之后，采用清洁的蒸馏水对存有污斑的区域进行去污处理[①]，也有部分学者推荐使用氨溶液洗涤遗产上的污斑。由于老旧的遗产通常都存在诸如，纸张内纤维素分子间的氢键破裂导致的纸张强度、白度及耐久性降低等问题，使用氨溶液清洁之后，可以使纸张纤维素分子间的交联键破裂后重组出新的氢键，从而解决纸张之前存在的一系列问题。[②] 对于既不溶于水又不溶于油的污斑而言，还可以采取漂白去污洗涤法进行清洁。漂白去污采用的是氧化还原的清洁原理，然而，氧化还原本身较为复杂，鉴于同样的反应物，在不同条件（温度、浓度、介质酸碱度、催化剂等）下，也会有不同产物的实际情况。因此，要对遗产表面上污斑的成分和性质进行深刻了解，还应对去污反应主要产物的组成、结构和性质清楚了解。[③]

常用的漂白去污洗涤法分别是：过氧化氢—乙醚法、氯胺 T 法、高锰酸钾—亚硫酸氢钠法、次氯酸盐法、亚氯酸盐法、二氧化氯法等（详见图 5 – 12）。

东巴古籍文献作为东巴经在使用过程中，常会被东巴直接带至祭祀场地，在行祭祀仪式的过程中，例如祭天等仪式活动，需要献牺牲敬天神，因此，东巴古籍文献很难避免不被溅洒到血渍。这些血渍很难去除，尤其是当陈旧的血渍已经氧化后，会与蛋白质络合凝固于纸张上形成血斑，靠一般的化学试剂也很难做到彻底清除。陕西省科学院酶工程研究所的马红艳等学者经过反复研究，发现生物酶的降解作用能显著改

① 仝艳峰：《云南少数民族档案文献遗产保护研究》，博士学位论文，云南大学公共管理学院，2011 年，第 211 页。

② 张清志：《档案去污若干理论与实践》，《浙江档案》1993 年第 6 期，第 38 页。

③ 同上书，第 39 页。

善血斑在载体上的留存。其工作原理主要在于蛋白酶可以分解血红蛋白，脂肪酶可以降解血渍中的脂肪成分，淀粉酶和纤维素酶可以作用于血渍污布的淀粉浆料和纤维结构，从而达到清洗血渍的目的。[①] 实验证明：各种酶对洗涤效果的影响大小顺序依次为：蛋白酶 MDB－1＞脂肪酶 MZF－1＞纤维素酶 MXW－2＞淀粉酶 MDF－1[②]。

去污方法	优点	缺点	备注
过氧化氢—乙醚法	1.漂白剂性质温和 2.无有害副产物生成 3.操作方便	1.过氧化氢不稳定 2.去污能力较弱	可作首选方法
氯胺T法	1.作用平和 2.去污能力强 3.操作较方便	1.遇空气会分解 2.170℃以上爆炸	去污后要清洗残留的氯胺T
高锰酸钾—亚硫酸氢钠法	1.去污效力强 2.操作方便，可不用通风橱	1.高锰酸钾有紫红色 2.去污液为酸性	高锰酸钾遇乙醇分解
次氯酸盐法	1.去污效力强 2.操作尚简便	1.对档案纸张伤害较大 2.不稳定、易分解、爆炸	要慎用
亚氯酸盐法	1.较次氯酸盐稳定、温和 2.较二氯化氯易储藏和运输	易分解，爆炸	价格较贵
二氧化氯法	1.可有效地去污而且对纤维伤害小 2.可用于气息去污	1.沸点低（10℃），不便储运 2.易爆炸	1.用空气稀释后再用，防爆 2.在通风橱

图5－12　几种漂白去污洗涤法的优缺点示例图

资料来源：张清志：《档案去污若干理论与实践》，《浙江档案》1993年第6期。

2. 有机溶剂擦除法。东巴古籍文献表面上的油污是非极性或弱极性的物质，故可以通过有机溶液擦洗清洁。常用的有机溶剂有乙醇、甲醇、苯、甲苯、丙酮、乙醚、三氯化碳、四氯化碳、正乙烷、石油醚、吡啶、汽油和松节油等。擦除时可先将附着油斑的东巴古籍文献扣置于白色滤纸上，用棉球蘸取溶剂于需要清洁的遗产背面油斑处反复擦拭，这样一来，溶剂将油斑溶解之后就被垫在下面的滤纸吸收了，保持反复擦拭直至油斑消失即可[③]。

---

① 马红艳、马齐、张强等：《生物酶去血渍性能研究》，《应用化工》2007年第10期，第959页。

② 同上书，第963页。

③ 罗茂斌：《档案保护技术学》，云南科技出版社2001年版，第237页。

（二）加固修复技术

纸质东巴古籍文献的破损情况主要集中于经书折痕处的毛茬化以及经书外围边框的缺损化。除了纸质东巴古籍文献之外，一部分东巴卷轴画也有比较严重的腐蚀与破损（如图 5－13 所示）。但是，限于东巴卷轴画藏于馆藏部门库房内禁止探访的原因，笔者无法就其近景取得很好的拍摄条件；而展示于博物馆内的东巴卷轴画又因展示柜距离、灯光、玻璃反射等条件的限制，故笔者始终未能如愿对其进行拍摄。

图 5－13　东巴古籍文献破损待修复的对象示意

但是，笔者通过实地调研期间的努力，获得了一些东巴手工纸的纸样，通过对这批纸样作出系统的物理分析（如表5－1所示），得出的纸样数据信息可以为加固修复技术的研究提供很多关于手工纸内在物理属性的第一手可靠资料。

表5－1　东巴手工纸与其他纸样物理实验对比

实验项目＼纸张种类	生宣纸（安徽泾县）	机制纸（70g）	东巴手工纸（大具乡）	东巴手工纸（三坝乡）
白度（标准值：84．5）	87.7，87.8，87.8，87.2，87.4	82.0，81.4，82.3，82.1，82.5	38.9，38.7，40.1，39.7，39.4	44.1，39.6，41.9，40.1，41.7
	平均：87.58	平均：82.06	平均：39.36	平均：41.48
撕裂度（单位：mN）撕裂度值＝读数×16/层数	（层数：3）693.33，586.67，1226.67，480，960，373.33	（层数：3）480，480，693.33，506.67，800	（层数：1）6080，5600，4640，6720，6400	（层数：3）1840，1600，2133.33，1440，1333.33
	平均：864mN＝0.864N	平均：592mN＝0.592N	平均：5888mN＝5.888N	平均：1669.33mN＝1.669N
耐破度（单位：MPa）	0.055，0.050，0.040，0.045，0.050	0.155，0.145，0.135，0.150，0.140	0.260，0.275，0.360，0.360，0.370	0.125，0.130，0.145，0.155，0.110
	平均：0.048MPa＝48KPa	平均：0.145MPa＝145KPa	平均：0.325MPa＝325KPa	平均：0.133MPa＝133KPa
抗张强度（拉力）夹距：150mm 宽度：15mm 方向：纵向 纸样定量：100g/m	18.14，16.79，13.89，17.65，12.76	31.5，35，36.5，38.75，33.34	35.97，31.09，26.19，42.09，44.52	25.96，22.54，21.03，27.94，24.38
	平均：15.846N	平均：35.018N	平均：35.972N	平均：24.37N
耐折度（单位：次）	4，3，3，6，2	7，6，6，5，9	511，611，437，794，1316	43，11，20，25，12
	平均：3.5次	平均：6.5次	平均：733.7次	平均：22.2次

说明：实验仪器设备明细：1. WED－1B型数显白度仪；2. ZPM－1000型纸张耐破度测定仪；3. ZSE－1000型纸张撕裂度测定仪；4. VLD－300型微电脑测控拉力试验机；5. MIT耐折度测定仪。

制造东巴手工纸的原料一般来说有荛花、构皮树以及竹子①三种，构皮

① 在笔者实地走访调研过程中，和力民老师也提到1988年他在纳西族东部方言宁蒗地区调查时，曾经见到过以竹子为原料制造的手工纸，而后在前些年也的确遇到数量极少的竹纸东巴手工纸。这个发现也引起了笔者高度重视，由于此次未能收集竹纸手工纸以待作出进一步理化分析，因此，在今后的日子里笔者也将继续关注这块研究领域。

树嫩皮纤维柔软、杂质少，用此原料造出的纸张颜色黑且纸质较软，书写时易回潮致使墨迹洇散。荛花可作药用（去水肿、祛痰），内皮色白。其皮有毒，用此原料生产的纸张具有耐火、防潮、防蛀等特点，便于保存。

从表 5 - 1 中可知，笔者所采集的两类东巴手工纸中，产自丽江大具乡的手工纸无论撕裂度、耐破度、抗张强度，还是耐折度都强于其他纸样。张美丽等人也就东巴手工纸的纸张耐久性通过干热加速老化实验，对纸张的白度、耐折度、抗张强度与红外光谱做过系统的分析[①]。分析得出的结论说明，东巴手工纸的纸张耐久性较好是由于东巴手工纸造纸原料荛花，其纤维长而细，交织紧密；东巴手工纸的造纸过程简单原始，使用较为温和的碱液对纤维进行蒸煮，期间在对纤维造成微小损伤的前提下去除杂质的同时不添加化学漂白剂，使得纸张能长期处于一种天然的弱碱性环境。

基于上述对纸质材质遗产理化的分析，馆藏单位中部分遗产的确存在折痕处破损明显等亟待修复的现象，考虑到东巴古籍文献双面记录的特色，可采取胶粘剂喷涂、热压加膜或溶剂加膜法、丝网加固法或派拉伦涂覆法技术实现修复[②]。胶粘剂喷涂法中使用的胶粘溶液质量要求严格，结膜性能好的胶粘溶液才能确保胶粘喷涂耐久性使用，且对东巴古籍文献无害，并具有良好的可逆性；加膜法使用成本较低，易于推广，然而，热压加膜可能对东巴古籍文献载体造成热损害。因此，可以使用高分子树脂溶液加膜法取代热压法，树脂溶液由于无副作用、操作可逆、防水等特点，使其成为近年来研究的热点之一。但是，长远期的使用反馈及耐久性等理化性能还有待继续深入实践；派拉伦涂覆法作为真空加膜技术的延伸运用，其实也属于加膜法之一。派拉伦作为一种聚酯保护材料，无色透明。它可以涂覆于任何形状物体之上，并在表面形成一层透明保护膜，肉眼看不见，手感不明显，涂覆后可以阻断保护物受外界环境的影响。然而，派拉伦还原性较差，且造价昂贵，难以推广；丝网加固具有轻、薄、软的特点，透明度高、可逆性强。然而，经调查发现，丝网加固后的保护对象，经过 20 年的变化，丝网自身的老化大于纸张，而且丝网不防虫霉及酸化。[③] 因此，对

① 张美丽、汤书昆、陈彪：《云南纳西族东巴纸耐久性初探》，《中国造纸》2012 年第 31 期第 12 版，第 41—44 页。

② 罗茂斌：《档案保护技术学》，云南科技出版社 2001 年版，第 248 页。

③ 钱唐根：《论派拉伦涂敷技术在档案修复中的应用》，《档案文献修复保护研究与探索》，教育科学出版社 2007 年版，第 55 页。

于究竟使用何种修复技术于东巴古籍文献遗产保护工作，还是应该持严谨态度，可根据馆藏情况选取一小部分遗产作为试点，经过遗产保护体系各参与方的通力合作分析，在确定最终合适的方案之后再行推广。

对于布料材质的东巴卷轴画而言，画卷上积聚污斑的清洁比较复杂，这是因为污斑不仅与画卷纤维的种类、组成、结构及性质有关，还跟布料的颜色、污斑的种类及性质紧密相连。因此，可以通过干、湿两种洗涤法清洁。由于洗涤法中涉及化学溶剂的使用，故实施之前，务必要先为画卷做脱色试验，并注意操作过程中的人员安全。湿洗涤法将画卷浸泡于蒸馏水、碱性水、漂白剂或混合剂①中，用软毛刷轻轻刷除污斑。干洗涤法主要针对质地较薄、破损处较多、较大的画卷，一般可以采用蒸汽干洗、有机溶剂②擦除的去污办法来完成。据笔者的目测，现存于馆藏单位公开展示的东巴卷轴画大多存在着诸如朽坏、破洞、断裂、抽丝、撕裂、画面褪色等问题。因此，还需要对画卷进行加固修复处理。针对东巴卷轴画的特点，采取高分子树脂加膜法技术来修复比较恰当，相对于丝网加固技术中的丝网存在腐朽的隐患、派拉伦涂敷技术不可逆等特点，高分子树脂加膜不仅保持了画卷原样，还能有效阻隔外界的污染及影响。当然，没有哪一种修复技术是可以在修复对象不经清洁就直接使用的，因此，对东巴卷轴画的修复应该将清洁与修复结合在一起考虑，结合画卷的材质理化分析，选择最适合的技术方法。针对这些问题，笔者希望通过今后的持续研究得以逐次解决。

二　声像数字载体形态遗产灾前抢救性保护技术

鲜活生动的东巴文化从未以任何固定的一种载体形式存在过，除了民间举行与之有关的节庆活动、科研院所为研究而做的田野调查以及教育组织开展东巴文化传承时，会借助一些数字化设备将这些动景拍摄下来进行保存。这些拍摄形成的各种形式的记录便自然而然成为反映东巴文化价值

① 混合剂配方（以重量计）：乙醇 9 份、丙酮 1 份、醋酸乙酯 6 份、三氯乙烯 2 份、洗涤剂 10 份、醋酸 2 份、水 70 份。见罗茂斌《档案保护技术学》，云南科技出版社 2001 年版，第 289 页。

② 有机溶剂包括酒精、丙酮、汽油、甲苯、苯、三氯乙烯、二氯乙烯、石油溶剂等。见罗茂斌《档案保护技术学》，云南科技出版社 2001 年版，第 290 页。

与内容的档案材料，并应该与东巴古籍文献一道，作为东巴古籍文献遗产的组成信息而得到合理有效的保护。总的来说，据笔者走访及自己做田野调查时的经历而言，东巴文化声像数字载体档案一般集中于四种类型，即胶片类、磁带类、光盘类、硬盘类。针对这四类档案的抢救性保护控制主要反映在胶片类档案恢复弹性、磁带类档案避免记录内容消磁、光盘类档案注意防划伤以及硬盘类档案则防止内部磁盘损坏等几个主要方面。

1. 胶片类档案的抢救性保护技术。丽江地区干燥少雨，胶片档案在保管及使用过程中很容易因干燥而引起胶片弹性的下降。因此，最直接的办法即是通过增加库房的湿度而恢复胶片弹性。这里必须说明，省内大部分馆藏单位库房未做严格区分管理的情况非常普遍，即所有文献档案遗产，不论什么载体形态，全部放在同一个库房内。通过分析可知，不同载体的藏品具有不同的属性，相对应不同的保护技术，如果全部放在一起，将无法找到适合所有藏品的保护技术，更何况使用化学溶剂时，化学溶剂中的元素会跟不同的物质产生完全相异的化学反应。因此，对于声像类档案的保护，应与传统纸质类东巴古籍文献执行严格的分开保管制度。由于基层馆藏部门的实际情况较为艰苦，如若实在不能建盖多个库房分别保管的话，也可以通过一些装具将不同载体的藏品区分开。鉴于反映东巴文化的声像类档案数量少，可以通过购置胶片柜的方法来营造库房内的第二空间，从而不必对整个库房实施增湿处理，而只用借助放置润湿药品在胶片柜内的方式来实现。润湿药品可以由馆内工作人员自行配制，如饱和食盐水或者由13克异丙酮、40克甘油、47克蒸馏水混合制成，将棉花或海绵等多孔材料浸湿后置于敞口容器上，放于胶片柜即可①。

2. 磁带类档案的抢救性保护技术。磁带类档案记录着东巴们举行祭祀仪式过程的口述、纳西族民众参加节庆活动时的歌唱与舞蹈背景音乐等场景等内容，对于研究及传承东巴文化有着非常重要的作用。为了避免保管过程中外界环境对磁带类档案造成的伤害，可以借鉴胶片类档案的做法，使用特殊的抗磁档案装具形成库房内的小循环；为了避免外界的磁场，库房内应清除或搬离任何带电的设备；还应对磁带进行定期倒带以维护带基，一般年均倒带两次为宜，采取正反两面轮流倒带的操作原则，以

① 罗茂斌：《档案保护技术学》，云南科技出版社2001年版，第263页。

便减少“复印效应”，保持清晰的声音[①]。此外，为了防止磁记录信息的丢失，应将磁带类档案信息转存备份至其他载体保存。

3. 光盘类档案的抢救性保护技术。光盘类档案记载着多种形式的东巴文化，不仅有拍摄的图片，还有摄录的声音与影像资料，相较于胶片类与磁带类档案而言，光盘类档案整合了两者的优势。因此，对于新时期的东巴文化研究与保护来说，光盘无疑是其最常见的载体。划伤是光盘最常见的机械性损伤，保管与使用过程中，只要稍有不慎，光盘就会变得满身伤痕。为了避免并保护好光盘类档案，笔者认为需要做好以下几个方面的工作：一是选用高质量的光盘记录东巴文化信息；二是注意光盘的放置位置，避免两张光盘背对背的摩擦放置；三是操作或取放光盘时，注意佩戴手套；四是使用完毕的光盘应放置入专门的塑料盒子内，并采取数张光盘平放或竖放的方式保存，以防光盘由于受力不均导致变形或扭曲[②]。

4. 硬盘类档案的抢救性保护技术。移动硬盘是当前最为主流的保存数字档案信息的物质载体，对于东巴古籍文献遗产而言，由于内容众多且借助于外接设备录入的数字信息通常以图像、音频、视频等格式存储，所占空间较大，因此，移动硬盘比较适合用于遗产数字信息的保存。硬盘的磁头是最重要也最容易损坏的部件，硬盘读与写都需要磁头运转，而磁头对信号变化又相当敏感，因此，试用期间务必养成一些良好习惯，如正确关机、正确移动、注意防震、避免使用途中断电、保持干净的工作环境、减少频繁操作、定期整理碎片等。

此外，当进行大规模存储大容量东巴古籍文献遗产数字信息时，还可以使用磁盘阵列。磁盘阵列是由很多价格较便宜的磁盘，组合成一个容量巨大的磁盘组，利用个别磁盘提供数据所产生加成效果提升整个磁盘系统效能。[③] 通过购买磁盘阵列柜、磁盘阵列卡以实现遗产数据稳妥存储。

---

① 柏红英、李玉虎、周亚军、马灯翠：《磁带档案的保护》，《陕西档案》2009 年第 6 期，第 52 页。

② 柏红英、李玉虎、周亚军、马灯翠：《从光盘的组成材料谈光盘档案的保护》，《兰台世界》2009 年第 7 期，第 44 页。

③ 磁盘阵列，百度百科（http：//baike. baidu. com/link？ url = fnJ5rtmy3lTgKF5ftTCDOACbw3KYCMyhS9r9FvLIln0l0fPgMEfT2mYT6L6q50lo#6）。

总的来说，不论是哪种形式的声像数字档案，都需要首先营造一个良好清洁的库房大环境，库房内适宜的温湿度、防光、防尘、防微生物、防污染，以及整洁干净的库房周边环境是确保声像数字档案实现长存的首要任务。

三　东巴古籍文献遗产灾后应急抢救性保护技术

骤然性的灾害特别容易引发东巴古籍文献遗产受灾，对于馆藏单位库房的藏品遗产而言，可以通过一切人为的应急抢救性保护技术来确保安全。但是，对于散存于民间的遗产而言，则很难进行同样及时的抢救。因此，在无灾害发生期间，应尽快组织人力对民间散存的遗产进行清查、登记、拍摄复制、信息采录以及建档保护。此外，适当的应急抢救性保护演练也是必不可少的。

结合收藏东巴古籍文献遗产地区的气候特征，触发应急抢救性保护的灾害主要有地震、暴风雨、雷电、森林火灾、干旱以及泥石流，这些灾害大致易于导致东巴古籍文献遗产面临火灾、受压以及水灾的破坏。

1. 火烧东巴古籍文献遗产应急抢救性保护技术。不同纸张在燃烧后的形状与颜色变化不同，均存在一定程度的卷曲、破碎、粉末化。东巴手工纸的制作原料、制作过程以及填料性质都较机制纸更原生态，因此，其形状及纸张平整度在短时间内的燃烧之后能基本保持不变，只是面积缩小且字迹消失。[①] 如果长时间燃烧，炭化后的遗产将完全丧失价值。对于这些受灾遗产的应急抢救性保护工作主要在于托裱、加固及字迹恢复三个方面。考虑到东巴古籍文献双面记录的特点，托裱所使用的干托法或湿托法都需要谨慎地集中在小面积进行修补；将失灭处修裱完毕后，建议使用高分子树脂加膜技术对火烧遗产进行整体加固；对于被火焚烧过的字迹，则可以通过物理显色法，即红外线照相法、紫外线照相法，或者数字图像处理技术对褪色字迹进行恢复。

2. 受压东巴古籍文献遗产应急抢救性保护技术。地震、泥石流等灾害会引起建筑物倒塌，极易造成馆藏单位库房中遗产藏品的受压，产生较

① 仝艳峰：《云南少数民族档案文献遗产保护研究》，博士学位论文，云南大学公共管理学院，2011 年，第 197 页。

强的机械性损伤；如果再遇上受潮的影响，则双重伤害下的遗产会出现严重的粘连。对清理出来的遗产藏品务必要明确其受伤的程度，如果内部存在机械性损伤，而外部出现严重粘连的话，则决不可轻易使用干揭法强行拉扯遗产，以免造成二次伤害。应尽量采用淋水或蒸汽湿揭法等技术以破除外部粘连，用柔软的毛刷将内部的污物清理后，进行去湿干燥，之后再通过修裱与加固的技术来固定受损的遗产。

3. 水泡东巴古籍文献遗产应急抢救性保护技术。东巴手工纸与一般机制纸相比，其吸水量更大。因此，水泡遗产藏品面临着更严重的粘连及霉变的潜在危险。① 发生水泡遗产藏品的事件后，应立即将被浸泡过的遗产转移至安全的区域，用软毛刷清除遗产页缝中的污泥，完毕后，可将遗产放置于空库房内，使用大型去湿机分批对遗产进行去湿。在此期间，可配合多层木架及吸水纸，多层木架用以有序地摆放遗产，吸水纸则应选取宣纸一类吸水性较强的手工纸，垫于水泡遗产的两页之间。待全部去湿并彻底排除霉变隐患之后，再进行下一步干燥处理，可选取红外线干燥法或自然晾干法。红外线干燥法速度快、效率高，但需要注意操作过程中对设备的精确控制，以免干燥过快而损伤纸张；自然晾干法只适用于水泡程度较弱的遗产，此法成本低、操作简便，但速度较慢，且需要坚持在晾晒过程中来回翻动遗产页面以及平放于台面上以免遗产表面生皱。当完全干燥之后，需要对之前水灾、抢救过程中造成的破裂处、失损处进行修裱。修裱的方法与火烧遗产类似，需要格外留意双面记录的象形文字完整性。

第六节　东巴古籍文献遗产的创新开发利用

按照本章之前对于“建档”“数字化技术参与遗产保护”“预防性及应急性保护”的论述顺序，根据档案学基础原理，结合东巴古籍文献遗产的特点，保护方法可以充分借鉴“档案管理”理论。基于“档案管理”原理指导，保护策略的前端是对遗产实物进行建档整理与保管维护，则接

① 陶琴、荆秀昆：《应对水淹纸质档案的抢救与保护对策》，《档案学研究》2006 年第 1 期，第 51 页。

下来应该对遗产信息进行后端编研利用。东巴古籍文献遗产保护的最终目的不是为了用各种政策与技术让遗产实物沉睡在库房里，而应该挖掘遗产信息，将遗产文化资源运用到振兴民族文化，繁荣中华文明的高度。因此，当我们在解构东巴古籍文献遗产内在传统内涵，并在新的历史时代背景下重组遗产内容的基础上，应该充分做到创新开发利用文化资源优势。创新开发利用东巴古籍文献遗产的实施不仅能够充分证明文化遗产创意成果在社会经济发展中所发挥的作用，也能为东巴古籍文献遗产保护事业的健康可持续性发展提供有力的服务，同时，还能作为检验标尺用以衡量遗产保护工作开展的总体态势是否和谐与科学。

针对东巴古籍文献遗产开发利用缓慢、社会认同不足、人们易于曲解的事实，笔者认为，树立遗产开发利用意识、明确遗产开发利用意义、实施遗产创新开发是本时期迫切需要着力推进的几个保护工作任务。

一　树立遗产开发利用意识

东巴古籍文献遗产开发利用与档案开发利用一样，处于保护工作的最后一个环节。由于历史、体制、政策、保密等原因，致使档案开发利用工作长年处于可有可无的境遇。东巴古籍文献遗产相较档案而言，保密等敏感因素的影响很小，因此，更应该系统完成保护事业上的各项工作步骤。遗产开发利用完成不力，不仅影响整个遗产认同感的提升，更会危害与阻碍遗产框架内各项保护实践的良性循环。对于官方机构而言，遗产开发利用不善将导致收藏部门保护工作故步自封、科研院所保护研究纸上谈兵、政府部门保护政策轻描淡写；对于民间组织而言，遗产开发利用不力将迫使教育机构传承工作毫无活力、民间组织保护监督工作低质低效；对于社会参与方而言，遗产开发利用无为会使遗产保护理念更加绝缘于主流大众之外，从而人为破坏、践踏、鄙视遗产之举将加速蔓延。

1. 官方机构是东巴古籍文献遗产保护政策的制定者、主导者与推行者，这种在保护体系内所处的特殊位置与扮演的主要角色使得东巴古籍文献遗产保护事业的整体发展与官方机构之间存在着非常紧密的联系。（1）官方机构对待东巴古籍文献遗产开发利用的理念应该积极支持；（2）官方机构应该注重构建本地经济发展与文化繁荣之间的平衡；（3）官方机构应尽力为保护体系内其他组织发挥保护职能创造一个良好的政策环境；（4）官方机构针对打造良好的东巴古籍文献遗产保护政策环境，应抱有创新思维开展切实的政策制定与实施。

在上述官方机构的任务中，笔者认为影响东巴古籍文献遗产创新开发利用实施最重要的因素是“理念”与“政策”。“理念”是指官方机构认定东巴古籍文献遗产作为本地可持续性开发的文化资源的观念。将东巴古籍文献遗产视为建设文化繁荣地区所依赖的资源，明确文化资源既能搭台又能唱戏的本领，摒弃文化保护是拖累经济发展的落后思想，坚持文化繁荣与经济发展两手抓的互补偏废信念。“政策”是指官方机构为了提高东巴古籍文献遗产实施过程中开发利用的效能而制定出台的各项政策。我国现阶段，对于同类型的遗产对象保护政策在忽视各地实际情况背景存在差异的背景下太过于趋同，这种“一刀切”式的标准化保护政策不仅不能促进各地保护实践的开展，反而有时会成为保护事业的绊脚石。因此，鉴于东巴古籍文献遗产资源对于纳西族地区文化发展的重要意义，笔者认为，在遵守国家大政方针的基础上，对于遗产开发利用政策的构建还应勇于创新、敢于尝试。此外，在遵照法律法规执行的基础上，对于那些致力于东巴古籍文献遗产资源保护的组织及个人应给予必要的奖励与表彰，尤其是具备法人资格的经济体，则应该通过政策支持，即税收减免优惠政策等途径，实实在在地为东巴古籍文献遗产开发利用打造一片良好的外部政策环境。

各级收藏单位应该首先从了解掌握馆藏遗产情况的认知开始，在主管部门政策的支持下，努力为馆藏遗产信息作出传统的编研与开发利用。对于人员与技术短缺的问题，则可由保护体系内其他相关部门予以智力资本支持。当系统而常规的编研与开发利用工作在各级收藏单位开展起来后，针对社会需求的特色化开发利用也便能多出创新性成果。就现阶段条件来看，可在采用传统编研与开发利用方式的基础上，重视互联网、数字化、智能通信终端等技术的参与。这些技术与方法的可行性研究可由遗产保护科研院所负责完成，无论是开发利用相关政策，还是开发利用相关实践的科研工作，都可以在此环节加以系统地研究与论证。正如东巴古籍文献遗产立体保护实现工具中所列的关系一样，当前要将过去未开展起来的编研与开发利用工作重启，所涉及的部门、理论与实践等方面内容都需要进行深入的分析。

2. 民间组织是东巴古籍文献遗产保护事业中重要的组成部分，它独立于官方机构制定引导保护事业前进的政策，而又通过在保护体系中所处的特殊位置，结合与遗产保护科研院所统一的专业视角，对官方机构的政策理论与实践制定提供源源不断的保护信息流。东巴古籍文献遗产的创新开发利用对于民间组织而言，就好比一项工作挑战，有主动的一面，也有消极的一面。主动的方面在于，东巴古籍文献遗产的创新开发利用能给民间组织带来更多的活动机会、更宽松的活动空间、更有利的活动环境；消极的方面在于，东巴古籍文献遗产的创新开发利用为民间组织开展遗产保护打开了很多扇窗，推开窗户能看到阳关，也可能会有灰尘与飞虫漏入屋内。这里指的灰尘与飞虫就是遗产保护开展时不和谐的景象。例如，遗产保护民间组织和文化传承教育组织作为非财政拨款类的组织，维持组织正常业务运转的开支需要自筹等方式来解决，这可能会造成一部分自我约束不足的组织偏离正确的保护航线。基于此，民间组织对东巴古籍文献遗产的创新开发利用应注重“责任”与“监督”。

（1）“责任”是指民间组织的参与人员对东巴古籍文献遗产保护应具备规范的职业节操。从开发利用工作的起始之日，就应该充分信任东巴文化的价值，并具备强烈的认同感。对于遗产保护科研院所而言，则应该树立遗产文化产业构建与发展研究的理念，不仅从东巴文化与纳西族居住区经济发展如何平衡等小范围进行研究，还要从更高层次如何构建东巴文化产业体系等宏观范围进行持续性的研究。对于已取得的可行性研究成果则应本着“保护遗产，人人有责”的理念，与保护体系内其他部分进行协调合作，将科研理论真正转化为实际生产力。与官方机构的遗产保护科研院所合作，从而提供多元化的开发利用途径给收藏单位使用；与收藏单位合作，收集开发利用实践中存在的问题，寻找特色化的解决之道；与政府主管部门合作，提供开发利用的精品案例以便作出保护事业的长远规划；与文化传承教育组织合作，为文化传承教育提供更多所需之素材；与媒体方合作，为广泛宣传本地文化资源多样化服务于社会生活的理念提供渠道；与社会公众合作，打造文化资源户户通的基础上，为法人经济体开发文化创意产业服务。

（2）“监督”是指民间组织的参与人员及保护活动应受到必要合法的监督。东巴古籍文献遗产保护事业终究是以人为根本开展的工程，在民间组织开展东巴古籍文献遗产开发利用的过程中，一切相关实践都处于动态背景之下，虽然能够采取相应的法律和标准化来约束，但毕竟无法做到实时覆盖并反馈的状态。因此，必要的监督工作便不能遗漏。民间组织可以进行内部监督，还可以通过东巴古籍文献遗产保护体系内上层监督与下层监督相结合的方式来达到约束之目的。

3. 媒体方及社会公众是东巴古籍文献遗产创新开发利用实践的宣传方和见证方。经过上述几个经由保护体系参与部门与环节反复的实践，东巴古籍文献遗产创新开发利用通过媒体方的视角呈现在广大社会公众眼前的已不再是抽象化的规章条段，而是直观化的产品。这些基于东巴古籍文献遗产文化内涵的创新开发利用产品，经过了保护研究的发酵、保护政策的酝酿、保护实践的打造与包装，最终以多元化的形态问世。在此范围内，媒体方与社会公众方对东巴古籍文献遗产的创新开发利用实施承担了不同的保护任务，这些保护任务表现为“宣传”“学习”与“开发”。

（1）“宣传”是指媒体方为各类东巴古籍文献遗产开发利用产品所做的报道。媒体方作为一个传播媒介的统称，其内容包括了不同种类的媒介。传统的报纸、杂志、广播、电视，还有新型的互联网、数字化终端。在使用各类媒介的基础上，报道的类型和方式也是多种多样的，有直接利用其他部门制作完毕的成果进行宣传，也可以东巴文化资源作为素材，通过自创形式进行展示。特别是在数字化时代背景下，运用新型技术宣传的方式应当成为一种主流。以智能手机、平板电脑、电子媒体杂志为代表的宣传途径，结合创新性的东巴古籍文献遗产开发利用产品，必定能适应各个年龄背景人群的认知诉求。

（2）“学习”是指社会公众方对东巴古籍文献遗产各类信息进行主动或被动的获取行为。通过媒体方宣传报道的东巴古籍文献遗产，可以为社会公众被动地汲取与学习；通过参访民间组织或馆藏单位等做法，社会公众可主动地了解与学习东巴古籍文献遗产。当社会公众实现了对遗产学习的任务后，社会公众不仅能丰富自我对于遗产保护认知的内容，还能结合自身知识背景与文化修养，对东巴古籍文献遗产进行开发利用的创新式再创造。而鉴于社会公众是遗产保护体系中的参与一方，这种颇为振奋人心的东巴古籍文献遗产开发利用再创造能够产生大批基层性、草根性、通俗性的产品。

（3）“开发”是指社会公众中具备法人资格的经济体对东巴古籍文献遗产各类信息资源进行整合创新以制出产品的行为。遗产保护必须与时俱进，若持续进行低效重复粗放型开发利用，则最终只会让保护之路越走越窄。遗产保护不仅注重静态维护，还要构建动态开发。动态开发的目的是将传统的遗产精髓与最前沿的时代环境整合在一起，确保传统的遗产保护闯出一条新路。东巴古籍文献遗产是区别于一般档案而独特的遗产，它既静又动的性格决定了开发利用不仅需要在收藏单位实施，还应在与市场紧密接轨的企业实施。而前述的一系列环节都能为企业实施东巴古籍文献遗产开发利用提供全面丰富的素材与灵感，因此，企业在此实践环节大有作为。如同笔者在丽江古城里看到所售商品重复率可怕的现象，很多人对此都已感到极大的审美疲劳与创意枯竭。究其原因，正是由于对东巴古籍文献遗产资源开发利用的认识不够、漠视既有的文化资源内涵等原因所引起的连锁反应。长期以来，我国在这类文化资源开发利用上反复摔跟头。例如，我国的传统故事《花木兰》被美国迪士尼公司包装后成为叫好又叫座的经典影片；以我国著名动物熊猫为原型制作的《功夫熊猫》系列电影，都取得了巨大的收益。可见，文化资源并不是天生就与市场为一对冤家，反而是可以大力促进市场经济发展的重要力量。企业不能短视地认为文化创意必须投入巨资，文化创意非普通人能够企及。如果企业不能自发反思并开发出全新的文化创意产品，那么打着所谓“东巴”的旗号吃老本只能是死路一条。处于东巴古籍文献遗产保护体系内全体参与方都应清楚地看到，任何一方都是与其他方捆绑在一起的，各方之间的关系即是“一损俱损、一荣俱荣”。因此，在官方机构为打造良好的开发利用环境积极努力时，企业作为最广泛的市场经济单位，也理应积极投身于创新开发利用的实践中来。东巴古籍文献遗产就好似粮仓里堆放着的粮食，人们的生活离不开它，但不能直接拿来就吃，而需要挑选后进行适当的烹饪和加工，才能把精美的粮食变成香甜可口的米饭。如果一直无人打理这些粮仓里的粮食，那么，虫蚀鼠啃、风吹雨打也会逐渐使精美的粮食变成一堆腐朽的渣滓。因此，东巴古籍文献遗产的保护需要日常维护，更需要精细化加工，通过打造东巴文化创意产业，丰富东巴文化产品，构建文化遗产创新开发利用环境，做强文化软实力。最终实现社会各界广泛参与、动静态相结合地保护好东巴古籍文献遗产之目的。

二　明确遗产开发利用意义

长期以来，“文化类遗产事业”与“国民经济发展贡献”两者的关系都一再被人误解，有的人认为文化遗产事业对国民经济发展毫无贡献可言，相反，文化遗产保护是项烧钱的事业，因此，两者无法同步推进。只有经济状况良好的地区才有实力去关注，而对于经济状况不佳的地区则应该先把民生问题搞好，遗产保护无暇他顾；有的人则把遗产当作圈钱的工具，只顾当前短期经济利益，为了提升知名度不惜给遗产穿上“假、大、空”的外衣，这种一时之利燃烧迅速，打造之时举全力却耗尽未来资源，衰败之后换取的是一方人民之幸。因此，这些歪曲化、短视化的遗产开发利用不仅毁了遗产，也毁了开展遗产开发利用的信心。

根据《中国文化遗产蓝皮书》的要求，以文物系统为主体的文化遗产事业对国民经济贡献的测算，是每年书中的“规定动作”[①]。之所以这么做，目的就是可以拿数据图表说话，让文化遗产事业对国民经济贡献的事实变得更具说服力了（见图 5－14），以此也能客观上解释各级遗产保护事业参与者心中的疑惑。

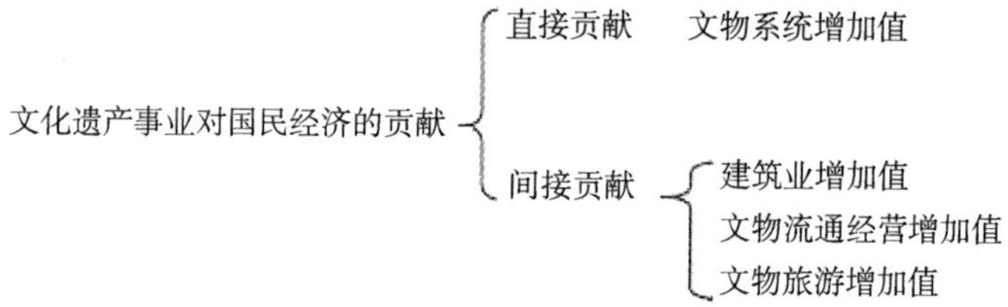

图 5－14　文化遗产事业对国民经济贡献构成示意

资料来源：刘世锦：《中国文化遗产事业发展报告（2012）》，社会科学文献出版社 2012 年版。

从图 5－15 与图 5－16 可知，遗产保护事业不再是国民经济发展的“拖油瓶”，而是能够充分发挥建设作用的经济助推器。它不仅不会给经济发展造成负担，反而可以通过创新开发利用的方式，为东巴古籍文献遗产整体保护事业服务；若以逆向思维出发，则遗产创新开发利用的方式还能够真正检验遗产保护事业的成败，从而促进遗产保护事业更健康的发展。

① 刘世锦：《中国文化遗产事业发展报告（2012）》，社会科学文献出版社 2012 年版，第 29 页。

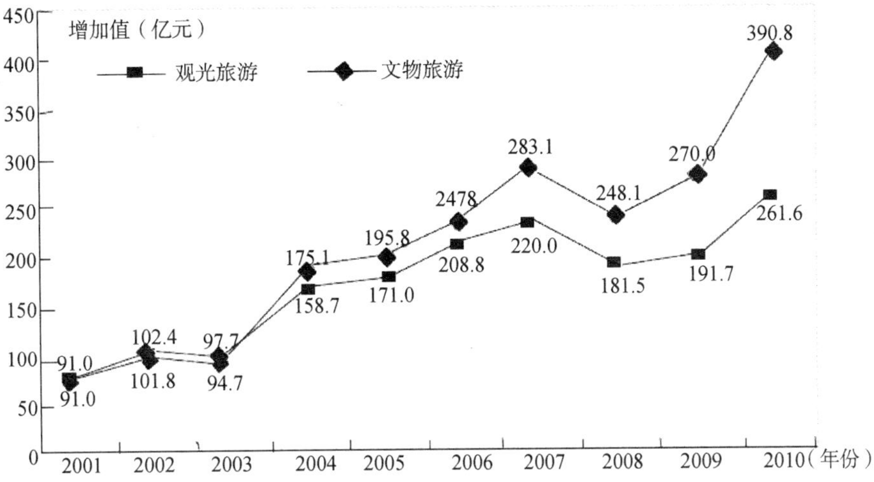

图 5－15　“十五”与“十一五”期间全国文物系统对国民经济贡献变化情况

资料来源：刘世锦：《中国文化遗产事业发展报告（2012）》，社会科学文献出版社 2012 年版。

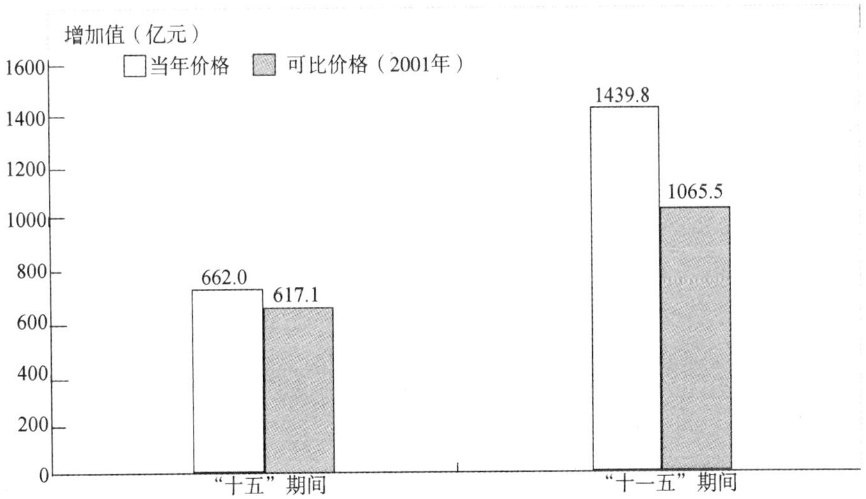

图 5－16　“十五”与“十一五”期间全国文物系统对国民经济全部贡献对比

资料来源：刘世锦：《中国文化遗产事业发展报告（2012）》，社会科学文献出版社 2012 年版。

三 实施遗产创新开发利用

创新是以现有的思维模式提出有别于常规或常人思路的见解为导向，利用现有的知识和物质，在特定的环境中，本着理想化需要或为满足社会需求，而改进或创造新的事物、方法、元素、路径、环境，并能获得一定有益效果的行为。创新是以新思维、新发明和新描述为特征的一种概念化过程。①

针对遗产开发利用，创新对应的是传统。笔者认为，开展创新开发利用的本质在于立足于客观时代背景，对比传统内容，提出新的思路。基于“档案管理”原理中对于开发利用的描述，传统的档案开发利用途径包含阅览、外借、制发复印本、开具档案证明、制作档案目录、展览、咨询以及网络共享。结合东巴古籍文献遗产的特性与载体范围，可对上述与遗产开发利用有关的项目进行必要的业务增益，由此形成的开发利用不仅有规范的实施标准，在一定实践基础上搭建起来的开发技术平台还更便于实际利用与推广。适于东巴古籍文献遗产开发利用的途径可由多个保护事业参与方协同实施，开发利用形成的产物也可面向不同的受众，鉴于此，笔者将以受众方作为划分标准进行论述。

（一）面向遗产保护事业内官方机构与民间组织的开发利用

构建东巴古籍文献遗产数据资源库在笔者看来是面向遗产保护事业内部政策、保管、科研、教育方最必需的一项开发利用任务。政策方政府主管部门通过这个资源库能够掌握本地最优势文化资源的宏观保护状况，便于统筹协调部署保护事业的各项任务；保管方收藏单位通过资源库可以了解馆藏遗产的实体保管与信息挖掘进展；科研方通过资源库提供的原始信息以及库藏现状而得到准确的科研数据以及探究今后保护的技术发展方向；教育方传承机构以及保护组织通过资源库提供的数据熟悉本民族文化传承的历程，并深刻领会传承遗产内涵的责任。

这个东巴古籍文献遗产数据资源库的构建也同样需要保护事业内官方机构与民间组织的共同配合，笔者认为，可由科研方牵头并提供理论

① 创新，百度百科（http：//baike. baidu. com/subview/15381/5375888. htm？ fr = aladdin）。

与技术支持。资源库的实际构建可采取公开招标方式邀请社会有资质的软件公司来承担，但是，这个资源库的内容则应通过政策方的行政手段，借助法律法规确定其他各使用方在享有使用这些数据信息权利的同时，也必须肩负着提供服务的义务，以此确保其严谨性及时效性。

（二）面向遗产保护事业外广泛社会公众的开发利用

社会公众对于东巴古籍文献遗产开发利用的成果享有知晓、使用等权利，但却不强制其提供服务的义务。开发利用水平与公众反馈意愿其实是呈一种正比例态势分布的，若遗产的开发利用水平越高，则公众认可度越强，其反馈自觉性越强，反之亦然。遗产开发利用与社会公众反馈可以互相促进，通过公众的反馈建议可以让遗产开发利用作出更高质的完善，从而在确保遗产保护事业良性循环的同时，也培养提升了社会监督的力度。

东巴古籍文献遗产保护的官方机构及民间组织可以通过多种形式的开发利用盘活整个遗产保护市场。

1. 制发复印本。遗产收藏部门可以借助仪器，按照库藏遗产的规格与内容，制作遗产复印本，并通过专门的店铺进行销售。一来可以使用复印本代替原件以减少磨损伤害；二来能够让真正热爱东巴古籍文献的公众在购买纪念物的同时又不必担心涉嫌非法买卖文物，再者，还能借此降低一部分非法倒卖东巴古籍文献的比例。

2. 出具证明。东巴古籍文献遗产不像档案那样具有凭证性，但却可以作为一个身份象征，为对东巴古籍文献遗产保护作出贡献的人群出具特殊的荣誉证书。政府主管部门可以每隔若干年举行一次颁奖，专门嘉奖对遗产保护作出卓越贡献的人群，而配有东巴古籍文献遗产标示的证书就能成为无价的精神奖赏。

3. 展览。对于传统的档案展览，一般都以路展、馆展等固定形式出现，对于展览内容宣传的局限性不言而喻。当然，路展和馆展并不是要彻底抛弃，笔者认为，完全可以通过与媒体方通力配合，广泛宣传来达到展览为世人周知的目标。传统展览是否能取得较好的社会反响，这与展览主办方的重视程度以及人员的业务能力也是相关的，因此，可将咨询服务贯穿于展览始末，摒弃以往被动而封闭的展览方式，多增加一些互动与主动是非常关键的。在新时代背景下，展览不仅场所多样且形式丰富，目的就是让展览内容可以不断出现在公众眼前。因此，可以广泛借助新媒体来参与展览。场所可以“走出去”，从广场、博物馆扩展到人流量大的车站、机场、旅游景点、宾馆饭店，也可以“请进来”，从文博机构的展厅延伸到保存遗产的库房；形式可以由简单的文字展板转变为人机互动式的启发式展示，并充分利用遗产内容制作出一些颇具代表性的卡通形象，以便在展览过程中增加趣味性，吸引各年龄段的人群轻松快乐地学习认识东巴古籍文献遗产。

结　语

1. 东巴古籍文献遗产的保护范围包括传统的静态东巴古籍文献实体以及记录动态东巴文化内容于新型载体的档案两个部分。传统东巴古籍文献实体内容浩繁，如同记录与反映纳西族社会生活的一部“百科全书”。东巴古籍文献的价值与重要性也不仅仅体现于物质载体、书写工具等外在材料的珍贵性一个方面，更在于内在的文化精髓。然而，文化较之古籍文献实体而言，又是一个动态性的保护对象，因此，对这个世界记忆遗产进行保护需要首先明确保护对象的具体范围。本书基于档案学专业背景，经过分析论证，提出了两分法的思路，将东巴古籍文献实体以及记录东巴文化内容的档案一并囊括入内后，形成东巴古籍文献遗产。不仅丰富了保护工作的内容，也确保了保护对象的全面性。

2. 实施东巴古籍文献遗产保护需要了解研究的复杂性以及理论的创新性。根据档案学知识以及系统工程学知识，东巴古籍文献遗产保护事业可以分为保护实现工具、保护过程控制以及保护方法技术三个阶段的实践。在每一项保护实践过程中，上述三个阶段均存在保护实施的复杂性。例如，东巴古籍文献遗产保护事业的规划，社会多方面的参与和支持；东巴古籍文献遗产整体保护的统筹，分步骤执行保护各阶段性任务等内容。这些具体的保护实践内容都从各个角度凸显了保护研究的复杂性。因此，笔者需要将档案学基本原理加以创新，并运用于东巴古籍文献遗产保护事业指导中。东巴古籍文献遗产整体保护事业分阶段的开展有赖于“文件生命周期理论”，遗产建档的规划可以受“来源原则”“档案鉴定理论”的启发，遗产开发利用借助于“档案管理”原理的引导。在此基础上，东巴古籍文献遗产保护的复杂性逐渐由模糊走向明朗。不仅是框架性的复杂性需要相关学科原理来梳理，保护事业中的各项具体实践，诸如东巴文化的保护与传承、东巴古籍文献遗产的基层保护长效化、东巴古籍文献遗产的科学保护、东巴古籍文献遗产各阶段的保护与管理等涉及保护复杂性的内容都可以在借鉴学科原理的基础上产生新的创新。

东巴古籍文献遗产的整合性保护。东巴古籍文献遗产的保护不论实体或是文化的保护都需要涉及多领域、多学科。因此，保护的多元化导致保护需借助整合性思维。根据上述东巴古籍文献遗产保护系统工程学的划分，保护实现工具的构建离不开保护思路、多学科知识、社会各参与方组织等内容的整合；保护过程控制的把握则与社会各界保护的价值观、保护相关法律体系的深化以及社会基层对于遗产保护的认同感等内容的整合有关；保护方法技术的实施需要积极整合国内外、各相关行业普遍开展的保护方法以及借鉴先进的保护技术。东巴古籍文献遗产保护事业整合性的表现是全面的，不仅是多学科原理的整合，还是多技术互补的整合，也是国内外理论与实践的整合。本书对于整合性保护理念的论述未采取集中式分析的方法，笔者认为，任何整合性研究都必须构架于多学科理论与实践协作的背景下，现阶段的东巴古籍文献遗产保护应先对基于档案学背景的平台进行持续深入的研究，此后，再通过档案学构建的平台进行整合性创新研究。对于东巴古籍文献遗产整合性保护的研究，笔者将在今后工作中继续关注与钻研。

3. 东巴古籍文献遗产需要重视保护体系构建、保护等级划分、建档、构建应急保护机制以及创新开发利用。保护遗产的开端是从认识遗产、熟悉遗产以及搭建平台实施保护展开的。其中，认识遗产即是了解东巴古籍文献遗产内涵外延，并能以一定标准对其价值进行科学的划分；熟悉遗产即是熟谙东巴古籍文献遗产的特性，并用一定专业知识对遗产保护过程中的各个环节进行归纳追踪；搭建平台保护遗产就是在充分知晓东巴古籍文献遗产内外保管优劣势之前提下，为其打造最适合、最安全、最健康的生存环境，即保护体系。无论是日常的预防性保护，还是突发的应急抢救性保护，都被包含于保护体系之内，并通过法律法规与标准化来约束与控制具体的实施。基于此，本书对东巴古籍文献遗产范畴、保护体系构建、保护等级划分进行了必要且详细的分析论证，运用档案学知识背景，将遗产保护过程中形成的数据信息进行专业化建档保护，并结合当前越来越不稳定的全球灾害频发现状，强调应急保护机制构建的重要性、必要性以及实施内容，以便于实现遗产保护理论联系应急保护实际工作的可行性操作。此外，与时俱进的保护东巴古籍文献遗产依赖于创新性开发利用的持续推进。

附录一

世界记忆遗产的界定

一　世界记忆遗产的概念与事业发展

世界记忆遗产（Memory of the World）又称世界记忆工程或世界档案遗产，是联合国教科文组织于1992年启动的一个文献保护项目，其目的是对世界范围内正在逐渐老化、损毁、消失的文献记录，通过国际合作与使用最佳技术手段进行抢救，从而使人类的记忆更加完整。① 世界记忆遗产是世界文化遗产项目的延伸，世界文化遗产关注的是具有历史、美术、考古、科学或人类学研究价值的建筑物或遗址，而世界记忆遗产关注的则是文献遗产，具体讲就是手稿、图书馆和档案馆保存的任何介质的珍贵文件，以及口述历史的记录等。"世界记忆工程"主要有四个目标，分别是保护、利用、产品的销售、认识。②

1996年由国家档案局牵头组织成立了"世界记忆工程"中国委员会，开始对濒险的中国档案文献遗产进行调查。国家档案局于2000年正式启动了"遗产工程"。2001年5月10—11日，为推动"遗产工程"工作的全面开展，国家档案局在北京召开了"世界记忆工程"暨"中国档案文献遗产工程"申报工作座谈会。会议介绍了"世界记忆工程"和"遗产工程"的有关情况，明确了"遗产工程"的目的和意义，通报了《中国档案文献遗产工程总计划》（讨论稿），对中国档案文献遗产申报组织工作、申报范围以及申报材料的准备等提出了具体要求，研究部署首批申报

---

① 中华人民共和国国家档案局（http：//www. saac. gov. cn/articleaction. do? method = view&id = ff808081172649a80117291772510014）。

② 世界记忆遗产，百度百科（http：//baike. baidu. com/view/340581. htm）。

工作。会后“中国档案文献遗产”申报工作在全国范围内全面展开。

“中国档案文献遗产工程”是档案部门的一项长期工作，入选《中国档案文献名录》的档案是我国档案宝库中的重中之重，是我们进行档案抢救的重点。“中国档案文献遗产工程”国家咨询委员会每年将从各地申报入选的材料中，选择具有国际级文化价值的档案文献，推荐申报《世界记忆名录》。使这些档案在更广泛的范围内被充分认识，并得到进一步抢救和利用。[①]

二　中国的世界记忆遗产种类

根据形态和性质，记忆遗产分文字记忆遗产和非文字记忆遗产。目前已有 45 个国家的 92 项文献遗产入选《世界记忆名录》。[②] 中国入选《世界记忆名录》的 9 项文献遗产分别是：1997 年入选的传统音乐录音档案（中国艺术研究院图书馆）、1999 年入选的清朝内阁秘本档（中国第一历史档案馆）、2003 年入选的纳西东巴古籍文献（云南省社会科学院东巴文化研究所）、2005 年入选的清代大金榜（中国第一历史档案馆）、2007 年入选的“样式雷”建筑图档（中国国家图书馆等）、2010 年入选的《黄帝内经》（1339 年胡氏古林书堂印刷出版）与《本草纲目》（1593 年金陵版）以及 2013 年入选的《侨批档案——海外华侨银信》（广东省档案局与福建省档案局）与《中国元代西藏官方档案》（西藏自治区档案馆）[③]

若按照文字与非文字类型划分，我国登上《世界记忆名录》的 9 项遗产中，由中国第一历史档案馆收藏的清朝内阁秘本档与清代大金榜、《本草纲目》以及《黄帝内经》、《侨批档案——海外华侨银信》与《中国元代西藏官方档案》均属于文字记忆遗产，中国艺术研究院研究人员自 20 世纪 50 年代以来通过对 50 多个少数民族田野采风形式获得的 7000 小时的传统音乐录音档案与中国国家图书馆、中国第一历史档案馆、故宫博物院收藏的“样式雷”建筑图档则属于非文字记忆遗产。然而，由云

① 《中国档案文献遗产工程》简介，九溪县档案局（http://np.fj-archives.org.cn/Csmyx/danganyichan/908.Html）。

② 《世界记忆遗产保护旨在古为今用》，《中国民族报》2005 年 6 月 24 日。

③ 世界记忆遗产，百度百科（http://baike.baidu.com/view/340581.htm）。

南省社会科学院东巴文化研究所收藏的纳西东巴古籍文献在笔者看来是一个介于文字与非文字类型之间的记忆遗产。处于原始形态的东巴文字是“语段文字”，字符之间可以省去很多词。对于这种文字的性质，学术界众说纷纭。[①] 章太炎称其为以象形为宗，兼以形声会意的文字[②]。李霖灿认为，它“介于图画与文字之间”，是“较原始图画文字更为晚近之一种文字”。[③] 方国瑜指出，东巴文“已由图画文字进入象形文字”[④]。傅懋勣将其视为图画文字与象形文字的混合体。[⑤] 和志武的观点是：东巴文为“介乎图画字和表意字之间的象形文字符号”。[⑥] 因此，从总体来说，东巴象形文属于象形性表意文字，以《东巴经》为主要表现形式的古籍文献只有那些从小通过苦读勤背练就过硬基本功的东巴才能连续地、完整地识读。东巴古籍文献需要基于《东巴经》以及与之相辅相成的整套祭祀仪式才有生命活力，东巴在实施整套祭祀仪式活动的过程中，需要借鉴《东巴经》典籍的内容按部就班执行每一个动作步骤，每当东巴在祭祀仪式中使用《东巴经》典籍时，均会使用儿时起便学习过的基本功，用不同音调、唱腔、旋律，辅以快慢有序的节奏，以较长的时间周期诵读一页页看似简短的经书文字。他们在诵读经书过程中，根据不同的时代背景，基于各自的知识水平与实践能力，对经书内容与祭祀仪式或多或少加了自己的理解与释读。

因此，保护东巴古籍文献，不仅需要在保护记忆遗产原貌的基础上，跟上时代步伐，融入创新精神，不拘泥于完全统一的标准化模式；还需清晰认识到东巴古籍文献的多元化类型，对它的保护研究应该包括文字类古籍文献与非文字类以口述为代表的东巴文化两个方面。

---

① 张公瑾：《民族古文献概览》，民族出版社 1997 年版，第 131 页。

② 章太炎：《麽些文字》，载《制言》，1940 年，第 64 页。

③ 李霖灿：《麽些象形文字字典引言》，载《国立中央博物院专刊乙种之二》，1944 年，第 6 页。

④ 方国瑜：《纳西象形文字谱》，云南人民出版社 1982 年版。

⑤ 傅懋勣：《纳西族图画文字〈白蝙蝠取经记〉研究》，东京外国语大学亚非语言研究所，1980 年。

⑥ 和志武：《纳西东巴文化》，吉林教育出版社 1989 年版，第 4 页。

附录二

世界记忆遗产与世界文化遗产的关系

一　世界文化遗产的产生背景

世界文化遗产属于世界遗产范畴。1959 年，埃及政府打算修建阿斯旺大坝，可能会淹没尼罗河谷里的珍贵古迹，比如阿布辛贝神殿。1960 年联合国教科文组织发起了“努比亚行动计划”，阿布辛贝神殿和菲莱神殿等古迹被仔细地分解，然后运到高地，再一块块地重新组装起来。之后，联合国教科文组织会同国际古迹遗址理事会起草了保护人类文化遗产的协定。于 1972 年倡导并缔结了《保护世界文化和自然遗产公约》。①

《公约》规定，属于下列各类内容之一者，可列为文化遗产。其一，文物：从历史、艺术或科学角度看，具有突出的普遍价值的建筑物、碑雕和碑画，具有考古性质成分或结构，铭文、洞穴以及其综合体。其二，建筑群：从历史、艺术或科学角度看，在建筑式样、分布均匀或与环境景色结合方面具有突出的普遍价值的单立或连接的建筑群。其三，遗址：从历史、美学、人种学或人类学角度看，具有突出的普遍价值的人造工程或人与自然的联合工程以及考古遗址地方。②

二　世界记忆遗产与世界文化遗产的关系

联合国教科文组织对世界遗产的最初划分标准，狭义的世界遗产包括

① 世界文化遗产，百度百科（http://baike.baidu.com/view/14389.htm）。

② 文化遗产，百度百科（http://baike.baidu.com/view/40711.htm）。

"世界文化遗产""世界自然遗产""世界文化与自然遗产"和"文化景观"四类。根据遗产形态和性质，广义上，世界遗产可分为文化遗产、自然遗产、文化和自然双重遗产、记忆遗产、人类口述和非物质遗产（简称非物质文化遗产）、文化景观遗产。① 据此，笔者认为，世界文化遗产与世界记忆遗产的关系可用以图1世界文化遗产与世界记忆遗产关系图表述。

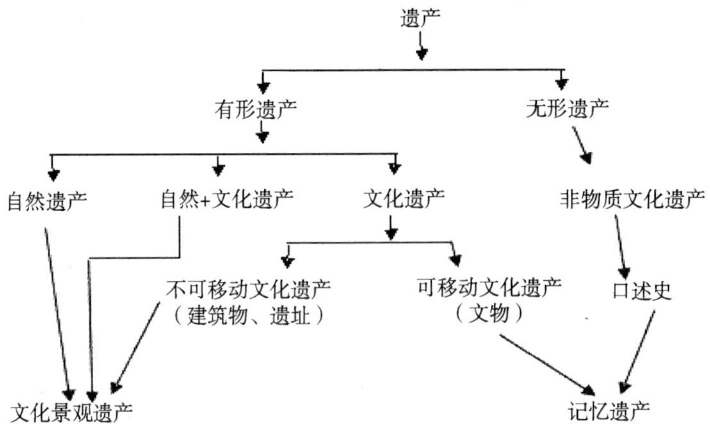

图1 世界文化遗产与世界记忆遗产关系

借助图1的表述，笔者将从内涵与外延两个部分对世界文化遗产与世界记忆遗产的关系进行系统梳理。

内涵：文化遗产的保护对象包括具有历史、美术、考古、科学或人类学研究价值的文物、建筑群、遗址。记忆遗产关注的则是世界范围内正在逐渐老化、损毁、消失的文献记录，具体讲就是手稿、图书馆和档案馆保存的任何介质的珍贵文件，以及口述历史的记录等。目的是通过国际合作与使用最佳技术手段进行抢救，从而使人类的记忆更加完整。② 凭借两种遗产的概念描述不难发现，文化遗产中的"文物"与记忆遗产中的"文献记录"可以再经更细致的推敲。

外延：对世界文化遗产与世界记忆遗产的外延对比，可以通过两者提出的时间与背景、保护面向的范围等方面展开。

① 世界遗产，百度百科（http：//baike. baidu. com/view/9018. htm）。

② 世界记忆遗产，百度百科（http：//baike. baidu. com/view/340581. htm）。

二者提出的时间与背景：1960年联合国教科文组织发起了“努比亚行动计划”，这个保护行动共耗资8000万美元，其中有4000万美元是由50多个国家集资的。这次行动被认为非常成功，并且促进了其他类似的保护行动。[①] 在此之后，联合国教科文组织会同国际古迹遗址理事会起草了保护人类文化遗产的协定。联合国教科文组织大会于1972年10月17日至11月21日在巴黎举行的第十七届会议，注意到文化遗产和自然遗产遭受的威胁和破坏日益严重。随后，在政府间组织世界遗产委员会内倡导并缔结了《保护世界文化和自然遗产公约》。经缔约国大会投票通过并列入《世界遗产名录》的遗产，称为世界文化遗产或世界自然遗产。[②] 世界记忆遗产或称世界记忆工程，是1992年由联合国教科文组织倡议发起的。它的目的是实施联合国教科文组织宪章中规定的保护和保管世界文化遗产的任务，提高人们对文献遗产的重要性和保管的必要性的认识，以保障文献，避免集体性遗忘、忽视、被时间和气候条件故意及蓄意地破坏，对世界范围内正在逐渐老化、损毁、消失的文献记录，通过国际合作与使用最佳技术手段进行抢救，从而使人类的记忆更加完整。[③] 世界记忆工程鼓励积极建立除《世界记忆名录》之外的不同地区和国家名录。中国的国家名录建立于2000年，目前已经陆续公布了三批共计113项文献遗产。在2004年马来西亚吉隆坡举行的世界记忆工程亚太地区委员会执行局会议上，中国和澳大利亚被确认是世界上最早建立世界记忆工程国家名录的国家。亚太地区委员会决定在2005年建立世界记忆工程地区级名录。[④] 并于2010年3月9日晚在澳门宣布，《本草纲目》《黄帝内经》以及天主教澳门教区档案文献（16—19世纪）3项中国珍贵文献正式列入亚太区《世界记忆名录》。[⑤] 由此可见，世界记忆遗产是基于世界文化遗产而产生的，具体地叙述即

① 努比亚行动计划，维基百科（http：//zh. wikipedia. org/wiki/% E4% B8% 96% E7% 95% 8C% E6% 96% 87% E5% 8C% 96% E9% 81% BA% E7% 94% ）。

② 世界文化遗产，百度百科（http：//baike. baidu. com/view/14389. htm）。

③ 世界记忆工程，百度百科（http：//baike. baidu. com/view/2502483. htm）。

④ 《〈中国档案文献遗产名录〉——第一部世界记忆国家名录》，国家档案局，（http：//www. saac. gov. cn/news/2011 - 12/31/content_ 13486. htm）。

⑤ 《中国3项文献成功申报亚太区〈世界记忆名录〉》，中国新闻网，（http：//www. chinanews. com/cul/news/2010/03 - 09/2160228. shtml）。

是：由于具有世界意义和珍贵价值的遗产数量越来越多，对其按照传统的遗产划分标准进行分类已无法再适应不断增补入选《世界遗产名录》的新遗产类型，为了顺应时代趋势以及更合理、更科学、更系统全面地保护自然与人类演进过程中遗留下来的各种遗产，必须在最初的自然遗产与文化遗产的基本框架内，进行进一步的细分，因此，以文献记录为载体的记忆遗产被写入了世界遗产的类目中。

二者保护面向的范围：作为世界文化遗产表现形式的文物、建筑物、遗址，其保护范围大致包含：（1）具有独特的艺术成就、创造性；（2）能在一定时期内或世界某一文化区域内，对建筑艺术、纪念物艺术、城镇规划或景观设计方面的发展产生过大影响；（3）能为一种已消逝的文明或文化传统提供独特的见证；（4）作为建筑或景观的杰出范例，展示出人类历史上一个（或几个）重要阶段；（5）作为传统的人类居住地或使用地的杰出范例，代表一种（或几种）文化；（6）与特殊普遍意义的事件或现行传统或思想或信仰或文学艺术作品有直接或实质的联系。[①] 作为世界记忆遗产表现形式的文献遗产，其保护范围具体表述为符合世界意义。而不同地区与国家的记忆名录则主要收集具有地区和国家意义的、无可替代的图书与档案收藏等文献遗产。从已经入选的名录看，这些档案文献上至唐代，中至民国，下至新中国，在一定程度上反映了全国各族人民在各个历史时期的政治、经济、文化生活。这些档案文献具有的重要影响力，相较于时间、地理上的信息含量，以及与重要历史人物的相关性，联合国教科文组织更注重文献遗产的文化价值和社会意义，当然文献遗产的完整性和唯一性也是决定其是否具有世界意义的主要原因。入选《世界记忆名录》的文献遗产是全人类记忆的珍贵组成部分。[②] 由此可见，作为世界文化遗产，世界各地遗产的入选标准在于对整个人类历史发展产生过重大影响或提供见证价值的范例；相较纸质的文物类遗产而言，建筑物或遗址类遗产对于入选标准的阐释表现得更直接而又明了。因此，《世界文化遗产名录》中占据绝大部分比例的建筑物或遗址类遗产凸显了人类社会物质文明的发展。而人

① 世界文化遗产，百度百科（http：//baike. baidu. com/view/14389. htm）。

② 《中国档案文献遗产有了国家级名录》中国网（http：//www. china. com. cn/chinese/2003/May/328806. htm）。

类发展过程中产生过无数以书籍稿本、工艺品等为表现形式的文物、文献，这些文物、文献类遗产都是人类社会精神文明发展的见证。其中，文献记录类遗产又构成了人类社会精神文明发展的绝大部分真实反映，因此，在物质文明与精神文明同等重要的前提下，对两种遗产的研究应该对等发展才能完整保护好人类共同的文明。

附录三

国外遗产保护案例分析

笔者按照一定的标准，将开展遗产保护工作较有启发性的几个国家挑选出来，旨在通过对这几个国家遗产保护工作的具体分析，将各国遗产保护良好经验中的个性内容突出，总结提炼出对我国有借鉴价值的可行性保护经验。

一　经济发达的遗产地保护实践分析

（一）美国——虽然美国遗产保护工作起步较晚，国内遗产数量并不多，然而，综观美国遗产保护取得的成绩，无论种类怎样，其遗产保护却是构架于完善、系统、规范、先进的理论与技术平台上。

1. 遗产保护意识浓厚。美国社会自上而下遗产保护意识通过各自的行为得以表现，对于遗产地的各级管理部门而言，他们并未将自己视为遗产地的“业主”，而是“管家”①。对于遗产保护民间组织而言，它们在创办之初就必须明确各自的宗旨与职责。他们不仅在宣传、研究、培训等方面对全社会负有义务，还在建议、保护、共享等方面对管理部门负有责任。对于社会民众而言，通过遗产保护的了解，不仅可以在正确知识的指导下，为身处其中的遗产地辖区内保护工作尽绵薄之力，还可形成民间监督与评价遗产保护最广泛而基础的防线。

---

① 苑利：《文化遗产报告：世界文化遗产保护运动的理论与实践》，社会科学文献出版社2005年版，第78页。

2. 遗产保护法律健全。美国的遗产保护建立于完备的法律体系之上①。美国遗产保护的法律体系由横向的各个遗产地专门保护法和纵向的总法、分类法构成。横向的各遗产地专门保护法体现在，每当一片新的区域被认定为遗产地之后，联邦政府、遗产地所在的州政府以及地方政府、保护协会或组织、甚至志愿者会联合起来，分工协作地保护遗产地。纵向的法律体系则体现在，1966 年制定的《国家历史保护法》（the National Historic Preservation Act）是对全国自然与文化遗产进行保护的基本综合法。从 1906 年开始，美国围绕着不同类型的遗产先后出台了《联邦文物法》《考古资源保护法》《美国原住民墓葬与赔偿法》《国家公园系统组织法》《历史遗址与古迹法》《国家史迹保护法》《国家环境政策法》《民俗保护法案》等多种法律法规。

3. 遗产保护模式鲜明。美国是世界上第一个认识自然遗产重要性并第一个提出自然遗产保护的国家②。1832 年，美国边疆风情画家乔治·卡特林（George Catlin）提出建立“国家公园”，他认为“一个国家公园，其中有人也有野兽，所有的一切都处于原始状态，体现着自然之美”③。由此，“国家公园”理念诞生。然而，从 1872 年美国正式批准建立第一个国家公园——黄石公园以来，美国政府及民众对于国家公园的价值认知也经历了一个由表及里的过程。从单纯对自然美景的保护，发展成对自然生态、物种基因等全方位的保护。④ 再到之后，将自然遗产与文化遗产看作整体进行保护，并重视对于非物质文化遗产等不同种类遗产的保护。正因为遗产保护经过了这些阶段，因此，美国对于遗产保护的理解表现为综合性强、多渠道并举。

4. 遗产保护科技先进。遗产保护的有效开展需要以先进的科学技术为后盾。遗产保护科学技术不仅可以为具体保护实践工作提供技术指导与支持，还能为宏观保护政策及保护措施过程中的信息共享、意见交流以及监督评估架设线性的技术平台。

---

① 张丽霞、任彪：《体系完备，多方兼顾——美国“遗产长廊”保护体系浅析》，《保护遗产造福人类：世界文化遗产的保护与管理》，世界知识出版社 2005 年版，第 119 页。

② 苑利：《文化遗产报告：世界文化遗产保护运动的理论与实践》，社会科学文献出版社 2005 年版，第 87 页。

③ 同上书，第 74 页。

④ 同上书，第 87 页。

（二）法国——作为世界遗产保护的先进大国，法国在遗产保护方面一直走在世界的前列。法国的遗产种类丰富，对于我国遗产保护的健康发展有着重要的指导价值。

1. 系统的保护法律。法国遗产保护法律的建设一直走在世界的前列。法国遗产保护发端于对历史建筑的关注。早在1840年，法国便颁布了第一部文化遗产保护法，即《历史性建筑法案》。此后，又陆续在1887年颁布了《纪念物保护法》、1913年颁布了《历史古迹法》。[①] 自20世纪30年代开始，法国遗产保护的对象逐渐从历史建筑扩展到自然景观、地下文物、濒危街区、人文遗产、无形遗产等各种类型。由于遗产数量众多，法国文化部还将遗产分为“濒危型遗产”和“保护型遗产”实施分类保护。[②] 法国遗产保护法律条文的范围广泛，遗产制定部门将遗产使用、保护、监管、维修、补偿、税收、各管理部门以及基金会的行为规范等内容全部置于法律的监管之下。[③]

2. 科学的管理体制。法国的遗产保护管理采用的是中央、地方和民间三管齐下的体制。[④] 在这个三角架式遗产保护体制内，处于每一个角位置上的“组织机构”都依法各司其职、协同合作。法国对于遗产保护的范围划定非常清晰且细致，例如，一栋被划定入保护名单的古建筑，墙壁上的一颗小钉子都是受到法律保护的，任何破坏的行为都将根据具体内容受到追究。遗产保护还在于推广，“遗产日”系列活动不仅提高了法国公众遗产保护的意识，增强了民族自信心，随着“遗产日”活动的举办，文化古迹、历史建筑和国家行政机构建筑群都会向公众开放，配合“遗产日”活动的还有相关展示遗产保护发展历程、理念、成就、科技等各方面的内容，以便于弘扬民族优秀的文化。法国的遗产是其吸引世界各地游客的重要资源之一。[⑤]

① 苑利：《文化遗产报告：世界文化遗产保护运动的理论与实践》，社会科学文献出版社2005年版，第38页。

② 同上书，第39页。

③ 同上书，第49页。

④ 宋晓芹：《文化遗产就是民族文明的生命——法国世界文化遗产的管理与保护》，《保护遗产造福人类：世界文化遗产的保护与管理》，世界知识出版社2005年版，第50页。

⑤ 李永、向辉：《法国古籍保护工作概况》，《国家图书馆学刊》2009年第2期。

3. 发达的教育体系。法国遗产保护秉承的是“大遗产保护”教育观。[①] 即遗产保护宽口径培养同专业细化相统一。法国除了高等学府开办有遗产保护专业外，专业性技术院校也有遗产保护的培训，这种常规化教育与短期培训相结合的方法虽然略有不同，但是两者教学和实践都是并重的。在学校学习期间，学生被划分为“保护师”“修复师”等不同专业领域，法国校方很注重校际、国际间遗产保护的交流与合作，这也给学生提供了大量实践的机会，提高技术能力。法国对于遗产保护教育坚持着终生学习的理念，并以职业化准入机制来约束和规范遗产保护人才队伍的从业水平。[②] 从高校毕业后从事遗产保护的人员，必须通过职业资格的认证，持证工作。除学校教育之外，法国的行业协会也提供了短期进修的机会，通过这些不同类型、方式的教育体系，法国遗产保护人才实现了高度职业化与专业化。

4. 人性化的保护技术。古籍文献等类型的记忆遗产在法国国家图书馆的馆藏极为丰富[③]，为了将古籍文献在图书馆的管理情况、生存轨迹通过动态化方式清晰地表现出来，法国国家图书馆专门开发了“MEMOREL”信息系统。这套信息系统有三个子系统，分别是古籍文献保护记载系统、古籍文献分类系统、古籍文献物理状况系统。通过三个子系统的动态化内容，图书馆工作人员可以记录、追踪、记忆每本古籍文献是否经过处理，或是处理的时间与方法。这样一来，古籍文献自进馆之日起，不论流通到哪一个环节，其质量状况都随时处于跟踪与监控之下。[④] 为了降低古籍文献类记忆遗产在提供利用时被人为损坏的几率，法国遗产收藏部门还充分利用数字化复制技术对古籍文献的传递与馆际互借提供信息服务。开展内容多样化的信息服务，增加遗产保护推广趣味性的同时，也让技术服务遗产、遗产服务文化、文化服务公众的良性循环深入人心。

---

① 周耀林：《法国文化遗产保护高等教育探析》，《湖北大学成人教育学院学报》2006 年第 12 期。

② 李永、向辉：《法国古籍保护工作概况》，《国家图书馆学刊》2009 年第 2 期。

③ 蔡筱青：《法国国家图书馆的古籍收藏和文献保护》，《图书馆建设》2010 年第 11 期。

④ 同上。

二　拥有遗产数量较多的遗产地保护实践分析

（一）意大利——意大利的世界级遗产不仅数量众多，而且类型齐全，具有很高的艺术欣赏价值。[①] 意大利在严格的法律框架内保护、开发和利用遗产，并使其发展成为一项重要产业。

1. 完善的遗产保护管理机制。意大利遗产保护管理机制的完善齐全程度可以从其遗产保护机构建置职能、遗产保护部门之间的协作关系等方面得以体现。意大利遗产保护机构建置与其他遗产保护发达国家一致，分别通过中央政府、地方政府进行行政垂直管理，并由咨询机构与社会团体组织穿插于两级行政机构之间，分别就不同遗产保护工作任务负责。然而，意大利在此管理框架内，还根据国家特色首创性地建立了一支专职负责文化遗产保护工作、打击破坏遗产、盗窃等犯罪行为的武装部队，即"保护文化遗产宪兵司令部"。[②] 意大利遗产保护部门除了中央级与地方级政府之外，咨询机构一般由政府组建，而社团组织基本都是非官方性质的。由于意大利遗产种类多，于是，相关的咨询机构专业分工也较为细致，社团组织在意大利高度发达，社团组织种类多样，有的负责遗产保护，有的负责遗产评估，有的负责遗产规划，有的负责遗产学术研究。社团组织也会通过不同的方式筹集运作经费，由于全社会对遗产的强烈保护意识，因此，当地企业也常以赞助或成立基金会等方式给予遗产保护事业物质支持，而政府也以减免税方式鼓励企业的行为，从而，使遗产保护在资金筹集方面步入了良性循环发展态势。[③]

2. 明确的遗产保护理念。意大利的遗产保护理念包括真实性与原生性原则、最低干预原则、可识别原则、可逆性原则、与环境相协调原则。[④] 这些遗产保护原则均来自于19世纪末20世纪初兴起的意大利学派

---

① 宋晓芹：《意大利世界文化遗产的保护与管理》，《保护遗产造福人类：世界文化遗产的保护与管理》，世界知识出版社2005年版，第56页。

② 苑利：《文化遗产报告：世界文化遗产保护运动的理论与实践》，社会科学文献出版社2005年版，第23页。

③ 同上书，第33页。

④ 宋晓芹：《意大利世界文化遗产的保护与管理》，《保护遗产造福人类：世界文化遗产的保护与管理》，世界知识出版社2005年版，第59页。

理念。[①] 对于遗产修复，意大利秉承仅对细小损坏处修补的原则，不会对损坏面较大的区域进行修补，而尽量维持遗产刚被发现时的原貌，以便于给参观者最真实的感觉。此外，最突出的遗产保护理念表现在可识别原则与可逆性原则方面。可识别原则和我国倡导的“修旧如旧”不同，意大利遗产修复理念强调新修补处必须与原来遗产破损处有明显区别，不应该混同修补。可逆性原则强调，遗产修补材料不应该不加分析地一致选用可逆性新型材料，而应该坚持首选传统材料。

3. 良性的遗产保护市场运作。意大利的遗产作为重要的旅游资源与文化资源，已经成为闻名遐迩的旅游卖点，也是意大利国民收入的重要来源之一。对于遗产的永续性保护，意大利政府有着清醒的认识。为此，意大利在每年按照常规投入充裕资金支持遗产保护的基础上，还从 1997 年开始发行文物彩票，从获得的彩票收入中按一定的比例拨款用于遗产保护，并鼓励私人企业投资遗产保护经营活动。从事遗产保护的企业已经成为意大利经济发展环境中活跃的动力，很多规模较小的企业从事遗产保护、遗产展示、遗产修复与经营等具体实践工作，而规模较大的企业则开展遗产保护技术及新材料的研发等工作。[②]

4. 成熟的法律体系、人才培养与国际合作机制。意大利的法典将遗产保护从上而下地进行了规范，确保了遗产保护实践有法可依、执法必严、违法必究的准则。在意大利遗产保护产业化的背景下，遗产保护教育体制和培训体系也相当完善。遗产保护专业教学队伍由历史学家、考古学家、艺术家、规划师、建筑师、美术师、物理学家、化学家、工程师等多学科、多层次人才共同组成[③]。遗产保护专业人才毕业时，会结合保护实践工作的不同工种，根据成绩而采取阶梯级形式来颁发毕业资格证及从业证。

（二）西班牙——西班牙在经历了坎坷的 20 世纪 30—70 年代约半个世纪的春秋之后，直至 20 世纪 70 年代末，遗产保护才真正步入稳定与成

① 宋晓芹：《意大利世界文化遗产的保护与管理》，《保护遗产造福人类：世界文化遗产的保护与管理》，世界知识出版社 2005 年版，第 60 页。

② 同上书，第 34 页。

③ 同上书，第 35 页。

熟的发展期。[①]

1. 分等级的遗产保护管理。按照遗产价值的大小，西班牙将遗产进行分级管理，不同等级的遗产适用于不同的保护体系，与之对应的还有保护实践活动参与者的学术级别与业务能力。[②] 在此体系下，各尽其责，反而更能发挥出遗产保护最大的效率，同时也免除了资源浪费、人力浪费等情况的出现。

2. 传统民俗文化节日与遗产保护相结合的遗产保护理念。西班牙传统民俗节日非常多，遗产地政府巧妙地利用这些节日，结合当地的遗产，将两者维系在一起。例如，潘普洛纳的奔牛节、布诺尔的番茄节等民俗节日活动，都与当地的传统风俗仪式、古朴而特色的建筑物类型遗产互相烘托，共同展现出西班牙文化的独特魅力。[③]

3. 民间社团协会广泛参与的遗产保护体制。西班牙政府对于遗产保护的民间社团协会是积极鼓励与支持的。由于政策导向明确、法律规范、公众意识清楚、教育完备等方面的保障，西班牙民间社团协会的发展也呈现出稳步健康的上升态势。除了面向国内开展具体保护业务之外，西班牙的民间社团协会也积极吸收各行业、学术级别的人士作为遗产保护志愿者，组成面向国际的遗产保护团队，为遗产保护提供建议、规划、科研、修复、出版等全方位的服务与支持。

4. 格外重视遗产的保护理念。对于遗产的重视，西班牙政府一直坚持身体力行地践行，不仅体现在引导全国社会公众培养全面而深刻的遗产保护意识，更在于政府在法律体系中“一切以遗产保护为重”思想与行为的明确规定。在此，笔者仅举“1% 文化政策”（el Uno por Ciento Cultural）一个例子加以说明。1985 年 6 月 25 日出台的《西班牙历史遗产法》第 68 条规定，不论是国家拨款占预算全部或部分的公共工程，还是得到政府授权、由个人出资建造和开发的公共工程，其经费中的 1% 必须用于西班牙历史遗产的保护和丰富，或用于促进艺术创造，尤其是有关文

---

① 谢兴：《中国与西班牙世界遗产开发保护比较研究》，硕士学位论文，暨南大学，2011 年，第 58 页。

② 肖锡维：《西班牙世界文化遗产保护工作及其启示》，硕士学位论文，对外经济贸易大学，2006 年，第 31 页。

③ 同上书，第 32 页。

物及其环境方面的艺术创造。[①]

三　亚洲实施良好的遗产地保护实践分析

（一）日本——日本首创性提出的“无形文化遗产”丰富了遗产的内涵外延，也为遗产保护的科研与管理拓宽了视野。

1. 覆盖面广且专业化集中的遗产保护社团协会组织。日本的遗产保护社团协会组织是依托于遗产保护管理体制内发展壮大的。日本遗产保护社团协会分类比西方的同类型组织更为清晰明确。一般而言，社团协会在日本通常以两种形式出现，即由专家学者组成，专门负责遗产调查、科研，为遗产保护提供决策、参考的机构；由遗产所有者和传承人组成，专门负责遗产修复、展示、宣传，为遗产传承提供意见、手艺的机构。[②] 此外，日本政府鼓励遗产地社区居民积极参与遗产保护，广泛开展村民与当地政府的合作，以村民为主要成员建立保护协会，村与村之间也就近组成互助组织，采用国家遗产保护法律来行使村民对遗产的保护权利与义务。[③]

2. 对“无形文化遗产”的关注与重视。在1950年日本《文化财保护法》颁布之前，世界上还没有任何一个国家给予本国无形文化遗产以特殊的关注。因此，日本对于文化遗产的两分法，即“有形文化遗产”与“无形文化遗产”的划分，在当时的历史背景下，其价值是非常巨大的。日本对于“无形文化遗产”的研究并不止于概念的提出，更重要的是将“无形文化遗产”与“有形文化遗产”平等放在遗产保护的框架内进行管理与运行，并且不断充实“无形文化遗产”的内容，上至传统民俗文化，下至传统手工艺，粗至反映某一时代特征风貌的文化习俗，细至保护或传承某一手工艺技能的技术手段，都被包含于其中。

3. 全面细致且种类丰富的遗产保护法律体系。在综合法和专门法的

---

① 肖锡维：《西班牙世界文化遗产保护工作及其启示》，硕士学位论文，对外经济贸易大学，2006年，第23页。

② 苑利：《文化遗产报告：世界文化遗产保护运动的理论与实践》，社会科学文献出版社2005年，第98页。

③ 米彦军：《浅析日本对文化遗产的合理保护》，《保护遗产造福人类：世界文化遗产的保护与管理》，世界知识出版社2005年版，第12页。

基础之上，日本的遗产专门保护法还按照遗产的不同形式分为小型文物保护法、历史建筑保护法、名胜古迹及天然纪念物保护法；而作为日本遗产唯一的综合保护法《文化财保护法》内，也按照五种遗产种类，即有形文化财、无形文化财、民俗文化财、纪念物、传统建筑物群落来制定具体的内容。

4. 人性化的“无形文化遗产”传承人管理制度。日本举国上下对遗产传承人，特别是无形文化遗产的传承人非常尊敬且重视。由于无形文化遗产很大程度上与传统民俗文化紧密联系在一起，因此，此类人才大多分布于民间。日本政府对于此类人才的认定通常以三种方式确认，分别是个别认定、综合认定和保护团体认定。[①] 无论是通过哪种方式实现的认定，传承人都能得到一定的生活补助，而这批生活补助在日本是以法律形式确定下来的专款专用。较高的社会地位赋予遗产传承人强烈的精神荣誉感，并能激发他们对传统手工艺技能的创新和发展。

（二）韩国——韩国遗产保护始于20世纪初的日据时期，因此，它首先接受了日本对于遗产保护的理念与经验。随后，在20世纪60年代西方普遍重视遗产保护的影响下，韩国也开始对本国遗产保护体系进行大规模更新完善。

1. 完备的遗产保护咨询机构。韩国的中央级、地方级政府部门对遗产负有管理和执行的权力义务，真正的遗产保护决策由咨询机构韩国文化财委员会负责制定。[②] 按照韩国《文化财委员会规程》的规定，其中的委员必须由专业领域内的学者专家担任，政府官员不能介入。根据不同类型的遗产，文化财委员会被分科设置为建筑文化财分科委员会、动产文化财分科委员会、史迹财分科委员会、无形文化财分科委员会、天然文化财分科委员会、埋藏文化财分科委员会、文化财制度分科委员会、国宝指定审查分科委员会、博物馆分科委员会。这种解构提高了决策效率，还确保了决策科学与公正。[③]

2. 严格规范的遗产管理机制。在韩国《文化财保护法》中，非常强

---

① 苑利：《文化遗产报告：世界文化遗产保护运动的理论与实践》，社会科学文献出版社2005年版，第116页。

② 同上书，第118页。

③ 同上书，第127页。

调奖励与惩罚制度对遗产保护工作带来的影响。[1] 如若机构或行为人对遗产保护作出了贡献，那么按照法律规定，政府将给予表彰，并提供相应的物质奖励；但是假如对遗产作出的行为触犯了法律，那么付出的代价将非常巨大。韩国对于遗产景区的管理，特别是景区展示、景区门票、参观人数、参观路线等也有严格规定。

3. 对无形文化遗产及传承人的重视。韩国传统文化衍生而来的民俗节庆活动非常多，尤其在远离城市的乡村，对于传统文化的保留非常完整。对于表现这些无形文化遗产的节庆，韩国不是仅给国民放几天假就当作保护，而是在于举国上下尊崇传统并坚持不懈举行的各种民俗庆典活动。这些配合庆祝无形文化遗产的民俗活动不仅是提高国民保护意识最生动教材，还是遗产“活态化”保护最鲜明的典范。韩国政府一贯重视无形文化遗产传承人培养，政府通过设立奖学金的方式，保证传统文化后继有人。

4. 强烈的传统文化认同感与遗产保护意识。韩国保护传统无形文化遗产意识渗透至各行各业，因此，从事电视传媒、旅游推介等行业的从业人员也自觉地在可控范围内加入宣传遗产的内容。例如，韩国的传统美食及制作工艺通过电视剧形式为海内外所熟识，韩国的传统生活习俗及民族服饰通过电视剧、电影、综艺节目等形式为大家了解。通过这些与大众生活密切相关的宣传方式，韩国传统无形文化遗产全面复苏，并成功地成为本国对外合作的一张响亮的文化名片。

四　与我国社会与经济发展背景较相似的遗产地保护实践分析

印度的发展背景与中国有很多相似之处，对于遗产的保护和维修，印度也做过很多成功的尝试，积累了许多宝贵的经验。

1. 充足的遗产保护经费投入以及多元化筹资的渠道。印度的遗产保护经费每年投入的数额虽然不少，但是，随着遗产识别与认定数量的增多，投入的经费经过层层分摊后，用到每一项遗产具体保护工作之上的金额就变得捉襟见肘。就此，印度政府在整顿遗产保护时，将全国遗产做了

[1] 苑利：《文化遗产报告：世界文化遗产保护运动的理论与实践》，社会科学文献出版社2005年版，第118页。

等级划分，对于价值较小或毁坏程度较弱的遗产，采取松散式的保护，将有限的经费投入最需要修复的遗产上。但是，仅凭政府的预算投入这一条单一的经费筹措之路是远远不够的，因此，印度政府通过一些较为灵活的方式，从社会其他途径筹措遗产保护经费。首先，印度建立了国家文化基金会。其次，由政府牵头，在法律保障的情况下，搭建遗产保护机构与本国私人企业之间共同保护和修复遗产的合作平台。再次，在联合国教科文组织规定的框架内，积极开展与其他国家遗产保护的合作项目，并争取各类国际遗产保护协会等机构或组织的资金支持。

2. 先进的遗产保护人才教育。印度的遗产保护部门与该国的遗产一样，拥有悠久的历史。其中最具代表的是印度考古研究所。它是一个有着143年历史、致力于考察、挖掘、保存和保护印度遗产的专门机构。[①] 在开展遗产保护的过程中，该所的保护对象集中于古迹建筑类遗产，然而，印度无形文化遗产数量和种类繁多，因此，印度考古研究所还肩负着培养复合型遗产保护人才的重任。该所区别于普通高校的内容在于其教学对象必须具有一定时限的遗产保护实践背景，这与其他高校设立遗产保护专业进行四年制教育不同，该所提供的教育针对研究生层次的学员。印度的一些高校同样也设立有遗产保护专业，并配合有大量考古实践的课程，经过系统的遗产保护学习，不仅能锤炼学生的理论与实践能力，更能培养学生树立遗产保护正确的价值观。[②]

3. 平衡、改善“遗产保护”与“发展经济”之间的矛盾。印度作为一个发展中国家，遗产保护在取得很大成功的同时，也面临着很多现实困难。遗产保护与发展经济之间的矛盾，主要表现为遗产与旅游的关系。印度为了避免遗产濒危局面的发生，先从保护遗产生存环境出发，通过行政力的介入，消除威胁遗产及周边环境的污染源。印度政府在保证遗产景区经营正常运转的前提下，通过旅游旺季限制游客数量的方式来实现给遗产喘口气恢复一下以及修复遗产的机会。

4. 传统遗产保护技术的创新与发展。印度遗产保护技术的历史与该

---

① 杜小军：《银都文化遗产保护的“得”与“失”》，《保护遗产造福人类：世界文化遗产的保护与管理》，世界知识出版社2005年版，第24页。

② 《综述：印度对世界遗产重在保护》新华网（http://news.xinhuanet.com/world/2004-06/29/content_1554804.htm）。

国的遗产数量成正比。很多印度古代遗产保护技术的知识都分散记录在各类古老的建筑书籍中，印度遗产保护的学者专家不仅掌握了西方先进的保护技术，知识全面的他们还熟谙本国古老的遗产保护技术。通过开展国际间的遗产保护合作，印度遗产吸引了包括意大利等国在内的遗产保护发达国家的协作，得以运用先进技术来实现外貌的修复与寿命的延长；而在这些保护实践的过程中，印度保护专家学者也善于将本国古代保护经验与先进技术结合，通过共同分享经验的方式，寻找出“老办法解决新问题”的思路。

参考文献

[1] 罗茂斌：《档案保护技术学》，云南科技出版社 2001 年版。
[2] 郭莉珠、李玉虎：《中国档案文献遗产保护研究论文集》，教育科学出版社 2007 年版。
[3] 王耀希：《民族文化遗产数字化》，人民出版社 2009 年版。
[4] 顾军、苑利：《文化遗产报告——世界文化遗产保护运动的理论与实践》，社会科学文献出版社 2005 年版。
[5] 卜金荣：《纳西东巴文化要籍及传承概览》，云南民族出版社 1999 年版。
[6] 杨巨平：《保护遗产造福人类——世界文化遗产的保护与管理》，世界知识出版社 2005 年版。
[7] 张公瑾：《民族古文献概览》，民族出版社 1997 年版。
[8] 中国社会科学院知识产权中心：《非物质文化遗产保护问题研究》，知识产权出版社 2012 年版。
[9] 白庚胜：《文化遗产保护诠说》，宁夏人民出版社 2010 年版。
[10] 康保成：《中国非物质文化遗产保护发展报告（2012）》，社会科学文献出版社 2012 年版。
[11] 刘世锦：《中国文化事业发展报告（2012）》，社会科学文献出版社 2012 年版。
[12] 单霁翔：《城市化发展与文化遗产保护》，天津大学出版社 2010 年版。
[13]《中国少数民族社会历史调查资料丛刊》修订编辑委员会云南省编辑组：《云南民族民俗和宗教调查》，民族出版社 2009 年版。
[14] 李静生：《纳西东巴文字概论》，云南民族出版社 2009 年版。

[15]《云南民族古籍丛书》编纂委员会：《云南民族古籍论丛》第一辑，云南民族出版社 1992 年版。
[16] 云南省少数民族语文指导工作委员会：《云南民族语言文字现状调查研究》，云南民族出版社 2001 年版。
[17] 仇壮丽：《中国档案保护史论》，湘潭大学出版社 2007 年版。
[18] 罗哲文：《中国世界遗产保护武夷山高峰论坛文集》，五洲传播出版社 2010 年版。
[19] 国家民族事务委员会全国少数民族古籍整理研究室：《中国少数民族古籍总目提要·纳西族卷》，中国大百科全书出版社 2003 年版。
[20] 孙克勤：《世界遗产学》，旅游教育出版社 2008 年版。
[21] 王新才：《档案学研究进展》，武汉大学出版社 2010 年版。
[22] 苏品红：《文献研究与文献保护》，国家图书馆出版社 2009 年版。
[23] 周耀林：《档案文献遗产保护理论与实践》，武汉大学出版社 2008 年版。
[24] 朱根发、曹磊：《专利与商标文献》，世界图书出版公司 2011 年版。
[25] 陈子丹：《民族档案史料编纂学概要》，云南大学出版社 2009 年版。
[26] 于海广、王巨山：《中国文化遗产保护概论》，山东大学出版社 2008 年版。
[27] 王文章：《非物质文化遗产概论》，文化艺术出版社 2006 年版。
[28] 国家文物局：《中华人民共和国文化遗产保护法律文件选编》，文物出版社 2007 年版。
[29] 国家文物局法制处：《外国保护文化遗产法律文件选编》，紫禁城出版社 1995 年版。
[30] 国家文物局法制处：《国际保护文化遗产法律文件选编》，紫禁城出版社 1993 年版。
[31] 胡昌平：《管理学基础》，武汉大学出版社 2002 年版。
[32] 金波：《档案保护技术学》，高等教育出版社 2000 年版。
[33] 刘家真：《声像档案管理与保护》，武汉大学出版社 1993 年版。
[34] 冯惠玲、张辑哲：《档案学概论》，中国人民大学出版社 2001 年版。
[35] 吴宝康：《档案学概论》，中国人民大学出版社 1987 年版。
[36] 潘玉民：《档案法学基础》，辽宁大学出版社 2002 年版。
[37] 吴晓红：《档案灾害学研究探析》，首都经济贸易大学出版社 2013

年版。
[38] 郭大烈、黄琳娜、杨一红:《纳西母语和东巴文化传承与实践》，云南民族出版社 2012 年版。
[39] 唐跃进、张美芳:《档案保护技术实验教程》，中国人民大学出版社 2013 年版。
[40] 周耀林:《可移动文化遗产保护策略研究》，博士学位论文，武汉大学，2005 年。
[41] 马翀:《濒危档案文献遗产保护策略研究》，博士学位论文，中国人民大学，2008 年。
[42] 仝艳峰:《云南少数民族档案文献遗产保护研究》，博士学位论文，云南大学，2011 年。
[43] 彭远明:《档案文献遗产保护与利用的方法论研究》，博士学位论文，复旦大学，2008 年。
[44] 樊传庚:《新疆文化遗产的保护与利用》，博士学位论文，中央民族大学，2005 年。
[45] 黎明:《少数民族文化遗产的现代传承与法律保护》，博士学位论文，兰州大学，2007 年。
[46] 范弢:《云南丽江生态地质环境演化过程与趋势研究》，博士学位论文，昆明理工大学，2008 年。
[47] 郑艳萍:《庐山文化遗产的保护与利用研究》，硕士学位论文，广西师范大学，2006 年。
[48] 肖锡维:《西班牙世界文化遗产保护工作及其启示》，硕士学位论文，对外经济贸易大学，2006 年。
[49] 刘祥麟:《档案库房沿革：从传统走向智能化》，硕士学位论文，苏州大学，2008 年。
[50] 熊燕:《历史档案分级管理体系研究》，硕士学位论文，湘潭大学，2008 年。
[51] 张红颖:《旅游业在西班牙经济发展中的作用》，硕士学位论文，对外经济贸易大学，2006 年。
[52] 谢兴:《中国与西班牙世界遗产开发保护比较研究》，硕士学位论文，暨南大学，2011 年。
[53] 孔明玉:《纳西东巴经及其研究价值》，《成都纺织高等专科学校学

报》2007 年第 7 期。
[54] 华林：《流失海外纳西族东巴经档案文献保护研究》，《云南档案》2009 年第 2 期。.
[55] 李敏：《20 世纪东巴经目录研究的发展》，《云南民族大学学报》（哲学社会科学版）2009 年第 3 期。
[56] 木丽春：《抢救纳西族文化遗产东巴经书的遭遇》，《炎黄春秋》2003 年第 4 期。
[57] 张美芳、秦佳心：《纳西东巴经数字化抢救过程中的技术保障措施的研究》，《档案学研究》2006 年第 5 期。
[58] 仝艳峰、郑荃：《丽江东巴文献遗产保管困境与对策研究》，《云南档案》2008 年第 6 期。
[59] 陈登宇：《纳西族东巴纸新法探索》，《民族艺术研究》2004 年第 6 期。
[60] 张建世：《西南少数民族传统手工造纸遗产的保护初探》，《中华文化论坛》2011 年第 3 期。
[61] 陈刚：《日本对传统造纸技术的保护及其启示》，《文化遗产》2012 年第 4 期。
[62] 刘仁庆：《论中国手工纸与传统文化》，《中华纸业》2009 年第 18 期。
[63] 张美丽、汤书昆、陈彪：《云南纳西族东巴纸耐久性初探》，《中国造纸》2012 年第 12 期。
[64] 秦磊、邱坚：《纳西东巴手工纸原料荛花树干纤维特征研究》，《木材加工机械》2010 年第 4 期。
[65] 杨福泉：《论少数民族本土文化传人的培养——以纳西族的东巴为个案》，《云南民族大学学报》（哲学社会科学版）2005 年第 5 期。
[66] 郭大烈：《纳西族传统文化及其保护》，《云南社会科学》2001 年第 6 期。
[67] 和金光：《纳西族东巴文化研究发展趋势》，《云南民族大学学报》（哲学社会科学版）2007 年第 1 期。
[68] 兰元富、陈小曼：《丽江纳西族的习惯法与环境保护》，《贵州民族学院学报》（哲学社会科学版）2008 年第 2 期。
[69] 杨立新、赵燕强、裴盛基：《纳西族东巴文化与生物多样性保护》，

《林业调查规划》2008 年第 4 期。
[70] 李杰：《论东巴文化的保护与开发》，《楚雄师范学院学报》2006 年第 1 期。
[71] 杨杰宏、张玉琴：《东巴文化在学校传承现状调查与研究》，《民族艺术研究》2009 年第 6 期。
[72] 杨林军、赵孟雄：《东巴字画商品化利用的情况调查与分析》，《思想战线》2010 年第 S1 期。
[73] 李晓岑：《纳西族的手工造纸》，《云南社会科学》2003 年第 3 期。
[74] 和虹：《浅探纳西东巴纸造纸技术》，《广西民族学院学报》（自然科学版）2001 年第 5 期。
[75] 和虹灿、李继群：《从丽江古城谈文化遗产地的文化保护与传承》，《民族艺术研究》2010 年第 6 期。
[76] 周超：《日本法律对"文化遗产"的定义、分类与分级》，《宁夏社会科学》2009 年第 1 期。
[77] 陈光明、周翠娇：《先进发达国家对文化遗产的保护及镜鉴》，《求索》2008 年第 12 期。
[78] 陶信平：《日本历史文化遗产法律保护对我国的借鉴》，《西北农林科技大学学报》（社会科学版）2009 年第 7 期。
[79] 董金菊：《浅谈日本民族传统文化的保护及其对我国的启示》，《宿州学院学报》2009 年第 2 期。
[80] 陈兴中、郑柳青：《德国世界遗产保护与可持续发展的经验与启迪》，《西南民族大学学报》（人文社会科学版）2008 年第 2 期。
[81] 焦怡雪：《英国历史文化遗产保护中的民间团体》，《规划师》2002 年第 5 期。
[82] 王星光、贾兵强：《国外历史文化遗产保护机制及其对我国的启示》，《广西民族研究》2008 年第 1 期。
[83] 张顺杰：《国外文化遗产保护公众参与及对中国的启示》，《法制与社会》2009 年第 11 期。
[84] 郝士艳：《国外文化遗产保护的经验与启示》，《昆明理工大学学报》（社会科学版）2010 年第 8 期。
[85] 赵中枢：《文化遗产保护的重要国际文献（一）》，《城市规划通讯》2005 年第 2 期。

[86] 赵中枢：《文化遗产保护的重要国际文献（二）》，《城市规划通讯》2005 年第 3 期。
[87] 喻学才：《我国当前文化遗产保护存在的八大难题》，《旅游学刊》2005 年第 5 期。
[88] 王运彬：《档案馆参与文化遗产保护的方式探讨——以福州“三坊七巷”保护修复工程为例》，《档案学研究》2010 年第 2 期。
[89] 王雅梅、谭晓钟：《欧盟保护开发文化和自然遗产的成功经验有哪些可资借鉴》，《中华文化论坛》2004 年第 4 期。
[90] 顾军、苑利：《美国文化及自然遗产保护的历史与经验》，《西北民族研究》2005 年第 3 期。
[91] 顾军：《法国文化遗产保护运动的理论与实践》，《江西社会科学》2005 年第 3 期。
[92] 周耀林：《法国文化遗产保护高等教育探析》，《湖北大学成人教育学院学报》2006 年第 12 期。
[93] 周燕、赵霞：《地方高校传承与保护土家族非物质文化遗产工作的对策研究——以湖北民族学院为例》，《山峡论坛》2010 年第 5 期。
[94] 马春燕：《对于图书馆参与非物质文化遗产保护的思考》，《经营管理者》2012 年第 11 期。
[95] 周清、王贤芬：《发挥高校图书馆优势，保护非物质文化遗产》，《农业图书情报学刊》2010 年第 10 期。
[96] 王焯：《国外非物质文化遗产保护的理论与实践》，《文化学刊》2008 年第 6 期。
[97] 杨琳曦：《韩国非物质文化遗产保护制度对我国的启示——以端午祭申遗成功为视点》，《广西民族研究》2007 年第 1 期。
[98] 陈炜、陈能幸：《近十年来中国西部民族地区非物质文化遗产保护研究述评》，《原生态民族文化学刊》2010 年第 2 期。
[99] 谢平：《论地方文献工作与非物质文化遗产保护》，《青海民族大学学报》（教育科学版）2010 年第 3 期。
[100] 钱永平：《日本非物质文化遗产保护研究综述》，《湖北民族学院学报》（哲学社会科学版）2010 年第 5 期。
[101] 时吉光、喻学才：《我国近年来非物质文化遗产保护研究综述》，

《长沙大学学报》2006年第1期。
[102] 吴江华：《“文献遗产”与“档案文献遗产”概念辨析》，《山西档案》2010年第1期。
[103] 陈竞亚：《北川档案抢救工作的启示》，《中国档案》2008年第11期。
[104] 侯玉红：《濒危档案文献遗产保护的研究》，《科技创新导报》2010年第26期。
[105] 王清原：《当前古籍保护的若干问题》，《江苏图书馆学报》2000年第4期。
[106] 李金海：《档案馆建立突发事件应急机制的思考》，《浙江档案》2004年第9期。
[107] 江涛：《档案馆如何制定防灾应急预案》，《山西档案》2006年第4期。
[108] 黄广琴、颜川梅：《档案文献保护中的非技术因素分析》，《档案与建设》2008年第12期。
[109] 张婷：《档案文献遗产保护的基本技术》，《兰台世界》2007年第6期。
[110] 杨春丽：《档案文献遗产保护工作的点滴思考》，《湖北档案》2010年第1期。
[111] 田蔚蔚：《档案文献遗产分级保护模型的构建》，《兰台世界》2009年第3期。
[112] 黄斌：《档案文献遗产抢救性保护的技术问题分析》，《兰台世界》2009年第4期。
[113] 辜军：《对在我国开展文献保护标准化工作的探讨》，《北京图书馆馆刊》1994年第1/2期。
[114] 黄丽华：《发展中的档案文献遗产保护科学》，《档案与建设》2010年第7期。
[115] 李永、向辉：《法国古籍保护工作概况》，《国家图书馆学刊》2009年第2期。
[116] 蔡筱青：《法国国家图书馆的古籍收藏与文献保护》，《图书馆建设》2010年第11期。
[117] 周耀林、黄丽华：《法国文化遗产保护背景下的档案文献保护研究

进展——“藏品保护研究中心”的产生与进展述略》，《档案学研究》2010 年第 1 期。

[118] 吴瑞香：《构建濒危档案文献遗产保护分级保护模式的意义》，《黑龙江档案》2012 年第 3 期。

[119] 梁桂英：《古籍保护方法综述》，《韩山师范学院学报》2005 年第 4 期。

[120] 彭燕、田进婷：《基于数字环境下的少数民族口述历史保护研究》，《四川图书馆学报》2012 年第 1 期。

[121] 吴格：《近年来中国图书馆古籍修复工作的调查与回顾》，《国家图书馆学刊》2002 年第 1 期。

[122] 向立文：《论档案馆应急预案体系的构建》，《档案学研究》2010 年第 3 期。

[123] 周耀林、陶琴、唐文进：《论文化遗产保护视野下的我国档案保护研究》，《档案学研究》2006 年第 3 期。

[124] 冯丽伟、陶琴、刘艳莉：《档案馆常见空气污染物分析及其预防对策》，《机电兵船档案》2013 年第 3 期。

[125] 方志华：《档案馆环境甲醛检测及控制策略研究》，《兰台世界》2010 年第 10 期。

[126] 于庆东：《档案馆中的萘污染及防治对策》，《环境科学与管理》2005 年第 8 期。

[127] 喻君：《档案库房的空气污染及防治》，《兰台世界》2005 年第 3 期。

[128] 万国林、陈剑、甘为民、喻荣珍、吴红娥、谭向文：《档案库室内空气污染研究》，《职业与健康》2002 年第 4 期。

[129] 杨毅、张会超：《东巴文化之档案化探析》，《学术探索》2006 年第 1 期。

[130] 陈庆云：《非物质文化遗产保护法律问题研究》，《中央民族大学学报》（哲学社会科学版）2006 年第 1 期。

[131] 潘革：《“非遗”档案数字化与图书馆建设》，《图书馆学刊》2011 年第 3 期。

[132] 张美芳：《分级保护与管理——国家重点档案保管环境最优化的实现方式》，《档案学通讯》2010 年第 3 期。

[133] 王成：《馆藏档案分级保护实现方式的研究》，《北京档案》2011年第2期。
[134] 谢菲：《国外非物质文化遗产相关研究述评》，《贵州民族研究》2011年第3期。
[135] 陈金华、秦耀辰、孟华：《国外遗产保护与利用研究进展与启示》，《河南大学学报》（社会科学版）2007年第11期。
[136] 易小力：《国外遗产研究博士生培养的特征及启示——以美国阿肯色州立大学为例》，《旅游学刊》2006年第S1期。
[137] 李京平、胡毅、朱克云：《丽江地区旅游气候资源研究》，《成都信息工程学院学报》2001年第3期。
[138] 和爱群、木荣军：《丽江气候土壤条件与城市园林绿化树种引进研究》，《绿色科技》2011年第6期。
[139] 华林：《论少数民族文字历史档案的数字化技术保护》，《档案学研究》2006年第2期。
[140] 杨毅、张会超：《旅游开发背景下民族档案资源的整合——以云南民族档案资源整合为例》，《档案学通讯》2008年第6期。
[141] 王宇丹：《欧洲文化遗产的多元保护及其启示》，《鲁东大学学报》（哲学社会科学版）2007年第6期。
[142] 蒋婷婷：《泰姬陵与万里长城——中印世界遗产保护管窥》，《南亚研究季刊》2006年第1期。
[143] 林莉：《谈“特藏档案”的选择标准》，《山西档案》2004年第6期。
[144] 苏小勤：《谈档案防尘》，《山东档案》2005年第6期。
[145] 齐银华：《新建档案馆档案消毒系统的建立》，《黑龙江科技信息》2013年第8期。
[146] 吴红娥：《新建档案馆室内空气污染问题及防治对策》，《兰台世界》2009年第8期。
[147] 周向华：《印度图书情报教育研究》，《图书馆学研究》2006年第5期。
[148] [越南] 泰安庆：《越南胡志明市唐人街的城市遗产保护》，《四川建筑》2010年第10期。
[149] [越南] 阮金勇：《越南近年来的文化遗产保护及社会参与》，《百

色学院学报》2013 年第 1 期。
[150] 张宏瑞、叶辉、徐长山、吕军：《云南木蠹象的生物学研究》，《昆虫学报》2004 年第 47—1 期。.
[151] 阎宏彬：《标准化与文物保护》，《文物世界》2004 年第 5 期。
[152] 王亚丽：《博物馆的环境控制问题探讨》，《科技风》2011 年第 7 期。
[153] 陈元生、解玉林：《博物馆文物保存环境质量标准研究》，《文物保护与考古科学》2002 年第 12 期。
[154] 柏红英、李玉虎、周亚军、马灯翠：《磁带档案的保护》，《陕西档案》2009 年第 6 期。
[155] 柏红英、李玉虎、周亚军、马灯翠：《从光盘的组成材料谈光盘档案的保护》，《兰台世界》2009 年第 7 期。
[156] 黄国平、李玉虎、张慧、李丽娜：《从胶片的化学组成谈胶片档案的保护》，《档案学研究》2008 年第 3 期。
[157] 李玉虎：《档案保护工作中亟待研究的几个重大课题》，《图书情报知识》2009 年第 5 期。
[158] 孙沁：《档案部门如何做好地震灾害预防工作》，《四川档案》2008 年第 5 期。
[159] 李能树、尹慧道、徐丽、戴旸、魏魏：《档案馆库房中微生物的研究》，《生物学杂志》2005 年第 8 期。
[160] 郭丽珠：《档案加固涂料初探》，《档案学通讯》1989 年第 6 期。
[161] 曾翠沂：《档案库房防火安全工作不容忽视》，《兰台世界》2011 年第 5 期。
[162] 姜莉、杨战捷：《档案库房环境研究》，《中国档案》2004 年第 11 期。
[163] 鲁志康：《档案库房温湿度控制系统的研究》，《电脑开发与应用》2001 年第 6 期。
[164] 朱方林、黄世俊：《档案库房温湿度调控经验谈》，《中国档案》2002 年第 10 期。
[165] 张清志：《档案去污若干理论与实践》，《浙江档案》1993 年第 6 期。
[166] 朱辉：《档案缩微与档案数字化技术之比较》，《兰台世界》2004

年第 11 期。
[167] 刘仲敏、刘安邦、张新武、景卫东：《档案图书防霉条件研究及防霉剂的筛选》，《微生物学通报》2005 年第 2 期。
[168] 于海燕：《档案消防工作中存在的问题及对策》，《档案与建设》2009 年第 4 期。
[169] 周玉柱：《档案纸张去湿去污方法》，《湖南档案》1991 年第 3 期。
[170] 张荣亮：《德国档案修复技术观感》，《中国档案》2007 年第 12 期。
[171] 陈沫、章磊：《对文博行业标准化工作的思考与体会》，《标准科学》2006 年第 7 期。
[172] 王光文：《非物质文化遗产知识产权保护初探》，《理论研究》2007 年第 4 期。
[173] 张美芳：《高分子材料在纸质档案修复中的运用》，《机电兵船档案》2004 年第 3 期。
[174] 张金玲、方岩雄：《古籍文献的酸化与现代修复技术》，《图书馆学刊》2011 年第 8 期。
[175] 王峰、郑永丽：《关于档案馆光盘档案保护的几点思考》，《山西档案》2008 年第 1 期。
[176] 吴绪成、刘晓春：《馆藏档案分级管理的若干思考》，《湖北档案》2006 年第 11 期。
[177] 赵彦昌、周婷：《馆藏档案分级鉴定研究》，《辽宁大学学报》（哲学社会科学版）2009 年第 9 期。
[178] 李能树、方月珍、杜鹃、朱仁发：《馆藏图书中微生物的研究》，《微生物学通报》2000 年第 1 期。
[179] 周必素、陈黔珍：《贵州非物质文化遗产生态环境保护探索》，《贵州商业高等专科学校学报》2008 年第 9 期。
[180] 于海燕：《国家重点档案抢救修复技术集成化研究》，《档案学通讯》2010 年第 2 期。
[181] 于成志：《谨防纸质档案修复中的“保护性破坏”》，《档案与建设》2008 年第 1 期。
[182] 陈曦、顾丽云、洪书宝：《聚对二甲苯在档案、图书加固保护中的应用》，《江苏化工》1997 年第 1 期。

[183] 李鸿魁、徐晓蔓、孟远行、张美云：《老化纸张液相脱酸实验》，《中华纸业》2011 年第 5 期。

[184] 段东升：《历史档案定级管理与馆藏档案的分级管理》，《中国档案》1997 年第 6 期。

[185] 兰平、臧海佳：《历史纸质气象档案数字化技术策略初步分析》，《应用气象学报》2006 年第 8 期。

[186] 刘振宇：《论少数民族非物质文化遗产知识产权保护》，《衡水学院学报》2011 年第 10 期。

[187] 周亚军、李玉虎、马灯翠、柏红英：《霉菌对黑白底片的危害研究》，《影像技术》2009 年第 5 期。

[188] 蒋万来：《民间文学艺术的法律保护》，《电子知识产权》2004 年第 5 期。

[189] 詹长法、何流：《欧洲文物保护标准化行动概览》，《中国文物科学研究》2008 年第 2 期。

[190] 吕榜珍、郑荃：《浅谈云南省少数民族档案数字化后的管理》，《档案学通讯》2011 年第 4 期。

[191] 刘艳慧、生旭志：《浅谈档案库房温湿度管理的问题与对策》，《内蒙古科技与经济》2010 年第 5 期。

[192] 林伦菊：《浅谈国家重点档案抢救与保护的"最小干预原则"》，《四川档案》2008 年第 6 期。

[193] 刘艳玲、王英兰：《浅议如何提高档案修复质量》，《档案天地》2004 年第 7 期。

[194] 绽小林、徐世和：《青藏地区优化民族历史文化遗产生态环境的解读》，《青海师专学报：教育科学》2008 年第 6 期。

[195] 张红艳、马齐、张强、李文孝、徐升运、李忠铃：《生物酶去血渍性能研究》，《应用化工》2007 年第 10 期。

[196] 傅荣校、吴晓芸：《试论档案价值等级鉴定》，《档案与建设》2003 年第 6 期。

[197] 李关亮：《谈谈污损纸质档案的修裱》，《兰台世界》2012 年第 3 期。

[198] 钟国文、童霞：《提高档案数字化外包质量的策略探析》，《机电兵船档案》2012 年第 1 期。

[199] 郑冬青、张金萍、陈潇俐、何子晨、温建华：《微波真空技术在整本图书脱酸中的应用研究》，《兰台世界》2011年第11期。
[200] 张金凤：《文物保护标准化建设》，《中国文物科学研究》2008年第1期。
[201] 田周玲：《文献用纸脱酸方法之分析》，《图书馆工作与研究》2009年第9期。
[202] 刘源、薛金慧：《我国非物质文化遗产法律保护制度研究》，《广西社会科学》2008年第11期。
[203] 张宛艳：《新世纪10年图书馆古籍修复中的科技创新研究》，《高校图书馆工作》2011年第3期。
[204] 黄四平、李玉虎、欧绣花：《氧化去污技术对档案纸张性能影响的研究》，《档案学研究》2010年第1期。
[205] 陶琴、荆秀昆：《应对水淹纸质档案的抢救与保护对策》，《档案学研究》2006年第1期。
[206] 周坚：《应用档案库房温湿度控制系统的若干体会》，《浙江档案》2006年第11期。
[207] 陶琴：《预防档案馆虫害的途径》，《机电兵船档案》2004年第3期。
[208] 高莹：《照片档案的保护措施》，《陕西档案》2011年第5期。
[209] 马淑桂：《照片档案数字化技术点滴》，《中国档案》2001年第6期。
[210] 郑冬青、张金萍、陈潇俐、范陶峰：《整本图书水溶液法脱酸研究》，《中国造纸》2009年第10期。
[211] 张美芳：《正确看待档案修裱技术》，《北京档案》2009年第5期。
[212] 王建库、张春燕、杨业蓁、周萌：《纸质档案去酸技术应用研究》，《档案学研究》2000年第2期。
[213] 李景仁、周崇润：《中国古籍文献的酸化与防酸化》，《中国图书馆学报》2002年第5期。
[214] 尹慧道、刘丽：《重新认识档案馆微生物灾害的严重性》，《档案学通讯》2004年第2期。
[215] 靖广华：《综合档案馆纸质档案数字化思考》，《山西科技》2010

年第4期。

[216] Vibiana Bowman, Nensi Brailo. "Protecting Our Shared Cultural Heritage: An Overview of Protocols and Projects", *Visual Resources*, 2005 (5).

[217] Ross Harvey. "UNESCO's Memory of the World programme", *Library trend*, 2007.

[218] Erland Kolding Nielson. "Sharing Information: Report on LIBER Library Security Network (LSN) Since 2002", *Liber Quarterly*, 2008 (2).

[219] Keith Suter. "Protecting the World's Cultural Heritage", *Contemporary Review*, 2008.

[220] John Henry Merryman. "Protection" of the Cultural "Heritage"?, *HeinOnLine*, 1990.

[221] George P Mackenzie. "Working for the Protection of the World's Cultural Heritage: The International Committee of the Blue shield", *Journal of the Society of Archivists*, 2000 (1).

[222] John Rolfe, Jill Windle. "Valuing the Protection of Aboriginal Cultural Heritage Sites", *The Economic Record*, 2003 (6).

[223] Amareswar Galla. "Cultural Diversity in Ecomuseum Development in Viet Nam", *Museum International*, 2005 (3).

[224] Hongnam Kim. "My journey on the Path of Tangible and Intangible Heritage Preservation", *Museum International*, 2007 (4).

[225] Paz Benito Del Pozo, Pablo Alonso Gonzάlez. "Industrial Heritage and Place Identity in Spain: From Monuments to Landscapes", *The Geographical Review*, 2012 (10).

[226] Antoinette Jackson. "Changing Ideas About Heritage and Heritage Resource Mangement in Historically Segregated Communities", *Transforming Anthropology*, 2010.

[227] Christoph Brumann. "Outside the Glass Case: The Social Life of Urban Heritage in Kyoto", *American Ethnologist*, 2009 (2).

[228] David Berliner, "Multiple Nostalgias: The Fabric of Heritage in Luang Prabang (Lao PDR)", *Journal of the Royal Anthropological*

Institute, 2012.

[229] Prue Laidlaw, Dirk H. R. Spennemann, Catherine Allan. "Protecting Cultural Assets From Bushfires: A Question of Comprehensive Lanning", *Disaster*, 2008.

[230] Gabi Dolff-Bonekämper. "Cultural Heritage and Conflict: The View From Europe", *Museum International*, 2010 (1).

[231] William C. G. "Burns. Belt and Suspenders? the World Heritage Convention's Role in Confronting Climate Change", *Reciel*, 2009.

[232] Susan O. Keitumetse. "Sustainable Development and Cultural Heritage Mangement in Botswana: Towards Sustainable Communities", *WileyOnLine Library*, 2009 (6).

[233] Wend Wendland. "Intangible Heritage and Intellectual Property: Challenges and Future prospects", *Museum International*, 2004.

[234] Norika Aikawa. "An Historical Overview of the Preparation of the UNESCO International Convention for the Safeguarding of the Intangible Cultural Heritage", *Museum International*, 2004.

[235] Cecillia Londrès. "The Registry of Intangible Heritage: the Brazilian Experience", *Museum International*, 2004.

[236] Ahmed Morsi. "Research and Preservation Projects on Intangible Heritage", *Museum International*, 2005.

[237] Philip Segadika. "Managing Intangible Heritage at Tsodilo", *Museum International*, 2006.

[238] Bernard O'Connor. "Protecting Traditional Knowledge, An Overview of a Developing Area of Intellectual Property Law", *The Journal of World Intellectual Property*, 2003.

[239] Yoshizumi Ketal. "Effect of Atmospheric SO_2 and NO_2 on the Fading of Dyed Fabries by Traditional Dyestuffs", *First International Colloguinm on Role of Chemistry in Archaeology*, 1991.

[240] Norbert S. Bear. "Indoor air Pollution: Effect on Cultural and Historic Materials", *Int Museum Manag Curatorship*, 1985.

[241] Atherton J. B. Et Al. "The Effect of Temperature, Light and Some Transitional Metal Ions on the Sorpotion of Sulfur Dioxide by Paper",

J. Appl chem-biotechnol, 1973.

[242] Guttman C. M. "Protection of Archival Materials From Pollutants: Diffusion of Sulfur Dioxide Through Box Board", *J. Am Inst Conserv*, 1993.

[243] Syamalendu Sengupta. "Experiencing History Through Archives. Restoration of Memory and Repair of Records" [C]. *New Delhi*: *Munshiram Manoharlal Pub*, 2004.

[244] Diane Van Der Reyden. "Recent Scientific Research in Paper Conservation", *JAIC*, 1992.

[245] Helen Forde. "Preservation Past and Future", *Journal of the Society of Archivists*, 2002.

[246] Susie Clarke, "Franziska Frey. Care of Photographs" [C]. *Amsterdam*: ECPA, 2003.

[247] Maria Teresa Jaquinta. "ICCROM & ITALY: Forty Years for the Safeguard of Cultural Heritage". *Rome*: *ICCROM*, 2000.

[248] Stan Lester. "Becoming a Profession: Conservation in the UK", *Journal of the Society of Archivists*, 2002.

[249]《纳西东巴古籍文献申报世界记忆遗产成功重大意义》，丽江市旅游局信息中心，中国丽江旅游网（http://www.ljta.gov.cn/html/liaojielijiang/renwendili/shijieyichan/%E4%B8%96%E7%95%8C%E9%81%97%E4%BA%A7/2010/0414/3190.html，2013）。

[250] 王婧姝：《世界记忆遗产旨在古为今用》，《中国民族报电子版》（http://www.mzb.com.cn/zgmzb/html/2005-06/24/content_28900.htm，2013）。

[251] 赵世红：《东巴古籍文献：保护在行动》，《中国民族报电子版》（http://www.mzb.com.cn/zgmzb/html/2005-06/24/content_28901.htm，2013）。

[252] 臧健：《史学研究资料的重地——介绍台湾中研院史语所傅斯年图书馆》，北京大学中国古代史研究中心（http://w3.pku.edu.cn/academic/zggds/008/003/003.htm，2013）。

[253] 美国国会图书馆，the Librarg of Congress. Selections from the Naxi manuscript collection. http://international.loc.gov/intldl/naxihtml/

naxihome. html，2013.

[254] 美国国会图书馆，the Librarg of Congress. Selections from the Naxi Manuscript Collection：Quentin Roosevelt II. http：//memory. loc. gov/intldl/naxihtml/roosevelt. html，2013.

[255] 北京东巴文化艺术发展促进会，Information of the "Beijing Association of Dongba Culture and Arts（ADCA）" on Dongba Culture. http：//www. dongba-culture. com/adca/ADCA-English. htm，2013.

[256] 美国国会图书馆，Librarg of Congress. Preservation directorate. http：//www. loc. gov/preservation/，2013.

[257] 美国国会图书馆，Librarg of Congress. Asian reading room：Selections from the Naxi Manuscript Collection. http：//www. loc. gov/rr/asian/naxiAnnouncement. html，2013.

[258] 美国国会图书馆，Librarg of Congress. Selections from the Naxi Manuscript Collection：Selected Bibliography. http：//international. loc. gov/intldl/naxihtml/bib. html，2013.

[259] 美国国会图书馆，Librarg of Congress. Living Pictographs：Asian Scholar Unlocks Secrets of the Naxi Manuscripts. http：//www. loc. gov/loc/lcib/9906/naxi1. html，2013.

[260] 美国国会图书馆，Librarg of Congress. Rare Pictographic Chinese Writings Available in Online Presentation. http：//www. loc. gov/today/pr/2004/04 - 119. html，2013.

[261] 美国国会图书馆，Librarg of Congress. Selections from the Naxi Manuscript Collection：About the Collection. http：//memory. loc. gov/intldl/naxihtml/about. html，2013.

[262] 美国国会图书馆，Librarg of Congress. Selections from the Naxi Manuscript Collection：Joseph Rock. http：//memory. loc. gov/intldl/naxihtml/rock. html，2013.

[263] 哈佛大学燕京图书馆，Harvard Yenching library：Chinese collection. https：//hcl. harvard. edu：8001/libraries/harvard-yenching/collections/chinese. cfm，2013.

[264] 傅斯年图书馆，http：//lib. ihp. sinica. edu. tw/.

[265] 中国丽江旅游网，http：//www. ljta. gov. cn/.

[266] 中国古籍保护网，http：//pcab. nlc. gov. cn/initialIndex. action.
[267] 档案知网，http：//www. dazw. cn/.
[268] 中国西南少数民族资料库，http：//ndweb. iis. sinica. edu. tw/race_public/index. htm.
[269] 丽江古城管委会，http：//www. ljgc. gov. cn/.
[270] 中国国家博物馆，http：//www. chnmuseum. cn/tabid/40/Default. aspx.
[271] 中国国家图书馆，http：//www. nlc. gov. cn/.
[272] 中国国家档案馆，http：//www. saac. gov. cn/.
[273] 哈佛大学图书馆，http：//oasis. lib. harvard. edu/oasis/deliver/deepLink？_ collection = oasis&uniqueId = hyl00002.
[274] 联合国教科文组织，http：//en. unesco. org/.
[275] 国际图联，http：//www. ifla. org/.
[276] 国际博物馆协会，http：//icom. museum/.
[277] 国际档案理事会，http：//www. ica. org/.
[278] 国际文化财产保护与修复研究中心，http：//www. iccrom. org/.
[279] 美国国会图书馆，http：//lcweb. loc. gov/.
[280] 国家档案局：《国家档案行业标准：纸质档案数字化技术规范（DA/T 31 －2005）》，2005 年。
[281] 中国国家古籍保护中心：《古籍普查培训讲义》（试用本），2007 年。